Reprint Publishing

FÜR MENSCHEN, DIE AUF ORIGINALE STEHEN.

www.reprintpublishing.com

DIE

LUXUSSTEUER ALS CORRECTIV DER EINKOMMENSTEUER.

DIE

LUXUSSTEUER

ALS

CORRECTIV DER EINKOMMENSTEUER.

FINANZWISSENSCHAFTLICHER BEITRAG ZUR LÖSUNG DER SOCIALEN FRAGE

VON

DR. LEON RITTER VON BILINSKI,

ord. öffentl. Professor der polit. Oekonomie und d. z. Prodecan der jurid. Fakultät an der k. k. Universität zu Lemberg.

LEIPZIG,
VERLAG VON DUNCKER & HUMBLOT.
1875.

SEINEM SCHWIEGERVATER

DEM HERRN.

DR. JOSEF SEICHE,

Königl. Preuss. Geheimen Sanitätsrathe, Fürstl. Schwarzb. Medizinalrathe, Ritter des rothen
Adler-Ordens und des Kronenordens IV. Classe, des Schwarzb. Ehrenkreuzes II. Classe, Besitzer
des Ritterkreuzes des Sächs.-Ernestinischen Hausordens I. Classe etc. etc.

IN

TEPLITZ

GEWIDMET

VOM

VERFASSER.

Vorrede.

Es ist dies die erste Arbeit, welche ich in deutscher Sprache hiemit veröffentliche. Wiewohl ich nun schon seit fünf Jahren in meiner Muttersprache ziemlich Vieles geleistet habe, so ist doch ein gewisses beklemmendes Gefühl beim Vortreten vor ein ganz neues und fremdes, daneben aber auch bedeutend zahlreicheres, und — ich muss es leider gestehen — mehr Fachmänner aufzuweisen vermögendes Lesepublikum, nur zu leicht erklärlich. Ja noch erklärlicher ist es, wenn man berücksichtigt, dass, während dem polnischen Publikum gegenüber, in welchem keine feindlichen nationalökonomischen Schulen sich schroff entgegenstehen, ein diesbezüglicher Schriftsteller lediglich als Nationalökonom, als ein über den Parteien stehender Gelehrter auftritt und erscheint, — es heutzutage unmöglich ist, eine sozialökonomische Frage in deutscher Sprache zu behandeln, ohne hiebei der einen oder der andern der sich feindlich gegenüberstehenden Schulen sich anzunähern. Ist es nun überhaupt für einen neu auftretenden Schriftsteller gewagt, einer jungen, erst im Entstehen begriffenen, durch die bisherigen Autoritäten vielfältig bekämpften Partei sich anzuschliessen, so ist dies in noch viel höherem Maasse dann der Fall, wenn der Verfasser ein Ausländer ist, — des traurigen Umstandes nicht zu gedenken, dass wieder nicht alle Ausländer, d. h. nicht allerlei Nationalitäten Angehörige, auf gleich günstige Aufnahme bei einem gegebenen fremden Publikum zählen dürfen. Musste es ja leider dahin kommen, dass es gegenwärtig in Europa Nationen gibt, die gerade beim grossen deutschen Volke für verrufen gelten! . . . .

Um nun gegenüber all' diesen Schwierigkeiten einen gewissen Halt zu gewinnen, habe ich mich entschlossen, meine bisherigen Arbeiten, wiewohl dieselben in der, dem deutschen Publikum unverständlichen polnischen Sprache verfasst sind, gelegentlich zu zitiren, und zwar sogar auf die mir wohlbewusste Gefahr hin, hiebei vom Vorwurfe eines vermeintlichen Reklamemachens getroffen zu werden. Ohnehin besteht ja unzweifelhaft — unbeschadet freilich nachträglicher Ueberzeugungsänderungen in bestimmten, oft auch nicht unwichtigen Punkten — eine gewisse Geisteskontinuität zwischen den Arbeiten eines und desselben Autors: daher verschmähen es selbst gelehrteste Verfasser nicht, sich auf ihre früheren Schriften zu berufen. Wenn also auch ich es that, so geschah es nicht der Reklame halber, sondern aus einem psychologisch erklärlichen Hange, und speziell auch deshalb, um in der obbeschriebenen schwierigen Stellung nicht noch dazu als Anfänger zu erscheinen.

Dies mein persönlicher Standpunkt dem deutschen Publikum gegenüber; dass übrigens die deutsche gelehrte Kritik sich mir gegenüber auf den sachlichen Standpunkt stellen wird, zweifle ich keinen Augenblick, und hege diesfalls nur den bescheidenen Wunsch, dass meine gegenwärtige Arbeit als ein winziges Scherflein zum Aufbaue unserer schönen Wissenschaft in jener verdienstvollen Richtung, zu welcher ich mich mit Freuden bekenne, befunden werden möge!

Lemberg, im Oktober 1874.

v. Biliński.

Inhalts - Verzeichniss.

Das XIX. Jahrhundert, das mit mehr oder weniger Recht „das Zeitalter der Eisenbahnen, des Rechtsstaates, der nationalen Einigung" u. s. w. genannt wird, verdient mit eben so grossem Rechte als „das Jahrhundert der sozialen Frage" bezeichnet zu werden. In der That sind seit der höheren Entwickelung des Industrialismus in Theorie und Praxis und der damit verbundenen totalen Umwälzung auf wirthschaftlichem und gesellschaftlichem Gebiete unzählige Fragen aufgetaucht, welche sich alle auf die Verbesserung des Schicksals derjenigen Volks-Klassen beziehen, die seit jener Umgestaltung nicht nur in ihrer Existenz gefährdet, geschmälert, sondern, auf ihre individuellen Kräfte gewiesen, oft sogar unter eine menschenwürdige Existenz heruntergedrückt worden sind.

Alle diese Fragen fasst man bekanntlich unter dem Einen Namen „*soziale Frage*" zusammen, so dass dieselbe naturgemäss in so viele einzelne Fragen zerfallen muss, als es in der Gegenwart eiternde Wunden am Wirthschafts- und Gesellschaftskörper der Völker gibt. Die Arbeiter-, die Wohnungs- und die Frauenfrage spielen da wol die hauptsächlichsten Rollen.

Die gründliche und dauernde Lösung all dieser Fragen ist nun in den letzten Jahren, Dank den Ergebnissen der jüngsten nationalökonomischen Forschungen, um einen grossen Schritt vorwärts gegangen. Aus den letzteren geht es nämlich immer klarer hervor, dass die Wirthschaft des Menschen als solche nichts Selbstständiges und Unabhängiges ist, dass sie im Gegentheile auf Schritt und Tritt von den Schicksalen und der Verfassung der Gesellschaft, deren Theil und Theilzweck sie bildet, abhängt, — dass somit allerlei wirthschaftliche Missstände, wenn sie in Begleitung von noch so grossem wirthschaftlichem Aufschwunge auftreten, auf eine Krankheit in dem sozialen Körper hindeuten, und nur mit sammt diesem geheilt werden können. Es ist auch wirklich unläugbar, dass das Schicksal der Einzelnwirthschaft verhältnissmässig viel weniger vom Wissen und Willen des Individuums bestimmt wird, als bis vor Kurzem traditionell angenommen und geglaubt wurde. Denn der Einzelne ist in seinen wirthschaftlichen Handlungen theils von allerlei unwillkürlichen oder freiwilligen Beziehungen und Verhältnissen mit seinen Mitbürgern — wozu ich einerseits die wirthschaftlichen Klassen und die Arten der Wirthschaft, andererseits alle Formen der Assoziation zähle [1]), — theils von positiven, seitens der Gesellschaft geschaffenen Bestimmungen, von sogenannten „sozialen Gesetzen" [2]), vielfach abhängig. In diesen beiden Richtungen beeinflusst die Gesellschaft, in der der Einzelne lebt, all dessen Thun und Handeln, so dass jedwedes Schicksal seiner Wirthschaft zum grossen Theile blos ein getreues Reflexbild der ihn umgebenden sozialen Verhältnisse bildet. Man könnte dies sogar von seinen anscheinend freiwilligen Handlungen oder wenigstens von seinem wirthschaftlichen Charakter behaupten [3]). Kurz, überall gibt sich neuestens die Ueberzeugung

[1]) Dühring („Kursus der National- und Sozialökonomie". Berlin 1873. S. 265 sq. und 362 sq.) spricht da von „sozialen Verknüpfungen" und „sozialitären Schematen".

Bezüglich meiner Stellung zur sozialen Frage und zu den diesbezüglichen neuesten Forschungen bin ich, da dies ja für die Tendenz der ganzen gegenwärtigen Arbeit entscheidend sein muss, genöthigt, auf mein zwar in polnischer Sprache erschienenes, doch auch in der deutschen Kritik (vgl. Hildebrand's „Jhb. f. Nat.-Oek. u. Stat." II. B. 3. und 4. H. 1873. S. 253 sq.) berücksichtigtes Buch unter dem Titel: „Wykład Ekonomii społecznej" (System der Sozialökonomie) Lemberg 1873/4 (2 Bände) hinzuweisen.

[2]) Vgl. Rösler, „Die Grundlehren der von Ad. Smith begründeten Volkswirthschaftstheorie", Erlangen 1871.

[3]) Daher findet man denn in der neuesten Zeit eine ganze zahlreiche Gruppe von jungen deutschen Nationalökonomen, welche den ursprünglich sein sollenden Spitznamen „Kathedersozialisten" nicht scheuen, und 1873 einen „Verein für Sozialpolitik" gegründet haben; daher auch

kund, dass zwar nicht alle sozialen Verhältnisse zugleich wirthschaftlich, aber alle wirthschaftlichen Kategorien zugleich sozialer Natur sind, demzufolge wirthschaftliche Missstände mit den sozialen zusammenfallen und somit einer gleichzeitigen Hilfe bedürfen. Damit ist jener grosse Schritt in der Lösung der sozialen Frage gethan.

Nun bilden aber in dieser Beziehung zwei Arten von scheinbar geradezu entgegengesetzten Massregeln, nämlich Assoziation und soziale Gesetze, oder — wie man sich eben in Bezug auf die sozialen Fragen drastischer auszudrücken pflegt — „Selbsthilfe" und „Staatshilfe" gegenwärtig den Zankapfel unter den Nationalökonomen und Staatsmännern: die ältere nationalökonomische Schule betont das erste, die neuere das zweite. Allerdings sind beide Massregeln als gleichberechtigte, sich gegenseitig zu vervollständigende Faktoren zu betrachten; an dieser Stelle indessen müssen wir dem zweiten der Faktoren nicht nur deshalb das Wort reden, weil ohne selben der erstere nicht hinlänglich wirksam sein kann — und auch dieses ist erst jüngst erwiesen worden —, sondern namentlich auch deshalb, weil wir uns in der vorliegenden Arbeit auf einem Gebiete bewegen sollen, welches dem Assoziationswesen beinahe gänzlich entrückt ist, und es seiner Natur nach auch sein muss. Wir meinen das Finanzwesen [1]).

Auch die Finanzwissenschaft nämlich konnte natürlich von dem Gepräge unseres Jahrhunderts, oder, wenn man will, Menschenalters nicht verschont bleiben, auch sie kennt eine

---

findet man auf dem Titelblatt der neuesten diesbezüglichen Werke den Ausdruck „Sozial-" statt „National-Oekonomie" (vgl. z. B. Dühring wie oben), wiewohl übrigens auch noch in den Werken neuesten Datums derartige soziale Tendenzen als „ein wenig Schwindel" bezeichnet worden sind (vgl. Fr. X. Neumann, „Volkswirthschaftslehre mit bes. Anwendung auf das Heerwesen", Wien 1873, S. IV).

[1]) Die sogenannten „Abfindungen" bei den indirekten Steuern sind wol die einzige Erscheinung des Vereinswesens in der Staatswirthschaft. Allerlei sonstige Vereine sind übrigens seineswegs bekanntlich selbst „Finanzkörper". Vgl. hierüber Stein „Lehrbuch der Finanzwissenschaft", Leipzig 1871, S. 117—118.

soziale Richtung resp. eine soziale Frage. Letzterer Lösung
gipfelt hier in der Tendenz, die Reichen verhältnissmässig mehr
zu besteuern, als die Armen, und Mittel hiezu soll liefern:
die seit 1848 in der Theorie stark bearbeitete Einkommensteuer, die sogenannte Progressivbesteuerung [1]), die Abschaffung
der sogenannten Verzehrungssteuern, die möglichste Verringerung der Staatsschulden auf Grund von erhöhten Personalsteuern u. s. w. Mit alledem befassen sich heutzutage
auch die sogenannten Kathedersozialisten und deren obgenannter
Verein.

Den Beweis nun zu liefern, dass man zu jenen Mitteln
mit vollem Rechte auch die Luxussteuer rechnen, beziehungsweise im Wege von sozialen Finanzgesetzen
schaffen soll, — ist die Aufgabe der gegenwärtigen Arbeit,
welche zu diesem Behufe nach dem nachstehenden streng
induktiven Plane geführt werden wird. Vor allem

1) wird erörtert werden, in wiefern die Luxussteuer in
der bisherigen Praxis berücksichtigt wurde, eventuell sich
bewährt hat;

2) wird der Stand der die genannte Steuer betreffenden
Theorie systematisch dargelegt werden;

3) folgt die Kennzeichnung der Stellung der Luxussteuer
im gesammten Steuersysteme, wobei der Hauptzweck dieser
Schrift, die Luxussteuer als mit logischer Nothwendigkeit
sich aufdrängendes, sozialpolitisches Korrektiv der Einkommensteuer darzustellen, erreicht werden wird;

4) die Durchführbarkeit, resp. die möglichen Arten
der Durchführung einer solchen Steuer werden dann die Schlusserörterung bilden.

---

[1]) Beides soll eigentlich verbunden werden, also: progressive Einkommensteuer!

Erster Abschnitt.

Die Luxussteuer in der bisherigen Praxis.

Die Nothwendigkeit dieses Abschnittes braucht wohl nicht umständlich gerechtfertigt zu werden. Soll eine Institution neu geschaffen werden, so wird der gute Wille hiezu, sowie der damit verbundene Erfolg in bedeutendem Masse beeinflusst von dem Bewusstsein, ob, inwiefern und mit welchen Erfolgen die betreffende Neuerung schon irgendwo und wann gewagt worden ist. So ist es auch mit der Luxussteuer, und hier noch um so mehr, als man im Allgemeinen die Ansicht hegt, die Luxussteuer sei so von vornherein unsinnig, dass man sie noch nie oder fast nie einzuführen versucht hat. Um also eben diese Ansicht zu widerlegen und für unsere Tendenzen praktische Belege zu gewinnen, werden wir in chronologischer Ordnung die Geschichte der Luxussteuer nach der Reihe der Staaten, in denen sie bestand oder besteht, vorführen.

Das Alterthum bietet in dieser Beziehung nicht viel Stoff, was um so weniger von Belang ist, als bekanntlich das moderne Finanzwesen nicht nur nicht auf klassische Muster sich stützt, sondern zum grossen Theil sogar von den unmittelbar vorhergehenden Jahrhunderten unabhängig sich entwickelt hat: man erinnere sich nur an die Einkommensteuer, die selbstständigen Haus- und Gewerbesteuern, die veränderten Begriffe der Regalien und Finanzmonopole u. dergl. Es steht deshalb nicht dafür, sich nach weiteren diesbezüglichen Quellen über das Alterthum umzusehen, und reicht somit die Be-

merkung aus, dass weder Böckh[1]) in Athen, noch Bou-
chard[2]) in Rom Luxussteuern kennen, wenngleich man vielleicht manche von den römischen sogenannten „indirekten
Steuern" mit einiger Mühe als Luxussteuern ansehen könnte[3]).
Dass es übrigens in Rom schon in der Republik nach den
punischen Kriegen nicht an Luxus fehlte, ja dass selber zur
Kaiserzeit sich wahnsinnig entfaltet hat, ist allgemein bekannt.
So finden wir denn schon in ersterer Periode Luxusgesetze,
ja vorübergehend sogar auch Luxussteuern, wie z. B. die im
J. 570 auf Luxussklaven, sowie auf Schmuck, bunte Frauenkleider und Wägen aufgelegte[4]). Doch kann man diese Massregeln mit um so grösserem Rechte lediglich den reinen, polizeilichen Luxusgesetzen gleichstellen, als sie ja von Cato nur
deshalb eingeführt wurden, weil die im J. 539 erlassen gewesenen Verbote obiger Konsumtionsgegenstände schon nach
20 Jahren wieder aufgehoben wurden[5]).

Mit noch mehr Berechtigung übergehen wir das Mittelalter und den Anfang der neueren Zeit, als ein Zeitalter der
Domänen- und später der extravaganten Regalienwirthschaft,
als ein Zeitalter übrigens, in dem sowol der Luxus, als auch
die späterhin erlassenen Gesetze gegen denselben einzig und
allein der damaligen sozialen und staatlichen Gestaltung ent-
sprangen. Wir haben somit blos die neuesten Zeiten, namentlich aber das 19. Jahrhundert vor Augen.

Da werden wir nun vor Allem nach Rau[6]), Pfeiffer[7]),

---

[1]) August Böckh, „Die Staatshaushaltung der Athener", Berlin 1851.

[2]) Leon Bouchard, „Etude sur l'administration des finances de
l'Empire Romain", Paris 1872.

[3]) S. z. B. bei Bouchard S. 367—379, wohl auch 347—367.

[4]) S. Theodor Mommsen, „Römische Geschichte" (in polnischer
Uebersetzung Warschau 1867), II. Band, S. 345—346.

[5]) Mommsen, wie oben.

[6]) Dr. Karl Heinrich Rau, „Grundsätze der Finanzwissenschaft",
Leipzig 1865, II. Bd., S. 235—237.

[7]) Eduard Pfeiffer, „Die Staatseinnahmen", Stuttgart und Leipzig
1866, II. Bd., S. 501—505. —

Parieu[1]) und And., jedoch eben systematisch geordnet, erst
diejenigen Staaten anführen, welche im Laufe der Zeiten
fruchtlose, oft ganz misslungene Versuche mit Luxussteuern
gemacht haben: es gehören dahin auch Grossstaaten. So besteuerte Oesterreich im J. 1642 Stiefel und Schuhe, im J.
1692 Billards und Kegel, im J. 1697 in Wien Equipagen. — So
besass Preussen, abgesehen von dem im J. 1809 angeord-
neten Zwangsverkaufe von Gold und Silber an den Staat gegen
Münzscheine, in der Zeit von 1810—1814 Luxussteuern
von männlichen Dienstboten, von vierrädrigen Wägen, von
Reit- und Wagenpferden und von Hunden, welche Steuern im
J. 1811/12 die Summe von 213,470 Thlrn. einbrachten, jedoch
nach Bergius[2]) jetzt viel mehr als eine Million hätten ein-
bringen können, wenn sie bis jetzt noch bestünden. Nebstdem wurde im J. 1809 das zu verarbeitende Edelmetall mit
25 %, ad valorem, und die mit Tressen von Gold oder Silber
besetzte Kleidung der Diener mit jährlich 5 Thlrn. besteuert,
welch letztere Steuer sogar nie förmlich aufgehoben worden
sein soll[3]). - In Italien (resp. Sardinien — Piemont) wurde
1818 eine dann später im J. 1853 verbesserte Mobiliensteuer,
daneben im letzteren Jahre eine Bedienten- und Wagensteuer,
welche im J. 1863 einen Ertrag von 355,300 fr. ergaben, jedoch im J. 1864 aufgehoben wurden, eingeführt[4]). — Auch
Frankreich besass, abgesehen von den jetzt bestehenden
und später zu besprechenden Luxussteuern, zweimal solche
Auflagen: nämlich 1791—1807 Steuern von Bedienten, Pferden

[1]) M. Esquirou de Parieu, „Traité des impôts", 2. ed. Paris 1866,
II. Bd., S. 1—74.
[2]) Karl Julius Bergius, „Grundsätze der Finanzwissenschaft",
2. Aufl., Berlin 1871, S. 521.
[3]) Bergius S. 519—520.
[4]) Italien hat übrigens noch bis jetzt eine Steuer, welche Maurice
Block (im „Annuaire de l'Economie politique et de la statistique", Paris
1872) „impôt sur le revenu de la propriété mobilière" nennt und pro 1872
mit 186.781.978 Fr. beziffert (S. 487); allein unter jenem Namen begreifen die Franzosen eine Zins- oder Coupons- oder Rentensteuer. Vgl.
z. B. die Terminologie bei Foubert, „De l'impôt sur les valeurs mobilières", Paris 1869, und bei And.

und Mauleseln, dann vom J. 1862—1865 nach zweimaliger
Ablehnung (1852 und 1856) eine Equipagensteuer, welche 1863
die Summe von 2,939,895 fr. ergab, im J. 1865 13 $\frac{1}{2}$ %
Kosten in Anspruch nahm, und im selben Jahre aufgehoben
wurde [1]). — Rom hatte 1810 und auch einige Zeit vorher
eine Pferdesteuer zu tragen. — Schweden musste sich
unter der Herrschaft Karl des XII. eine Auflage auf Seidenkleider, Perrücken und vergoldete Degen gefallen lassen.
Ebenso hatte es 1812 eine progressive Bedientensteuer, in
demselben Jahre eine Steuer von Seidenmöbeln, und 1800
eine von Uhren. — Venedig besass in seiner Blüthezeit
eine Perrücken- und Sklavensteuer. — Ebenso bestand in
Portugal eine Bedienten- und Pferdesteuer. — Genf nahm
1846 die Summe von 19,000 fr. in Form einer Bedientensteuer
ein. — Bremen bezog 1850 25 Rixdaler aus einer Nachti-
gallensteuer. — Auch die Vereinigten Staaten von
Amerika hatten 1864 eine direkte Luxussteuer auf Wägen,
Vergnügungsfahrzeuge, [Pianofortes, und Orgeln, auf Billards,
Taschenuhren und Gold- und Silbergeschirr eingeführt [2]); und
wenn selbe im J. 1866 der Aufhebung nahe war und höchst
wahrscheinlich (ich besitze keine späteren Daten) auch wirklich aufgehoben wurde, so hat dies, abgesehen von der Verminderung der Steuern nach dem Bürgerkriege überhaupt,
namentlich darin seinen trifftigen Erklärungsgrund, dass alle
genannten Luxussteuern in Nordamerika direkt waren, somit
auf Fassionen beruhen mussten, welche zu vexatorischen Unter-
suchungen Anlass gaben.

Diese amerikanische Luxussteuer nun, von der wir nicht
bestimmt wissen, ob sie nicht noch besteht, bildet den besten
Uebergang zu den jetzt folgenden, leider nur wenigen Staaten,
welche noch heute Luxussteuern besitzen. Denn dass man
all das bisher Angeführte blos als Proben, ja zum Theil

---

[1]) **Parieu**, wie oben, S. 65 sq. — Ueber die jüngst erfolgte Restitution
dieser letzteren Steuer siehe weiter.
[2]) Dr. Karl Freiherr von Hock, „Die Finanzen und die Finanzgeschichte der Vereinigten Staaten von Amerika", Stuttgart 1867, S. 224—227.

sogar als lächerliche Proben betrachten muss, ist jedem
Kenner klar.

Obwol gewöhnlich nur England als das alleinige Vaterland und Vorbild für die Luxussteuern betrachtet wird, so dass
der Laienwelt höchstens blos von englischen Luxussteuern
etwas bekannt ist, so ist es doch Thatsache, dass England in
dieser Beziehung von den Niederlanden überholt worden
ist. Dieselben hatten schon 1537 eine Feuerheerdsteuer, vom
Jahre 1674—1680 auch eine von Stiefeln und Schuhen, besitzen aber ausserdem auch in ihrer jetzigen zweitheiligen
Staatsform ein schon seit 1636 ziemlich ausgebildetes,
wenn auch nichts weniger als fehlerfreies System von Luxussteuern. Letztere wurden nämlich auch im 19. Jahrhunderte
in ihren alten Grundrissen beibehalten; nur wurden sie zuerst
1805 während der Napoleonischen Herrschaft reorganisirt,
und hierauf folgten noch die abändernden Gesetze von 1821
und 1822, so dass eigentlich erst letzteres, bis auf wenige
kleine Amendements, in dem seit 1830 ausgeschiedenen König-
reiche Belgien bis auf den heutigen Tag Geltung hat, während Holland noch 1833, 1836 und 1843 im alten Gesetze
von 1822 Aenderungen traf. Nichtsdestoweniger besteht auch
jetzt noch in beiden Königreichen ein ganz analoges System
von Luxussteuern, welches nachstehende sechs Klassen umfasst [1]):

1) Wohnungen,
2) Thüren und Fenster,
3) Kamine,
4) Mobiliar,
5) Dienstleute,
6) Pferde.

Die erste Steuer ist eine Miethzinssteuer, die zweite
oder die dritte könnte unvermiethete Häuser betreffen, sie
bestehen aber alle drei nebeneinander für alle Häuser, was

---

[1]) Vergl. die äusserst unsystematischen und zusammengeworfenen Ausführungen bei Parieu wie oben S. 6, 25—27, 32—34, 35—41. S. auch
Pfeiffer, wie oben S. 502 sq.

geradezu unbegreiflich ist. Es ist dies wol ein Gemenge von Häuser- und von Wohnungssteuern, wird aber durchwegs als zu den Luxussteuern gehörig betrachtet und mit sammt diesen im Budget als „impôt personel" aufgeführt. Belgien hatte von den ersten drei Steuern im Jahre 1857 einen Ertrag von 6,335,120 Frs. [1]).

Die wichtigste ist wol die vierte Steuer, welche den Luxus in den Wohnungen, leider in direkter Weise, belastet. Sie beträgt 1 % vom Werthe des Mobiliars, wobei je nach dem Werthe der Wohnung, sowie auch je nach der Ortschaft ein verschiedenes Minimum steuerfrei, und daneben viele Gegenstände, wie Bildersammlungen [2]) und vieles Andere, von der Besteuerung ausgenommen sind. Das Mobiliare wird geschätzt, kann aber auch von dem Steuerträger durch eine Fassion, welche jedoch mit dem Werthe der Wohnung und der Bevölkerungszahl der Ortschaft in einem bestimmten Zahlenverhältnisse stehen muss, ersetzt werden [3]). Von dieser wichtigsten und interessantesten Luxussteuer kann ich jedoch zu meinem grossen Leidwesen den Ertrag nicht genau erforschen: Parieu kümmert sich darum nicht, und Pfeiffer, der statistische Daten sonst angibt, weiss nichts von dieser Steuer. Zum Glück gibt wenigstens Rau [4]) die Summe für Belgien auf 1,440,000 Frcs., wiewol ohne Jahreszahl, an [5]). Diese Summe ist verhältnissmässig zu gering, wenn man bedenkt, dass eben die Mobiliarsteuer gerade das Gros des Luxus zu treffen berufen wäre. Man muss gerade auf sie das Hauptgewicht legen, und sie als Hauptbeleg für die Möglichkeit einer allgemeinen Luxussteuer betrachten, wenn man

---

[1]) Rau, wie oben, S. 234.

[2]) Diese Ausnahme finde ich ungerechtfertigt, denn Bilder sind ein schöner, aber wahrer Luxus.

[3]) Parieu, wie oben, S. 27—28.

[4]) Wie oben S. 237. e.

[5]) Daten über Belgiens sowie Hollands gesammten Luxussteuerertrag sind natürlich sehr leicht den Budgets zu entnehmen, die wir auch später benützen werden.

auch mit der Art ihrer Einhebung nicht einverstanden zu sein braucht.

Die fünfte, die Bedientensteuer, theilt die Dienstleute in Holland z. B. in 5 Klassen, so dass in der ersten Klasse 5 Gulden, in der zweiten 15 resp. 5, in der dritten 2, in der vierten 3, in der fünften 6 Gulden zu entrichten sind [1]). Nebstdem unterliegt die erste Klasse, welche sich auf die eigentlichen Diener im Haus und Stall bezieht, einer Progression, so dass für 12 Diener statt 60 Gulden 270 bezahlt werden, und darüber hinaus der Steuerfuss 40 Gulden pr. Kopf beträgt [2]). In Belgien, wo der Steuerfuss etwas anders ist (6,36—14,84 Frcs. pr. Kopf), ergab die Steuer im Jahre 1857: 638,548 Frcs. [3]).

Die sechste, die Pferdesteuer, trifft die Pferde in 6 Klassen, und zwar in Holland in den 5 ersten Klassen mit 25, 15, 10, 8 und 3 Gulden pr. Stück, in der sechsten mit 25 Gulden für 10 Stück. In der ersten Klasse ist die Steuer auch progressiv. Auch diese Steuer hat Belgien nach 1830 analog ausgebildet, und bezog hieraus für 1857 einen Ertrag von 395,170 Frcs. [4]).

Da wir nun auf diese Weise zwar nicht aus Holland, wol aber aus Belgien Daten über die Einträglichkeit jeder der sechs Luxussteuern im Einzelnen besitzen, so können wir nun über die ganze Summe, beziehungsweise deren Veränderungen im Laufe der Zeit, ein Urtheil fällen. Der Ertrag war also 1857 in Belgien:

Von der 1.—3. Steuer		6,335,120	Frcs.
„ „	4. „	1,440,000	„
„ „	5. „	638,548	„
„ „	6. „	395,170	„
	Summa	8,808,838	Frcs.

[1]) Die Abstufung des Steuerfusses ist recht unsystematisch.
[2]) Parieu wie oben, S. 33—34.
[3]) Rau, wie oben, S. 236. c.
[4]) Rau, wie oben, S. 237. d. Parieu zitirt auf S. 40 diese Date angeblich aus Rau mit 290,000 Frcs.

Diese Summe stieg 1871 auf 12,000,000 Frcs. [1]), im Jahre 1872 erhob sie sich auf die Höhe von 12,700,000 Frcs. [2]).

Vergleicht man die letztere Ziffer mit der Ertragssumme aus allen direkten Steuern (die Luxussteuer eingerechnet) pro 1872:

37,634,000 Frcs.,

so bildet die Luxussteuer mit

12,700,000 Frcs.

den dritten Theil des Ertrags aller direkten Steuern.

In Holland trugen 1850 alle Luxussteuern 5,988,000 Gulden ein. Im Jahre 1873 stieg diese Ziffer auf 8,262,000 Gulden [3]); und wenn man dieselbe mit der Ertragssumme aus allen direkten Steuern pr. Gulden

21,849,785

vergleicht, so erhält man ein für die Luxussteuer noch günstigeres Verhältniss, da selbe hier zwar weniger als die Hälfte, aber mehr als $1/_3$ des Ertrags aller direkten Steuern ergab.

Uebergehen wir nun zu England. Dort besteht, oder bestand doch wenigstens bis in die jüngsten Tage, eine ganze Gruppe von Luxussteuern, welche man *Assessed taxes* nennt, weil sie im vorigen Jahrhunderte nebst der Grundsteuer (land-tax) die einzigen direkt „aufgelegten" (assessed) waren [4]). Heutzutage ist auch die Income-tax eine assessed, doch bezeichnet man sie nicht mit diesem Namen. Zu diesen Assessed taxes gehörte bis 1851 die seit vielen Jahrhunderten bestandene Herd-, dann die Thür- und Fenstersteuer. Seit 1855 bestehen an ihrer Stelle:

1) die sogenannte „Häusersteuer", welche faktisch

[1]) Block, „Annuaire" pro 1872, S. 348.
[2]) Block, „Annuaire" pro 1873, S. 235.
In Bezug auf ältere Daten vergl. auch Xavier Heuschling, „L'impôt sur le revenu", Bruxelles 1873, S. 23 sq., ¡wo der Ertrag pro 1844 auf 8,625,000 Frcs. angegeben wird.
[3]) Block pro 1873, S. 328.
[4]) W. Vocke, „Geschichte der Steuern des Britischen Reiches", Leipzig 1866, S. 458 sq.

eine Wohnungssteuer ist[1]), da einerseits in England die Mehrzahl der Leute eigene Häuser bewohnt, und andererseits der Ertrag aus den vermietheten Häusern von der Einkommensteuer (Shedula A.) getroffen wird. Uebrigens sind auch die Art der Einhebung und Beitreibung der Häusersteuer, sowie die Organe dazu ganz wie bei den übrigen assessed taxes[2]). Diese „Inhabited house duty" beträgt „9 d. in the pound", d. h. circa $3^3/_4$ % vom jährlichen Ertragswerthe der persönlich bewohnten Häuser, dagegen 6 d. von Häusern, die einem Gewerbe dienen[3]). Der Ertrag ist von 1855 bis 1866 von L. 728,969 auf 953,002 L. gestiegen. Im Jahre 1870/1 bezifferte er sich auf L. 1,129,451[4]), im Jahre 1871/2 auf 1,263,058 L.[5]). — Folgt

2) die Kutschensteuer, welche seit 1747 besteht und im Jahre 1853 bedeutend herabgemindert wurde. Der Steuerfuss ist verschieden, je nachdem die Wägen vier- oder zweirädrig, mehr- oder einspännig u. dergl. sind. Den grössten Ertrag gab die Steuer im Jahre 1823 (529,896 L.). Im Jahre 1866 ergab sie 370,409 L., im Jahre 1870/1 nur noch 178,925 L., im Jahre 1871/2 verschwindet sie mit sammt den nachfolgenden aus dem Budget.

3) Die dritte Steuer ist die Pferdesteuer, im Jahre 1784 eingeführt und auch 1853 herabgesetzt. Die Pferde sind in fünf Klassen getheilt, demgemäss der Steuerfuss v. 3 L. 17 sh. bei Rennpferden bis zu 5 sh. 3 d. bei Frachtfuhrpferden variirt. Im Jahre 1820 ergab die Steuer 1,216,790 L., also über 12 Millionen österr. Gulden!! —, im Jahre 1866: 409,694 L., nach Pfeiffer sogar 1,780,000 L.[6]). Im Jahre

---

[1]) Sie wirkt auch wie eine wahre Luxussteuer, ausgenommen dort, wo sie die kleineren Wohnungen trifft. Darüber an einem anderen Orte.

[2]) Dr. Rudolf Gneist, „Das englische Verwaltungsrecht" Berlin 1867, II. Band S. 798—799.

[3]) Diese sollten eigentlich frei sein, da ja nur von der Besteuerung des persönlichen Luxus die Rede sein kann.

[4]) Block pro 1872, S. 421.

[5]) Block pro 1873, S. 564.

[6]) S. 503. Diese Ziffer ist indessen sicher falsch, da sie durch Vocke's und Gneist's Ziffern übereinstimmend widerlegt wird.

1870/1 trug dieser Posten nur noch 192,734 L., worauf er leider aus dem Staatsvoranschlage verschwindet.

4) Die Wappensteuer, eingeführt 1798, beträgt pr. Person 2 L. 12 sh. 9 d. oder 13 sh. 2 d., je nachdem ein Adeliger die' höchste Kutschensteuer zahlt, oder nicht: die Kumulation des Wappen- mit dem Kutschengenusse wird also als höherer Luxus betrachtet. Es bezieht sich dies übrigens nicht nothwendig auf das am Wagen anzubringende Wappen, sondern auf das Führen des letzteren überhaupt, obwohl andererseits Wägen, an denen der Name oder die Firma des Eigenthümers angebracht sind, — eine Einrichtung, die bekanntlich angesichts des bon ton bei Luxuswägen undenkbar ist — steuerfrei sind [1]). Der Ertrag der Wappensteuer war 1866: 52,985 L., im J. 1870/1 nur noch 29,419 L. Viel zu bedauern ist ihre Aufhebung nicht.

5) Die Dienstbotensteuer, eingeführt 1777, wurde im Jahre 1823 erniedrigt, dann 1853 dahin regulirt, dass für zwei Klassen von Dienstboten 1 L. 1 sh., resp. 10 sh. 6 d. bezahlt wurden. Im J. 1820 war der Ertrag 566,504 L., 1866: 216,769 L., 1870/1: 101,953 L.

6) Die lächerliche Haarpudersteuer, welche bei der Mode des Einführungsjahres 1795 einigen Sinn gehabt haben mochte, betrug seit 1808 pr. Person 1 L. 3 sh. 6 d., trug 1796: 210,136 L., 1866: 1030 L., im Jahre 1870/1 nur noch 408 L.

7) Die Hundesteuer schliesslich, von welcher noch später die Rede sein wird, entstand auch 1795, und betrug in jüngster Zeit pr. Stück 12 sh., wobei der Besitzer vieler Hunde ein Relutum von 9 L. resp. 39 L. 12 sh. zahlen konnte. Der Ertrag aus dieser Steuer stieg fortwährend: 1866 bezifferte er sich auf 219,377 L. Um so befremdlicher ist denn ihr Verschwinden schon im Budget des Jahres 1870/1 [2]).

Andere ältere Steuern, wie die von Hüten, Handschuhen,

---

[1]) Pfeiffer, wie oben.
[2]) wenn anders Block nicht im Irrthum ist.

Uhren u. dergl., wurden schon vor längerer Zeit aufgehoben.

Der Gesammtertrag der Luxussteuern in England war somit nach dem Stande von 1866 nachfolgender:

1. Steuer	953,002	L.
2. „	370,409	„
3. „	409,694	„
4. „	52,985	„
5. „	216,769	„
6. „	1,030	„
7. „	219,377	„

In Summa: 2,223,266 L.

Im J. 1870 war dieser Ertrag nach den amtlichen Ausweisen [1]) sogar noch gestiegen, denn es ergab:

die 1. Steuer	1,674,521	L.
„ 2. „	430,331	„
„ 3. „	470,854	„
„ 4. „	71,227	„
„ 5. „	244,462	„
„ 6. „	972	„
„ 7. „	fehlt.	

In Summa: 2,892,367 L.,

d. h. nicht weniger, als 29 Millionen österr. Gulden!! Statt alledem figurirt im Budget 1871/2 nur noch die Häusersteuer, und auch diese nur mit 1,263,058 L. Wenn man nicht die Abneigung der Engländer gegen die direkten Steuern kennen würde, wenn man nicht gelesen hätte, wie Gladstone kurz vor seinem Fall sogar noch die Einkommensteuer aufzuheben versprach, wenn man nicht berücksichtigen würde, dass der, so zu sagen, provisorische, nur auf die Kriegszeiten berechnete Charakter der eben genannten Luxussteuern [2]) Gladstone deren

---

[1]) S. bei Bergius S. 523.

[2]) Sie entstanden ja alle in der Revolutionszeit und wurden nach den Napoleonischen Kriegen (gegen 1820) alle ermässigt, während die gleich provisorische Einkommensteuer 1816 aufgehoben wurde. Analog werden wir auch bei den Franzosen anlässlich des letzten Krieges eingeführte Luxussteuern kennen lernen.

Aufhebung erleichtert haben muss, — so müsste dieses plötz-
liche Verschwinden einer bedeutenden, nicht gar so sehr un-
rationell erhobenen Staatseinnahme ganz unbegreiflich, ja un-
glaublich erscheinen.

Diese Aenderungen erscheinen um so bedauerlicher, wenn
man sich den früheren Zustand zurückdenkt, und z. B. den
Stand von 1866 näher untersucht. Es wurde eben angedeutet,
dass England das Reich der indirekten Steuern ist; nichtsdestoweniger lehrt dessen neuere Finanzgeschichte, dass es
trotz dieser, man könnte sagen, nationalen Eigenthümlichkeit
in unserem Jahrhunderte allmälig auch direkte Steuern an-
nimmt, was mit um so grösserem Rechte gesagt werden darf,
als die im vorigen Jahrhunderte für ablösbar erklärte Grundsteuer (land-tax) durch die Schedula A. der Income-tax ersetzt
worden ist. Bei diesen Umständen muss man die Höhe jeder
direkten Steuer in England nur r e l a t i v beurtheilen, d. h.
sich immer merken, dass selbe an und für sich schon für
dieses Land viel bedeutet. So ist es denn auch mit den
Assessed-taxes. Im Jahre 1866 nahmen sie, was ihren Ertrag
anbelangt, die zweite Stelle unter den direkten Steuern ein [1]).
Die land-tax nämlich betrug nur noch 1,145,947 L., dagegen
ergaben die Assessed-taxes: 2,223,266 L. Die Income-tax
lieferte dafür schon 6,475 Mill. L., also beinahe die dreifache
Luxussteuer. Und Letzteres ist auch nach meiner Ansicht
das rationellste, normale V e r h ä l t n i s s, wenn auch die a b -
s o l u t e Ziffer beiderseits steigen, beziehungsweise in andern Ländern, wo doch die direkten Steuern nicht so ver-
pönt sind, von vornherein bedeutend höher sein muss. Der
Titel dieser Arbeit besagt, was später näher ausgeführt werden
wird, dass die Luxussteuer ein K o r r e k t i v der Einkommensteuer sein, dass sie die letztere ergänzen soll: nun die e r -
g ä n z e n d e Steuer muss natürlich um $\frac{1}{2} - \frac{1}{3}$ weniger eintragen, als die zu ergänzende, — das ist ein logisches Er-
forderniss. So wenig musterhaft also an und für sich die Luxussteuern Englands waren, so nahmen sie doch in dem dortigen

---

[1]) S. den Ausweis bei V o c k e, wie oben, auf S. 126—127.

Steuersysteme, in ihrem Verhältnisse zur Einkommensteuer eine sehr normale Stellung ein, und eben in so fern ist ihre theilweise Aufhebung um so tiefer zu beklagen. In Belgien, Holland und auch Frankreich, wo keine Einkommensteuer besteht [1]), kann man dieses prinzipiell so sehr wichtige Verhältniss der Luxussteuer zur Einkommensteuer gar nicht untersuchen, daher wir es hier bei England besonders hervorhoben. Leider sank dieses Verhältniss im Jahre 1871/2 auf 1:9. — Die Stellung der Luxussteuer zu anderen Steuern Englands werden wir nach dem Stande des J. 1871/2 später im Zusammenhange mit den diesfälligen Verhältnissen anderer Länder des Näheren besprechen.

Noch ein grosses Land besitzt Luxussteuern: es ist dies Frankreich. Wir wissen schon, dass die dem Luxus so sehr huldigenden Franzosen zweimal in diesem Jahrhunderte (1807 und 1865) direkte Luxussteuern, als da von Wägen, Pferden etc., eiligst beseitigten: es wird sich später zeigen, dass derartige Steuern, die übrigens in jüngster Zeit wieder restituirt worden sind, nicht so sehr viel bedeuten. Dagegen bestehen in Frankreich schon seit langer Zeit zwei Steuern mit der ausdrücklichen Bestimmung, die Einkommensteuer zu ersetzen, was natürlich nur seitens einer Luxussteuer geschehen kann, wenn auch richtiger Weise nicht geschehen soll. Diese zwei Steuern sind: „l'impôt personel" und „la contribution portes et fenêtres" [2]). Die erstere besteht seit 1790, die zweite seit

---

[1]) In Frankreich wurde die Einkommensteuer 1872 erfolglos von Wołowski beantragt. S. dessen diesfällige Schrift (Rede) „l'impôt sur le revenu" Paris 1873. — Vergl. übrigens Parieu wie oben I. Band S. 480 sq., wo der Mangel der Einkommensteuer bei den romanischen Völkern unter andern auf die dafür dort bestehenden Luxussteuern zurückgeführt wird. Wäre das richtig, dann liesse sich die theilweise Abschaffung der Luxussteuern in England durch die gleichzeitige Steigerung des Einkommensteuerertrags erklären, und alsdann würden die diesbezüglichen Ausführungen Stein's, auf die wir noch zurückkommen werden, Recht behalten.

[2]) S. Hock: „Die Finanzverwaltung Frankreichs". Stuttgart 1857. S. 145—149. Auch Parieu wie oben S. 15 sq.

1798, beide natürlich seither mannigfaltig, namentlich im
Jahre 1832, reformirt.

Es sollte scheinen, dass die Contribution portes et
fenêtres eigentlich keine Luxus- beziehungsweise Wohnungs-,
sondern eine Gebäudesteuer ist, d. h. auf das Einkommen der
Hauseigenthümer berechnet ist, und zwar um so mehr, als
bekanntlich in Frankreich, wie überhaupt auf dem Kontinente,
nicht die gute englische Sitte herrscht, nur eigene Cottages
zu bewohnen [1]). Indessen ist in dem bezüglichen Gesetze ausdrücklich hervorgehoben, dass zwar der Hauseigenthümer
diese Steuer für seine Miether zu berichtigen, dass er aber das
Recht habe, sie von den letzteren zurückzufordern, wodurch
die Steuer entschieden zur Wohnungssteuer gestempelt wird [2]),
wenngleich übrigens nicht zu läugnen ist, dass praktisch
obige Distinktion um so weniger Bedeutung hat, als bei den
heutigen miserablen Verhältnissen in den Grossstädten des
europäischen Kontinents [3]) jede noch so richtig aufgelegte
Gebäudesteuer wie eine progressive Wohnungssteuer wirkt.
Wie dem aber sein mag, die französische Contribution portes
et fenêtres hat die amtliche Signatur einer Wohnungssteuer,
und würde als solche eine Luxussteuer so ziemlich abgeben,
wenn ihr nicht auch Wohnungen mit sogar Einer Oeffnung
und selbst solche in Gemeinden mit unter 5000 Einwohnern
unterliegen würden. So aber ist sie — abgesehen von ihrer
anerkannt unrationellen und gesundheitswidrigen, ja menschen-
feindlichen Erhebungsform, welche die Zahl der Licht und
Luft gebenden Oeffnungen beschränkt — eine Kombination
von Konsumtionssteuern, welche einen unentbehrlichen sowohl,
als auch einen entbehrlichen, ja auch einen Luxusartikel
treffen, je nachdem die betreffende Wohnung klein, mittel-

---

[1]) Vergl. hierüber Dr. Emil Sax: „Die Wohnungszustände der
arbeitenden Klassen und ihre Reform". Wien 1869.

[2]) Auf diese Weise hat denn auch Frankreich keine ordentliche
Gebäudesteuer.

[3]) Vergl. hierüber Engel: „Die Wohnungsnoth". Leipzig 1873, —
separater Abdruck des Referats aus den „Verhandlungen der Eisenacher
Versammlung". 1872.

gross, oder aber luxuriös ist. Im letzteren Charakter indessen ist die Contribution unzweifelhaft eine Luxussteuer, so dass sie wenigstens aus diesem Anlasse hier besprochen werden musste. Dabei hat sie übrigens noch die gute Seite, dass sie, gleich wie die zweite Steuer, eine Repartitionssteuer ist, somit von den Selbstverwaltungskörpern nicht nur erhoben, sondern auch ausgeschrieben wird, — ein Umstand, durch welchen der Uebelstand, dass sie beide, wiewohl Staats-Luxussteuern, doch direkt sind, neutralisirt wird [1]).

Der — konform ihrer Natur als Repartitionssteuer — gesetzlich bestimmte Ertrag der zu erhebenden Contribution war durch Gesetz vom 11. April 1832 mit 22 Mill. Frcs. beziffert. In Folge von Neubauten steigt er allmälig, so dass er 1857 auf 26,7 Mill. Frcs. [2]), und zehn Jahre später auf 38,4 Mill. Frcs. sich belief, woneben übrigens auf die lokalen Ausgaben (depenses speciales) noch 13,7 Mill. Frcs. erhoben wurden, so dass 1867 die Eine Contribution die Summe von 52,172,838 Frcs. ergab [3]). Im Jahre 1871 war der Generalertrag (d. h. nach Abzug der obigen Spezialauslagen) 36,6 Mill. Frcs. [4]), und im Jahre 1873: 38,516,238 Frcs. [5]).

Noch entschiedener, d. h. nicht nur dem Gesetzestexte, sondern auch ihrem Wesen nach, erscheint in der Rolle einer Luxussteuer l'impôt personel et mobilier. Heutzutage zwar ist diese Steuer in so fern blos ein Accidens der Contribution, als für sie den Bemessungsmassstab der Betrag der Wohnungsmiethe, kombinirt mit dem drei-

---

[1]) Diese letztere Bemerkung wird uns erst in einem späteren Abschnitte klar werden.
Es giebt übrigens auch namhafte Schriftsteller, welche der Repartition keine Bedeutung zusprechen. Siehe z. B. in jüngster Zeit das Gutachten von Dr. Gensel in den „Schriften des Vereins für Sozialpolitik. III. Heft. Die Personalbesteuerung" (fünf Gutachten) Leipzig 1873, S. 47—48. Vergl. aber auch daselbst auf S. 65 das Gutachten des Grafen Wintzingerode, sowie auch v. Rössler.
[2]) Hock wie oben S. 147.
[3]) Parieu wie oben.
[4]) Block pro 1872 wie oben S. 31 sq.
[5]) Block pro 1873 S. 33.

2*

tägigen Arbeitslohn, bildet. Allein in früherer Zeit, namentlich bis 1832, musste die Zahl der Dienstboten und Pferde, der Miethzins, ja auch ein beiläufig geschätztes Einkommen aus dem beweglichen Vermögen die Grundlage für die Kombination des Massstabs abgeben, so dass damals die Steuer ganz die Vertreterin einer, wie schon bemerkt, bis heute noch in Frankreich leider fehlenden Einkommensteuer war [1]). Indessen auch heutzutage hat der impôt mobilier den Charakter einer Luxuswohnungssteuer dadurch bewahrt, dass nach dem Gesetze zur „Wohnung" alle Räume gerechnet werden sollen, „welche von dem Steuerpflichtigen zum persönlichen Gebrauche seiner selbst, seiner Angehörigen, und seiner Dienerschaft, sowie zum Vergnügen und zur Annehmlichkeit benützt werden, also auch die Ställe und Remisen für Luxuspferde und Luxuswägen, die Lust- und Glashäuser und dergl." [2]). Auch ein steuerfreies Minimum von freilich nur 250 Frcs. Wohnungsmiethe kennzeichnet den Impôt mobilier in der obbesagten Stellung, und zeichnet sie gleichzeitig vor der Contribution, welche nicht Einmal ein solches Minimum kennt, aus. Zu bemerken ist dabei auch noch die charakteristische und gewissermassen instinktartige Uebung der Gemeindebehörden (denn die Steuer beruht ja auch auf dem Repartitionssysteme) seit 1848 [3]), den Impôt mobilier progressiv umzulegen, obwohl das Gesetz dies nicht anordnet, und demgemäss auch die Centralbehörden diesem Vorgehen oft entgegentraten [4]). Ja noch 1866 finden wir für die Stadt Paris nachstehenden Tarif:

bei einer Wohnungsmiethe v. 250—499 Frcs. — Steuer 3 %,
,, ,, ,, ,, 500—999 ,, ,, 5 %,
,, ,, ,, ,, 1000—1499 ,, ,, 7 %,
,, ,, ,, ,, 1500 und darüber ,, 9 % [5]).

[1]) Vergl. oben die von Parieu hierüber gemachte Bemerkung.
[2]) Hock wie oben S. 146.
[3]) Gerade seit 1848 !!
[4]) Hock wie oben.
[5]) Parieu wie oben S. 19.

Auch dadurch wird der Impôt mobilier einer Luxus- resp. Einkommensteuer genähert. Nichtsdestoweniger bildet sie ein eigenthümliches Gemisch von Elementen direkter und indirekter Besteuerung, von Luxusbesteuerung und deren Gegensatz, und kann daher durchaus nicht als rationell betrachtet werden, wiewohl sie zweifelsohne hauptsächlich die Rolle einer Luxussteuer zum grossen Theile faktisch spielt.

Für das Jahr 1867 wurde der Ertrag aus dem Impôt mobilier mit 82,7₁ Mill. Frcs. bestimmt, und zwar für den Staat 51,012,000 Frcs.; im Jahre 1871 erhielten die Fonds généraux 51,3 Mill. Frcs., im Jahre 1873: 54,639,000 Frcs. [1]).

Neben den oben genannten zwei Steuern erhielt Frankreich in Folge des letzten Krieges neue, und zwar nun schon beinahe durchwegs echte Luxussteuern mit entsprechenden Finanzzöllen [2]). Das Gesetz vom 4. September 1871 führt unter anderen Lasten ein:

1) **Eine Zündhölzchensteuer**, welche beträgt:
a) bei hölzernen Hölzchen [3]):
pr. Schachtel

mit 50 Stück —	mit 51—100 Stück —	mit über 100 Stück
1,005 cent. —	3 c.	— 3 c. von je 100.

b) bei anderen Hölzchen:

5 c. —	10 c.	— 10 c. von je 100.

2) eine **Papiersteuer** mit 15, 10 und 5 Frcs. pr. 100

---

[1]) Des Näheren sei hier erwähnt, dass bei den Franz. Repartitionssteuern vorerst der Hauptstock gezählt wird. Von diesem werden dann noch Zuschläge (centimes additionels) erhoben, und zwar auch noch erst für die Zentralverwaltung, für die depenses générales, z. B. im Jahre 1867: 17 %, und daneben erst dann Zuschläge für die depenses speciales, z. B. 1867: 19,3 %. So erst entstand für das Jahr 1867 die Gesammtsumme von 82,7 Mill. Frcs. Hier berücksichtigen wir nur die Fonds généraux, d. h. den Hauptstock mit sammt den centimes généraux.

[2]) von welch letzteren später die Rede sein wird.

[3]) Die Tautologie ist hier unvermeidlich, da es auch noch Wachs- und andere Zündhölzchen giebt. — Freilich sind die hölzernen unentbehrlich und als solche zur Luxusbesteuerung nicht geeignet.

Kilogramm [1]). Das Zeitungspapier zahlt noch besonders
20 Frcs.!!

Ausserdem führte das Finanzgesetz pro 1871 ein:

3) Die Wagen- und Pferdesteuer nach dem alten
Gesetze vom Jahre 1862;

4) eine Billardsteuer mit 60, 30, 15 und 6 Frcs. pr.
Stück, je nach der Einwohnerzahl der Stadt;

5) eine Art Kasinosteuer, welche „les abonnés des
cercles, sociétés et lieux de réunions, où se payent des coti-
sations", und zwar mit 20 % dieser Einlagen, zu tragen haben.
Es ist dies also eine originelle Steuer auf geistigen Luxus,
kennt indessen viele Ausnahmen, wie z. B. bei wissenschaftlichen, humanitären Vereinen und dergl. Ob wirthschaftliche
Genossenschaften in den Ausnahmen einbegriffen sind, ist aus
dem Gesetzestext nicht bestimmt zu entnehmen;

6) eine Börsensteuer, bei welcher für die Negoziirung
von je 100 Frcs. in Papieren auf Namen 50 centimes, in au-
porteur-Papieren 15 centimes zu entrichten sind. Uebrigens
besteht diese Steuer, jedoch mit niedrigeren Ansätzen, seit
1857. Eine wahre Luxussteuer ist sie in so fern nicht, als
sie nicht so sehr den Spielgenuss, als vielmehr den Kapitals-
umsatz treffen will, somit eine Art Uebertragungsgebühr
bildet;

7) eine 10 %tige Fahrbilletssteuer von Reisenden
und Gepäcken auf allerlei öffentlichen Kommunikations-An-
stalten [2]).

Wenn nun auch die jetzt angeführten sieben Steuern, wie
bemerkt, nicht immer echte Luxussteuern sind, so sind sie es
dennoch durchwegs ihrem Charakter nach, und sind Mangels
eines Systems von Luxussteuern jedenfalls als ein anerkennens-
werthes Ersatzmittel anzusehen. Beweis dessen die Erträge,
welche sich nachstehend gestalteten:

---

[1]) Die schlechteren Sorten von Papier sind auch keine Luxusgegenstände.

[2]) Vergl. über diese Serie von Steuern „Journal des Economistes" 25. vol.
p. 121—125.

	1872	—	1873
Millionen Francs:			
1. Steuer:	15,0	—	15,0
2. „	10,0	—	10,0
3. „	2,1123	—	6,659
4. „	1,0	—	0,8
5. „	1,0	—	1,1
7. „	67,7	—	67,7
Summa:	86,812	—	91,159 [1]).

Vergleicht man nun jetzt die Ertragssumme aller hier besprochenen Luxussteuern Frankreichs pro 1873, als da:

1—7) Steuer	—	—	—	91,1 Mill. Frcs.
8) Contribution portes und fenêtres	38,5	„
9) Impôt mobilier und personel	54,6	„
Zusammen:	184,2 Mill. Frcs.,

mit der Ertragssumme aus allen direkten Steuern 415,4 Mill. Frcs. [2]), so finden wir das Verhältniss ähnlich wie in Belgien, ja für die Luxussteuer sogar noch günstiger, nämlich $^{1}/_{2} - ^{1}/_{3}$.

Fassen wir nur noch das Ergebniss der ganzen bisherigen Untersuchung über die wirklichen, beziehungsweise sein sollenden Luxussteuern in den vier Hauptstaaten: Belgien, Holland, England und Frankreich zusammen, so erhalten wir die nachstehende Tabelle:

---

[1]) Vergl. Block pro 1873 S. 24—25.

Die 6. (die Börsensteuer) ist im Budget nicht zu finden. Wahrscheinlich ist sie nach der Uebung seit 1857 in einer anderen Rubrik z. B. in den „droits divers à differents titres" einbegriffen, oder soll man sie mit der weiter auf Seite 24 Note 2 erwähnten „taxe" identifiziren?! Alsdann würde obige Gesammtsumme von 91 auf 115 Mill. Frcs. steigen.

[2]) Block pro 1873 S. 33.

Staat und Jahr	1. Ertrag der Luxus-steuern.	2. Ertrag der Ein-kommen-steuer.	3. Ertrags-summe der direkten Steuern.	4. Ertrag der Akzise.	5. Ertrag der Zölle.
Belgien 1873	12,7 Mill. Frcs.	0.	37,6 Mill. Frcs.	27,7 Mill. Frcs.	13,5 Mill. Frcs.
Holland 1873	8,2 Mill. Guld.	0.	21,8 Mill. Guld.	28,3 Mill. Guld.	4,6 Mill. Guld.
England 1871/2	1,2 Mill. L.	9,0 Mill. L.	11,3 Mill. L.	22,7 Mill. L.	20,1 Mill. L.
Frankreich 1873	184,2 Mill. Frcs.	0.	415,4 Mill. Frcs.	768,8 Mill. Frcs.	307,0 Mill. Fr. [1]

Aus dieser Tabelle ersieht man:

1) Dass es den Ländern romanischer Rasse an einer Einkommensteuer fehlt [2]), was, wie später dargelegt werden wird, der Natur der Volkswirthschaft widerspricht. England hat zwar eine Einkommensteuer, deren Ertrag sogar zunimmt, doch

2) mangelt es ihm an anderen direkten Steuern, es wäre denn, dass, was an und für sich nichts Unrationelles ist, die aus 5 Schedula's bestehende Einkommensteuer alle anderen direkten Steuern vertreten soll, wodann sie aber unvergleichlich mehr, als jetzt, tragen müsste. Während nämlich z. B. in Belgien sich die direkten Steuern zum Gesammteinkommen verhalten wie 1:5, in Frankreich wie 1:6$\frac{1}{5}$, ist das Ver-

---

[1]) Die Daten bezüglich der Akzise und der Zölle müssen aus dem französischen Budget erst herauskombinirt werden.

[2]) Frankreich besitzt nur gleich Italien eine spezielle Einkommensteuer oder vielmehr Ertragssteuer auf den Ertrag aus öffentlichen Kreditpapieren, „taxe sur le revenu des valeurs mobilières", welche im Jahre 1873 24 Mill. Frcs. ergab (Block pro 1873, S. 33).

6. Gesammt- einnahme des Staates.	7. Verhältniss der Luxus- u. Einkommen- steuer zu den direkten Steuern.	8. Verhältniss der Luxus- steuer zur Akzise.	9. Verhältniss der Ertrags- summe der Luxussteuer u. Akzise zu den Zöllen.	10. Verhältniss der Ertrags- summe der Luxus- u. Ein- kommenstr. zur Gesammt- einnahme.
188,9 Mill. Frcs.	$1:3$	$1:2$	$3:1$	$1:15^3/_4$
91,2 Mill. Gulden	$1:2^5/_8$ [1]	$1:4$	$9:1$	$1:11^3/_8$
95,5 Mill. L.	$1:1^1/_{10}$	$1:7^1/_2$	$1^1/_5:1$	$1:9^1/_2$
2454,0 Mill. Frcs.	$1:2^1/_4$ [2]	$1:4^1/_6$	$3:1$	$1:13^1/_2$

hältniss in England, wie $1:8-9$. Indessen diese Frage gehört nicht weiter hieher.

3) Es wurde in der Tabelle die Luxussteuer, wiewohl sie ihrem Wesen nach nicht den direkten Steuern angehört, deshalb mit den letzteren verglichen, weil sie eben in den hier besprochenen vier Staaten grösstentheils auf direkte Weise erhoben wird und zu den direkten Auflagen gezählt wird. Von diesem Standpunkte aus musste aber auch die Einkommensteuer der Luxussteuer beigezählt, beziehungsweise die beiderseitigen Erträge summirt werden (s. Rubrik 7.), da ja, wie zu zeigen sein wird, letztere berufen ist, die erstere zu ergänzen. Nun der Vergleich mit den direkten Steuern fiel natürlich für die letzteren am ungünstigsten in England aus ($1: 1^1/_{10}$), weil dort einerseits wenig direkte Steuern bestehen, andererseits

---

[1] Die Brüche sind abgerundet angegeben.

[2] Hier ist nur zu berücksichtigen, dass einerseits die direkten Steuern in Folge der vorhergehenden Kriegsjahre etwas weniger ergaben, als sonst (z. B. 1857: 438,14 Mill. Frcs.), — und dass andererseits die meisten der neu eingeführten Luxussteuern im Budget als indirekte aufgeführt werden.

aber die Einkommensteuer nicht fehlt. Am ungünstigsten
dagegen für die Luxussteuer war das Verhältniss vor Einführung der neuen Luxussteuern in Frankreich, wo es seit
1857 bis 1871 immer wie 1:4 stand. Daraus erhellt neuerdings
die Nothwendigkeit der freilich nicht in ganz rationeller Weise
erfolgten Erhöhung der Luxussteuern in Frankreich; seither ist
denn auch das Verhältniss wie 1:2¼ geworden, wogegen es
in Belgien wie 1:3, in Holland wie 1:2⅝ besteht.

4) Ihrem eigentlichen Wesen nach ist die Luxussteuer
eine indirekte, oder eine Konsumtionssteuer, sie bildet einen
Theil dieser Gruppe von Auflagen und muss demgemäss ihr
Ertrag mit dem der sogenannten Akzise verglichen werden: natürlich muss bei diesem Vergleich die Einkommensteuer schon
bei Seite gelassen werden[1]). Da, wie später dargethan werden
wird, die Luxussteuer viele, die andern Konsumtionssteuern
dagegen wenige Artikel treffen sollen, so sollte zwar Angesichts
der nur relativen Entbehrlichkeit der letzteren Artikel die
auf ihnen ruhende Akzise mehr als die Luxussteuer, aber
doch nicht viel über das Doppelte eintragen. Nun ist diesfalls
das ungünstigste Verhältniss in England (1:7½), was zwar
dadurch zu erklären ist, dass dieses Land hauptsächlich aus
indirekten Auflagen seine Staatseinkünfte schöpft, doch aus
demselben Grunde in sofern nicht gerechtfertigt werden
kann, als es beweist, dass dieses reichste Land Europa's verhältnissmässig zu viel von den Armen und verhältnissmässig
viel zu wenig von den Reichen einnimmt. Die 9 Mill. L.
Einkommensteuer wiegen das letztere Missverhältniss bei
Weitem nicht auf, und so muss man von England verlangen, dass es nicht so sehr seine Akzise zu vermindern (was
dort übrigens bekanntlich angestrebt wird), als vielmehr die
Luxussteuern, natürlich mitsammt der Einkommensteuer zu
erhöhen trachte. Leider trifft letztere Forderung nur in Bezug auf die Einkommensteuer zu. — Am günstigsten gestaltete
sich das Verhältniss der Luxussteuer zur Akzise in Belgien
(1:2), was sicher in der Mobiliarsteuer gelegen ist, während

[1]) Vgl. die Rubrik 7. mit Rubr. 8.

das so sehr reiche Frankreich zwar den Ziffern nach (1 ;4¹/₆) nicht in dem Masse, wie England, doch mit Rücksicht auf die bis in die untersten Klassen gehende und in sofern der Akzise ähnliche Fenstersteuer faktisch vielleicht ebenso wie England, die Reichen im Verhältnisse zu den Armen ungerechter Weise bevorzugt. England und Frankreich müssen also von d i e s e m Standpunkte aus beide den Luxus mehr als bisher besteuern [1]). Holland steht hier Frankreich beinahe gleich (1:4).

5) Die Summe aller Konsumtionssteuern im Lande, also Akzise plus Luxussteuer, sollte, wie an anderer Stelle bewiesen werden wird, ein Seiten- oder Gegenstück zu den Zöllen bilden, so dass, wenn man eine mehr weniger gleiche Verzehrung von aus- und inländischen Waaren annehmen könnte, der Ertrag der Zölle der Summe des Ertrags aus der Akzise und der Luxussteuer gleichkommen sollte. Dieses normalste Verhältniss nun besteht in England (1¹/₅:1), und rührt davon her, dass dieses Land zwar viele entbehrliche Gegenstände, namentlich Tabak und Zucker einführt, aber auch viele andere zu Hause produzirt, und hiebei den inländischen Luxus sehr wenig besteuert, wodurch die Steuerbeträge ausgeglichen werden. Jedenfalls sollte aber, wenn die Zölle und das ganze Verhältniss sich gleich bleiben sollen, die Luxussteuer erhöht und die Akzise vielleicht um ein Weniges verringert werden. — Das unrationellste Verhältniss besteht diesfalls in Holland (9:1), woraus zu schliessen ist, dass dort entweder die Akzise zu hoch ist, somit die Armen zu stark belastet sind, oder aber dass die Zölle steigen müssen, weil sonst eine Ungleichmässigkeit in der Besteuerung der in- und ausländischen Waaren bestehen muss. Für die Luxussteuer allein kann aus diesem Verhältnisse kein Schluss gezogen werden, denn zu hoch ist sie ja dort nicht. Ein recht ordentliches Verhältniss (3:1) finden wir gegenwärtig in Belgien und Frankreich, doch in letzterem erst seit der Reform von 1871, resp. seit dem J. 1873. Im Allgemeinen kann man übrigens in dieser Beziehung keine Regel aufstellen, da das hier besprochene Verhältniss denn

---

[1]) Unter 3) ergab sich die Forderung für England nicht.

doch von der Intensivität des Einfuhrhandels abhängt, so dass
dadurch sowol das Missverhältniss in Holland etwas gemildert,
als auch die Parität in dem überwiegend ausführenden und
gegenwärtig eminent freihändlerischen England erklärt erscheint. Auf jeden Fall ist bei dieser ganzen Frage der Umstand entscheidend, wie die Wahl der zu verzollenden resp.
mit der Luxussteuer zu treffenden Gegenstände ausgefallen
ist; und das kann erst später dargelegt werden.

6) Es wurde schliesslich die Luxussteuer sammt der Einkommensteuer auch mit den Gesammteinnahmen verglichen,
wobei sich das nämliche Resultat, wie früher, ergiebt, dass die
drei romanischen Staaten sowol eine Einkommensteuer, als
auch zum Theil eine höhere Luxussteuer sehr vermissen. In
England ist das Verhältniss trotz der nun eingeschränkten
Luxussteuern viel günstiger mit Rücksicht auf den Ertrag der
Einkommensteuer. Noch günstiger wäre es aber, und man
könnte dann sicher der Luxussteuer, trotz deren jetziger Einschränkung, eine grosse Zukunft in England prophezeihen, wenn
die Engländer zu der ihrem nationalen Geiste so sehr zusagenden Ueberzeugung gelangen könnten, dass echte Luxussteuern
eben indirekt erhoben werden sollen. Doch dies wird erst
in einem späteren Abschnitte dargethan werden können.

Aus dem gegenwärtigen Abschnitte aber dürfte im Allgemeinen einleuchten, das zwar einerseits heutzutage eigentlich
kein Staat in Europa, sei es rationelle, sei es genügende Luxussteuern besitzt, demzufolge diesfalls eine dringende Reform
nöthig ist, — dass aber auch andererseits Luxussteuern überhaupt ganz gut möglich sind, ja in grossen Staatsbudgets eine
nicht unbedeutende Rolle spielen können. Letzteres erhellt
auch daraus, dass eigentlich die Luxussteuer sich nicht ausschliesslich auf die hier besprochenen vier Hauptstaaten beschränkt,
sondern, wiewol nur vereinzelt, auch anderwärts hie und da vor-
kommt. So ist z. B. sehr allgemein, wenn auch nur als Kommunalsteuer, die Hundesteuer, welche sogar in Algier und Au-
stralien zu finden ist; so hatte Kurhessen bis 1866 eine

Billard- und Kegelsteuer; Basel besitzt dieselbe Steuer und
daneben eine Equipagensteuer; Bremen, Genf und Vaud ein
gleiches; der Mississippi-Staat eine Pianofortesteuer und dergl.
Die richtigsten schliesslich und zahlreichsten, wiewol latenten
Luxussteuern besitzen a l l e e u r o p ä i s c h e n S t a a t e n i n
d e n Z ö l l e n, deren diesfälliger Charakter jedoch erst später
wird dargelegt werden können.

Vorderhand wenden wir uns zur theoretischen Stellung
der Luxussteuer.

Zweiter Abschnitt.

Die Luxussteuer in der bisherigen Theorie.

Es giebt vielleicht kein Gebiet des Finanzwesens, welches während des ganzen hundertjährigen Bestandes der Finanzwissenschaft von derselben so stiefmütterlich behandelt worden wäre, wie die Luxussteuer. Man könnte wirklich schwerlich eine Steuer anführen, über welche es nicht eine einzige Monographie in der ganzen deutschen, englischen und französischen Literatur gäbe; und doch kann dies wohl nicht irrthümlich von der Luxussteuer behauptet werden. Man durchblättere alle Jahrgänge von Rau's „Archiv“, von Hildebrand's „Jahrbüchern für Nationalökonomie und Statistik“, von Faucher's „Vierteljahrschrift für Volkswirthschaft und Kulturgeschichte“, alle Jahrgänge der „Zeitschrift für die gesammte Staatswissenschaft“, des „Journal des Economistes“, —: nirgends findet man auch nur eine Spur von einer Abhandlung über die Luxussteuer. Auch die dort üblichen Literaturberichte über allerlei finanzwissenschaftliche Schriften geben nicht den geringsten Fingerzeig in der genannten Richtung. Man kann also wol mit gutem Gewissen bei der Behandlung der Luxussteuer von der Reflexion auf irgend welche monographische Quellen absehen.

Will man sich somit über die Stellung der bisherigen Theorie zu der Luxussteuer eine Ansicht bilden, so verbleibt nichts anderes, als sich auf die Handbücher der Finanzwissenschaft überhaupt, oder des blossen Steuerwesens insbesondere

zu beschränken. Da kann man sich dann freilich nicht mehr
so über Sterilität der Quellen beschweren, nachdem höchstens
nur drei Männer, nämlich Ricardo, dessen Uebersetzer und
Kommentarist Baumstark und Lotz[1]) als diejenigen Finanzschriftsteller angeführt werden können, welche die Luxussteuer kaum nur erwähnen, ohne sie auch nur der geringsten
Würdigung zu unterziehen. Freilich ist dies Ricardo um so
mehr zu verargen, als ja bekanntlich zu seinen Zeiten, d. h.
in den zwei ersten Dezennien des laufenden Jahrhundertes, die
englischen Luxussteuern bekanntlich gerade in ihrer Blüthezeit
standen.

Ausser den drei genannten hat es kein anderer Nationalökonom unterlassen, bei Gelegenheit der Besprechung
anderer Steuern auch der Luxussteuern zu gedenken; und wenn
auch die Art sowohl, als auch das Resultat dieser Ausführungen
ein sehr verschiedenartiges ist, so kann man doch aus diesen
allgemein gehaltenen Quellen manche Anhaltspunkte gewinnen.
Nur muss man, um sich in diesem bunten Gemische zu orientiren, das ganze Material irgendwie übersichtlich ordnen, wozu wohl die nachstehende Gruppirung der betreffenden Schriftsteller mit Rücksicht auf deren Ansichten bezüglich der
Luxussteuer zweckdienlich sein dürfte. Es gibt nämlich:

1) Nationalökonomen, welche die Luxussteuer grundsätzlich verwerfen;

2) solche, welche selbe im Prinzip zwar anerkennen,
allein aus praktischen Gründen ganz ausschliessen;

3) solche, die sie zwar nicht rundweg beseitigt haben,
aber ihr nur eine sehr untergeordnete Stellung einräumen
wollen;

4) Schriftsteller, welche die Luxussteuer billigen, aber
selbe sich nicht anders, als nur auf einige wenige Gegenstände
beschränkt, wenn auch nicht mehr gerade in einer untergeordneten Stellung, zu denken vermögen; schliesslich

5) Nationalökonomen, welche die Luxussteuer ohne Vor-

---

[1]) „Handbuch der Staatswirthschaftslehre", Erlangen 1838, III. Bd. S.
dort die S. 361—374 über die Konsumtionssteuern.

behalt und in recht ausgedehntem Masse zugeben. Und nur
in dieser Gruppe findet sich Eine Arbeit mehr monogra-
phischer Natur.

Jede der angeführten fünf Gruppen umfasst unter Andern
auch Notabilitäten auf dem Gebiete der Finanzwissenschaft
und zwar merkwürdiger Weise — namentlich gilt dies von der
ersten und fünften — sowohl welche von den ältesten, als
auch von den jüngsten berühmten Vertretern der Wissenschaft.
Leider aber sind es mit geringen Ausnahmen nicht einmal
ausführlicher bearbeitete Abschnitte der bezüglichen Handbücher, die hier geprüft werden sollen: zumeist sind es nur
kurze, oft nichts sagende Bemerkungen.

Wir lassen nun die genannten Gruppen mit sammt deren
Vertretern, und zwar erstere in obbezeichneter, letztere in chronologischer Reihe folgen.

I.

Die Zahl sowohl, als auch die Bedeutung der Gelehrten,
welche sich grundsätzlich und entschieden gegen die Luxussteuern
erklärt haben, ist durchaus nicht zu unterschätzen. Den Reigen
eröffnet Malchus [1]), indem er (S. 358) die Ansicht ausspricht,
das die Luxussteuern „mit den Grundsätzen für die Besteuerung überhaupt nicht in Einklang zu bringen seien." Diese
Erklärung wurde dadurch veranlasst, dass die Luxussteuern nicht
immer das Einkommen, sondern oft das Kapital, ja „eigentlich
.... einen an sich sterilen Theil des Vermögens" (S. 358)
treffen. Nun läugnen lässt sich dies letztere insofern nicht,
als wirklich der Luxus oft aus dem Kapital bestritten wird;
wenn jedoch derjenige, der sein Kapital fruchtbringend, somit
zu seinem sowohl als der ganzen Volkswirthschaft Nutzen
verwendet, von diesen Früchten Steuern zahlen muss, so ist
es unzweifelhaft nichts weniger als unbillig, denjenigen, welcher
durch Verausgabung seines Kapitals nicht bloss die Volkswirthschaft schädigt, sondern auch die unmittelbare Steuer vom

---

[1]) C. A. Freiherr von Malchus, „Handbuch der Finanzwissenschaft und Finanzverwaltung", Stuttgart und Tübingen 1830.

Einkommen umgeht, mittelbar so zu besteuern, als ob das ganze für den Luxus verwendete Kapital ein Einkommensbestandtheil wäre. Der Verausgabende gerirt sich ja so, als ob er bloss sein Einkommen verzehren würde. Es wird doch Niemand zugeben wollen, dass der Grundsatz der Besteuerung des blossen Einkommens eine Prämie auf die Verringerung der Kapitalsubstanz zu persönlichen Konsumtionszwecken bilden soll.

Wenn ferner Malchus, auf die Relativität des Luxus hinweisend, bemerkt, dass „Gegenstände, die für Viele allerdings ein Genuss des Wohllebens sein können, für andere ein reelles Bedürfniss sind" (S. 358), so ist auch dieses wahr, ohne indessen gegen die Luxussteuer zu sprechen. Denn es giebt Gegenstände noch reelleren und allgemeineren Bedarfes, wie z. B. Getränke, Zucker, Kaffee u. s. w., und sie werden dennoch anerkanntermaassen besteuert; es können und sollen also mit demselben Rechte andere Gegenstände getroffen werden, welche an und für sich entbehrlicher sind, als jene, und eben nur in den Bedarfskreis gewisser höheren Volksklassen gehören. Der Ausdruck „Luxus"-Steuer braucht somit durchaus nicht so aufgefasst zu werden, als ob es sich bloss um Gegenstände handelte, die immer und unter allen Umständen wahren Luxus bilden, denn solche könnte man eigentlich nur sehr wenige finden.

Die prinzipiellen Bedenken des Malchus sind somit nicht stichhältig, was er sogar selber insofern zugibt, als er gewisse Luxussteuern, freilich mehr als „lokalpolizeiliche Maassregel" den Kommunen zuweisen will. Doch dies steht mit seiner prinzipiellen Gegnerschaft zur Luxussteuer durchaus nicht im Widerspruche.

Neben Malchus steht hier der gleich berühmte Nestor der deutschen Finanzschriftsteller, Hoffmann[1]. Derselbe ist aus drei Gründen ein Gegner der Luxussteuer. Vorerst, weil Luxus nicht immer ein Beweis der Steuerfähigkeit ist, da einerseits viele reiche Gewerbetreibende und dergleichen keinen

---

[1] I. G. Hoffmann „die Lehre von den Steuern" Berlin, 1840.

Luxus treiben w oll e n, und andererseits Adelige und hoch-
angestellte Personen auch bei misslicheren Vermögensverhält-
nissen Luxus treiben m ü s s e n (S. 226—227). Nun die beiden
letzteren Anomalien treten wohl ein; allein im ersteren Falle
helfen andere, direkte Steuern, die, wie gezeigt werden wird,
die Gewerbetreibenden belasten sollen, aus, — im zweiten Falle
dagegen kann der Staat sich nicht in dem Grade des sogen.
„standesmässigen“ Luxus annehmen, wie es Hoffmann zu
wünschen scheint, und zwar im ärgsten Falle schon deshalb
nicht, weil ein derartiger Begriff in der Praxis oft gar nicht
festzustellen und zu begrenzen ist. Es wäre übrigens in der
That ein Irrthum, mit gewissen neuesten, später anzuführen-
den Schriftstellern in dem Aufwande den alleinigen Beweis
der Steuerfähigkeit zu erblicken; aber durchschnittlich weist
er doch sicher auf die Existenz irgend eines, oft verborgenen
und bisher unbesteuert gebliebenen Einkommens hin, und ist
insofern besteuerungsfähig.

Nebst diesem nur Hoffmann eigen gebliebenen Vorwurfe
führt er noch zwei weitere an, die wir fast bei allen andern
Gegnern der Luxussteuern wiederfinden werden: die geringe
Einträglichkeit der Steuern und die Gefahr der Verschiebung
des Luxus von den besteuerten auf andere, oft schlimmere
(S. 228) nicht besteuerte Gegenstände. Es sind dies mehr
praktische als prinzipielle Bedenken und lassen sich sowohl
durch den Hinweis auf die verhältnissmässig bedeutenden Ergebnisse der bisherigen mangelhaften Luxussteuern in Europa,
als auch durch die Möglichkeit einer richtig angelegten und
umfangreichen Aufwandssteuer sehr wol entkräften. Letzterer
Beweis wird auch hier seiner Zeit geführt werden.

Einen gleichen Charakter besitzt der dritte Einwand
(S. 228), dass Luxussteuern „ein Gefühl, ... des Widerwillens
und Unmuths“ erzeugen. Denn erstens thun namentlich die
Reichen eine sie stärker belastende Steuer immer mit Unmuth
bezahlen, und zweitens muss man die Luxussteuern so ein-
richten, damit zu obigen Gefühlen eben keine Veranlassung
gegeben werde.

Hoffmann selber scheint es einzusehen, indem er, ähnlich

Malchus eine Ausnahme von seinen Ausführungen zulassend, auf S. 236—244 den Plan einer kummunalen Wohnungsluxussteuer, die er sogar für sehr wünschenswerth erachtet, darlegt.

Demnächst folgt der wohl mehr als Staatsmann, denn als Nationalökonom bekannte, gewesene Präsident der Republik Thiers [1]. Er hat freilich nicht viel und gar nicht gründlich, jedenfalls nur gelegentlich über die Luxussteuer geschrieben; wir dürfen ihn aber deshalb nicht übergehen, weil er von den Gegnern dieser Steuer oft als Autorität zitirt wird. Thiers hat bekanntlich sein Werk „über Eigenthum" gegen die Sozialisten aus den Zeiten des Julikönigthums geschrieben; so ist es denn nicht unnatürlich, dass er zwar (S. 354) für die indirekten Steuern im Allgemeinen spricht, dagegen aber gleichzeitig (S. 341 und 348) die Luxussteuer mit dem banalen Einwande abfertigt, es müsste in Folge der Luxusbesteuerung die Produktion der betreffenden Artikel vermindert, somit in demselben Maasse den Arbeitern die Beschäftigung entzogen werden [2]. Es ist dies eine eigenthümliche Art der Inschutznahme der Arbeiterinteressen; man müsste nämlich aus demselben Grunde jede Besteuerung der Fabrikanten, also etwa die ganze Gewerbesteuer, ja auch die Einkommensteuer verurtheilen, man müsste mit aller Aengstlichkeit die Besteuerung der Reichen vermeiden, um ja nicht deren Luxusverzehrung, resp. mittelbar den Arbeitererwerb zu schmälern. Ueberhaupt ist es verkehrt, mit Rücksicht auf die Chancen der Steuerabwälzung irgend eine Steuer zu beurtheilen; denn von diesem Standpunkte aus könnte man jede mögliche Steuer bald irrationell, bald rationell finden, je nachdem sie sich wird abwälzen lassen oder nicht. Und doch ist heute in der Wissenschaft so ziemlich anerkannt, dass zwar nicht, wie Stein meint, jede Steuer in jedem Falle abgewälzt werden muss [3], dass aber jede Steuer bei günstiger

[1] F. A. Thiers, „de la proprieté", 1848, in poln. Uebers. Berlin 1858.
[2] Avis aux sozialistes!, welche im Interesse der Arbeiter sprachen, und doch eine Luxussteuer fordern könnten.
[3] Vgl. übrigens die so dialektisch bestechend ausgeführte Nothwendigkeit der „Produktion (nicht Abwälzung) der Steuern" bei Stein wie oben, S. 321—326.

3*

Marktkonjunktur nach vorn oder nach rückwärts, d. h. auf die Konsumenten oder auf die Produzenten [1]) abgewälzt werden kann, so dass, namentlich im ersteren Falle, das Reineinkommen des Steuerträgers durch die Steuer gar nicht geschmälert wird [2]).

Huhn [3]) sieht zwar ein, dass „man mit den Aufschlägen vorzugsweise Gegenstände des Luxus treffen müsse" (S. 280), verwahrt sich jedoch alsogleich gegen die Besteuerung des eigentlichen Luxus, indem er unter Luxusgegenständen nur geistige Getränke und Zucker, welche doch bekanntlich in der Finanzwissenschaft wohl als e n t b e h r l i c h e Genussmittel, aber mit vollem Rechte nicht als Luxusartikel angesehen werden, verstanden wissen will [4]). Er will übrigens auch die genannten Gegenstände nur möglichst niedrig besteuern (S. 282), was wohl im Zusammenhange mit seinem Zukunftstraume, „die Aufschläge zu vermindern und zuletzt ganz aufzuheben" (S. 284); stehen mag. So weit gehen aber nicht einmal die jüngsten Reformatoren in der Finanzwissenschaft, wie gleich weiter zu ersehen sein wird [5]). Dagegen soll der Verbrauch „seltener, theurer oder kostbarer Gegenstände" (S. 281) von der Besteuerung ganz verschont bleiben, und zwar:

1) weil daraus nie ein erheblicher Ertrag fliessen kann;

2) weil die Gefahr der Defraudation dabei grösser wäre, als bei den Schatzungen, d. h. den direkten Steuern.

---

[1]) Letzteres nämlich z. B. bei festbesoldeten Personen, welche die Steuern durch Einschränkung ihrer Einkäufe auf die Produzenten der betreffenden Waaren abwälzen. Vergl. Hock, „Oeffentliche Abgaben und Schulden", 1863.

[2]) Stein vergisst nämlich, dass die Steuer eigentlich das Reineinkommen belasten, d. h. schmälern soll, und dass letzteres nie geschehen würde, wenn alle Steuern wirklich immer „produzirt" würden.

[3]) Dr. E. H. Th. Huhn „Finanzwissenschaft", Leipzig 1865.

[4]) Letztere Distinktionen werden anderwärts ausführlicher besprochen werden.

[5]) Vergl. übrigens schon jetzt in obengedachten fünf Gutachten („Die Personalbesteuerung") die Beantwortung der auf die indirekten Steuern bezüglichen Frage 4.

Nun ist bekanntlich Schmuggel und Defraudation eine Eigenthümlichkeit der indirekten Steuern überhaupt, sei es der inländischen, sei es der Zölle; man müsste also aus dem Grunde schon jetzt, nicht mit Huhn erst in weiter Zukunft, auch die Getränke- und Zuckersteuern aufheben. Andererseits werden wir uns später überzeugen, dass bei rationeller Einrichtung einer Luxussteuer der Staat viel weniger Gefahr läuft, hintergangen zu werden, als bei anderen Verbrauchssteuern. Freilich wäre es arg darum, wenn man n u r die wirklich „seltenen" Luxusgegenstände, also etwa n u r Diamanten und Perlen, besteuern wollte; dann wäre auch unzweifelhaft der voraussichtliche Ertrag ein sehr geringer. Allein Huhn anerkennt selber Luxusgegenstände, „deren Verbrauch bei einem besseren Lebensaufkommen zur Gewohnheit und Bedürfniss wird" (S. 281): warum sollen denn dahin nur und eben Getränke und Zucker gehören? warum dagegen nicht z. B. Wohnungen mit kostbarem Mobiliar eingerichtet und dergl.? Zwar behauptet der Verfasser, dass eine Steuer auf das Mobiliar „allen richtigen Prinzipien widerspricht, da sie das Stammkapital verzehrt, indem aus (!) dem Mobiliar kein Einkommen entspringt, ... und ersteres zu den unbedingt nothwendigen Lebensbedürfnissen gehört" (S. 285). Allein abgesehen davon, dass nicht jede Art von Mobiliar zu den unbedingt nothwendigen Lebensbedürfnissen gehört, dass ein Glas Bier dem Arbeiter viel unentbehrlicher ist, als Nussbaum- oder Mahagonimöbeln auch für den höchstgestellten Mann, — so findet man in der oben angeführten Phrase ein eigenthümliches Verständniss für die Natur der Konsumtionssteuern überhaupt. Will denn der Herr Verfasser deshalb den Schnaps besteuern, weil „**aus** ihm ein Einkommen entspringt"? haben **denn d i e s e** Bedeutung die Konsumtionssteuern überhaupt? oder nicht etwa die, dass die Konsumtion eines Gegenstandes die Existenz eines a u s i r g e n d e i n e m K a p i t a l e entspringenden Einkommens beweist, resp. beweisen soll?! Allerdings geniesst man Zucker, trinkt man Bier alltäglich, und kauft dagegen Möbel vielleicht nur Ein- oder zweimal im Leben; allein wir werden auch seiner Zeit die Luxussteuer nur so oftmal fordern, als Einkäufe gemacht worden sind. Zwar wird übrigens eben zum Einkaufe von Möbeln oft aus dem Kapital, nicht aus dem Einkommen geschöpft; allein erstens ist dies nicht immer der Fall; zweitens soll eine Konsumtion des Kapitals als solche um so mehr aus volkswirthschaftlichen Rücksichten besteuert werden[1]); und drittens ist durch den Ankauf einer Mobiliareinrichtung gewisser Qualität auf jeden Fall der Beweis geliefert, dass die betreffende Person so ein Einkommen bezieht und auch in der Zukunft beziehen wird, dass selbes die Zinsen von dem ins Mobiliare fruchtlos gesteckten Kapitale decken wird: denn eine Konsumtion, d. h. Bedürfnissbefriedigung bildet der Verbrauch von Möbeln auf jeden Fall."

Durch die obige Diskussion sollten übrigens nicht gerade die Möbeln als entsprechendster oder gar einzig tauglicher Gegenstand der Luxussteuer bezeichnet werden; es soll hier überhaupt so wenig als möglich der pragmatischen Entwickelung gegenwärtiger Arbeit vorgegriffen werden. Wir wollten nur die Einseitigkeit von Huhn's Vorwürfen gegen die Luxussteuer darlegen, denn nur aus dieser einseitigen Auffassung ergiebt sich dann seine kurze Abfertigung derselben mit der lakonischen Bemerkung, dass „diese Aufschläge kein ernstlicher Gegenstand mehr für die Finanzwissenschaft sind" (S. 285). — Was aber die oft durch ihn und And. hervorgehobene Unerheblichkeit des Ertrags aus Luxussteuern betrifft, so hat wohl der erste Abschnitt dieser Abhandlung hinlänglich praktische statistische Daten geliefert, an deren Hand man sich ein Urtheil über den Werth und die Wahrheit dieses Einwurfes bilden kann.

Pfeiffer[2]) muss man es anerkennen, dass er wenigstens nicht mit blos ein paar Zeilen die Luxussteuer abgefertigt hat, wie denn überhaupt sein Werk dadurch am verdienstlichsten ist, dass es alle Steuern vom geschichtlichen, vom kritischen

---

[1]) Vergl. das oben hierüber bei Besprechung des Malchus Gesagte.
[2]) Eduard Pfeiffer, „Die Staatseinnahmen etc.", Stuttgart und Leipzig 1866. II. Band.

und statistischen Standpunkte beleuchtet. Freilich ist der kritische Theil zuweilen mangelhaft und soll der statistische manchmal unzuverlässig sein: ein Verdienst bleibt die Art der Behandlung immerhin. Nun muss man, was speziell die Luxussteuern betrifft, mit Pfeiffer einverstanden sein, dass dieselben als Verwaltungsmassregel, also etwa als Ersatz der früheren Luxusgesetze, zu nichts taugen. Sie haben zwar nach meiner Ansicht neben dem rein finanziellen auch einen sozial-administrativen Charakter; jedoch nicht, indem sie den Luxus einschränken, was sie weder vom finanziellen, noch vom volkswirthschaftlichen Standpunkte — denn ich kann nicht mit dem Verfasser den Luxus als „ein mehr oder minder rasches Zerstören von Werthen" (497) auffassen [1]) — thun sollten, sondern jener Charakter liegt in der schon oben gekennzeichneten Tendenz, die Reichen verhältnissmässig höher zu besteuern, als die Armen.

Indessen bei Pfeiffer handelt es sich hauptsächlich und zwar mit Recht um den finanziellen Werth der Luxussteuern, und auch aus diesem Standpunkte kann er ihnen nicht das Wort reden, wiewohl es ihm nicht entgehen kann, dass, „so lange es noch" sonstige Konsumtionssteuern giebt (S. 500), „einige" Luxussteuern denn doch gerechter Weise bestehen sollten. So billig dachte Huhn nicht, obwohl auch er die Konsumtionssteuern überhaupt nicht mag [2]); nur dass er Branntwein und Zucker zum „Luxus" (!) zählte, während Pfeiffer darin richtiger „gewöhnliche Lebensbedürfnisse" erblickt. Zu verwundern ist nur, warum letzterer Schriftsteller auch für jene Uebergangszeit, d. h. bis zur einstigen Auf-

---

[1]) Wäre dies wahr, so wären ja Luxusgesetze auch jetzt angezeigt! Vergl. in dieser Frage Stein, „Lehrbuch der Volkswirthschaft", Wien 1858; Roscher, „Ansichten der VW. aus dem geschichtlichen Standpunkte", Leipzig 1861; dann auch meine „Sozialökonomie", I. B. S. 71 sq.

S. auch Graf Skarbek, „ogólne zasady nauki gospodarstwa narodowego" (Grundsätze der Nationalökonomie), Warschau 1859 (2. Aufl.), im I. Band 23. Abschnitt, und im II. B. Abschnitt 18.

[2]) Ihren Werth werden wir im 3. Abschnitte beurtheilen.

hebung aller Konsumtionssteuern, blos „einige" Luxussteuern haben will, nachdem er doch paar Zeilen höher geklagt hat, weshalb gerade „e i n e Liebhaberei belastet werden soll, wenn sie nicht thörichter und gemeinschädlicher ist, als viele andere". Das ist ja eben das Geheimniss, dass die bisherigen Luxussteuern gerade darum falsch sind, weil sie nur „eine Liebhaberei" oder doch nur wenige belasten; und eben aus der Vorstellung von der n o t h w e n d i g e n Beschränktheit der Luxussteuern entspringen die meisten Vorwürfe gegen dieselben, wie etwa auch der von Pfeiffer (S. 499) getheilte Vorwurf der geringen Ertragsfähigkeit oder der nothwendig kostbaren Einhebung derselben (S. 500). Will man die Luxussteuer beurtheilen, so darf man nicht von der möglichst schlechten Einrichtung derselben ausgehen, sondern umgekehrt vorerst nach der möglichst besten fragen. Und alsdann würde es sich vielleicht herausstellen, dass es nicht gar so „undenkbar sei, die Luxussteuern ohne eine ganz unerträgliche Inquisition umzulegen" (S. 500). Diese Frage wird nun anderwärts behandelt werden, hier sei nur noch wiederholt, dass Pfeiffer „die völlige Aufhebung dieser Art von Abgaben" (S. 500), d. h. aller Konsumtions- mitsammt den Luxussteuern empfiehlt.

Nun tritt uns aber ein gar gefährlicher Gegner der Luxussteuer entgegen: es ist dies der hochverdiente und hochzuverehrende Prof. v. S t e i n, dem ich die besten Grundlagen meiner Fachkenntnisse verdanke. Wir folgen der 2. Auflage seines verdienstvollen Werkes [1]).

Stein kann darin zwar nicht umhin, die Luxussteuern „a n s i c h als eine d u r c h a u s r a t i o n e l l e Steuerform" anzuerkennen, findet sie jedoch nichtsdestoweniger „vollkommen unhaltbar" und „vollkommen i r r a t i o n e l l" (S. 598, 599). Es soll hier nicht im Entfernten der im letzteren Worte liegende frappante Widerspruch etwa lächerlich gemacht werden, da derselbe in der hegelianischen Methode des gefeierten Ver-

---

[1]) Dr. L o r e n z v. S t e i n, „Lehrbuch der Finanzwissenschaft", Leipzig 1871.

fassers begründet erscheint, wie denn überhaupt in dessen
Schriften immer zwischen der Sache „an sich" und deren
wirklichem Standpunkte unterschieden wird. Jedenfalls aber
ist obiges prinzipielles Zugeständniss v. Stein's für die gegenwärtige Streitfrage von grosser Wichtigkeit, denn man braucht
nicht gerade ein „Prinzipienreiter" zu sein, um der Ansicht
zu huldigen, dass die als richtig befundenen Prinzipien soviel
als möglich verwirklicht werden sollen.

Warum findet nun Stein die Luxussteuern [1]) dennoch vollkommen irrationell? Zunächst deshalb, weil „der Begriff des
Luxus keineswegs klar genug ist" (S. 599). Es unterliegt
freilich keinem Zweifel, dass der Begriff des Luxus ein rela-
tiver ist, wiewohl eben Stein an einem anderen Orte [2]) gegen
diese letztere Bezeichnung des Luxus auftritt, was er gerade
hier nicht vergessen sollte. Allein trotz dieser Relativität
müsste man es eben hier als Prinzipienreiterei betrachten,
wenn eine so eminent praktische Wissenschaft, wie die Finanzwissenschaft beziehungsweise die auf derselben gestützte Finanzverwaltung, blos wegen der begrifflichen Relativität des Luxus
ein Gebiet unbesteuert lassen wollte, welches doch einerseits
prinzipiell durchaus besteuerungsfähig ist, und welches
andererseits in der Praxis sehr leicht in seinen wichtigsten,
aller Welt bekannten Erscheinungen getroffen werden kann.
Mag die Wissenschaft noch so lange und mühevoll über der
Definition des Luxus grübeln, der Gesetzgeber und Staatsmann werden doch ganz gewiss zu beurtheilen wissen, ob ein
gegebener Gegenstand in einer gegebenen Qualität unter ge-

---

[1]) Er spricht zwar an dieser Stelle blos von „direkter" Luxussteuer,
allein er versteht darunter — zuwider dem Sprachgebrauche und noch mehr
zuwider seiner eigenen Definition der „indirekten" Steuern, wornach alle
Luxussteuern als indirekt betrachtet werden müssen, — alle wirklichen,
eigentlichen Luxussteuern, ohne Rücksicht auf die Form ihrer Erhebung.
Dagegen fasst er „indirekte" Luxussteuern ganz eigenthümlich auf, wie sich
bald zeigen wird.
[2]) „Lehrbuch der Volkswirthschaft", Wien 1858, S. 90. 1. Zeile
von oben.

gebenen Kulturverhältnissen dem Mittelstande [1]) entbehrlich
ist, oder nicht. Und bei einer Luxussteuer kann es sich doch
um nichts anderes handeln. Das gesteht übrigens sogar Verfasser
selber zu, indem er (S. 588) als Steuerobjekt der Luxussteuer
jeden Gegenstand, „der als Luxusgegenstand a n g e n o m m e n
w i r d“, bezeichnet. Freilich gilt das Alles wieder blos „im
Prinzip“.

Es zweifelt ferner v. Stein, „ob da, wo der Gegenstand
auch ganz gewiss ein reines Genussmittel ist, demselben ein
w i r k l i c h e s R e i n e i n k o m m e n zu Grunde liege“. Er
selber hat den viel bestrittenen, jedoch von mir vollkommen
getheilten Grundsatz aufgestellt, dass jede Steuer möglichst
auf dem „Reineinkommen“ ruhen soll. Wenigstens findet sich
das in der 1. Auflage seiner „Finanzwissenschaft“ [2]). In der
2. Auflage schon (S. 252—253) will er blos das „Einkommen“
überhaupt besteuert wissen, da die Steuer „nicht aufs Reineinkommen“ (d. h. wohl auf die zu Ende der betreffenden
Wirthschaftsperiode stattzufindende Ausscheidung resp. Ver-
rechnung des Reineinkommens) „warten kann“. Das ist auch
richtig, widerstreitet aber dem erstgenannten Grundsatze in
so ferne nicht, als zwar die Steuer von Einkommen scil.
Roheinkommen g e z a h l t , doch nicht nothwendig auch g e -
t r a g e n zu werden braucht, was letzteres freilich Stein
wünscht, indem er hiebei auf seine Ueberwälzungstheorie, die
wir schon bei Gelegenheit des Thiers'schen Werkes beleuchtet
haben, reflektirt [3]). Nun das Dilemma bezüglich des „Einkommens“ oder „Reineinkommens“ können wir hier um so
eher dahingestellt lassen, als einerseits die namhaftesten

---

[1]) Ich sollte eigentlich von einem „mittleren Menschen“, einem „Durch-
schnittsmenschen“ (vide Q u e t e l e t !) sprechen, allein in wirthschaftlicher
Beziehung wird derselbe durch den ganzen [gesegneten Mittelstand repräsentirt.

[2]) 1. Aufl. v. J. 1860, auf S. 164, wo obiger Grundsatz einige Male
mit Nachdruck hervorgehoben wird.

[3]) Nach S t e i n sollen nämlich die Steuern gleich den andern Kosten
„produzirt“, somit nicht nach Abzug dieser Kosten aus dem Reineinkommen
gezahlt werden. Vergl. oben S. 35. Note 3.

Nationalökonomen darüber noch streiten, und andererseits Stein gerade in puncto der Luxussteuer auch in der zweiten Auflage ein „Reineinkommen" fordert. Das steht dagegen heutzutage allgemein mit sehr wenigen Ausnahmen [1]) fest, dass nicht etwa das Vermögen oder andere wirthschaftliche Erscheinungen, sondern eben das Einkommen als Grundlage [2]) der Besteuerung dienen soll. Nun bringt es aber die Unvollkommenheit der menschlichen Dinge, dass, wenigstens bei den heute bekannten Steuersystemen, der Staat nicht immer die Bürgschaft für die genaue Durchführung des obigen Grundsatzes übernehmen kann, und zwar wieder am wenigsten bei allen Konsumtionssteuern, die später werden besprochen werden. Könnte man da mit Pfeiffer und And. alle Konsumtionssteuern aufheben, dann wäre man freilich aller diesfälligen Schwierigkeiten mit Einem Male los. Allein die meisten der bisherigen namhaften Finanzschriftsteller, darunter auch v. Stein, anerkennen es, dass der Staat trotz obiger Unzukömmlichkeit die Konsumtion in der Voraussicht, dass derselben ein Einkommen zu Grunde liegt, besteuern soll [3]). Hat man nun aber Einmal dieses zugestanden, dann ist es doch unmöglich, zu läugnen, dass die eben genannte Voraussetzung voraussichtlich viel öfter und gewisser bei der Konsumtion von Luxus-, als bei der von anderen Verbrauchsgegenständen, zutreffen wird. Verurtheilt also Verfasser aus einem gleichen Grunde z. B. die Steuern von entbehrlichen Verbrauchsgegenständen nicht, so ist es eine Inkonsequenz, auf den blossen Zweifel hin, dass dem Luxus „kein Reineinkommen zu Grunde liegt", die Luxussteuer zu verurtheilen. Und diese Inkonsequenz ist nur noch um so krasser, als eine etwaige an Stelle des „wirklichen Reineinkommens" tretende, freilich nicht wegzuläugnende Kapitalsverwendung bei Luxusgegenständen auf dem Wollen, bei andern Gegenständen dagegen oft auch auf dem Müssen

---

[1]) die am geeigneten Orte werden hervorgehoben werden.
[2]) wenn auch nicht nothwendig als Maass.
[3]) Die Begründung der Nothwendigkeit der Konsumtionssteuern erfolgt an anderer Stelle dieser Arbeit.

des Konsumenten beruht, somit sogar im Falle eines Kapitals-
verbrauches die Luxussteuer viel skrupelloser zugegeben werden
sollte, als andere Konsumtionssteuern, wie dies übrigens schon
oben gegen Malchus und Huhn genauer ausgeführt worden ist.
Der einzige Erklärungsgrund, warum Stein, trotzdem das
richtige Zusammentreffen von Konsumtion und wirklichem
Reineinkommen nirgends unbedingt und ausnahmslos zu erwarten ist, eine derartige Forderung gerade bloss an die Luxussteuer stellt, — ist nur darin zu suchen, dass er die Luxussteuer als „Stellvertreterin" (S. 599) der Einkommensteuer,
welch letztere auf dem „wirklichen Reineinkommen" ruhen soll,
betrachtet. Nun diese Stellvertreterin scheint ihm ebenso „unvollkommen", wie auch mir, doch mir aus dem einfachen Grunde, weil ich in der Luxussteuer keine Stellvertreterin, sondern
eine Vervollständigung, ein Korrektiv der Einkommensteuer
sehe und es auch begründen will. Ein schlechtes Stellvertre-
tungsmittel kann nämlich ein ganz genügendes Vervollstän-
digungsmittel sein. Das ist der Grund, warum ich nicht mit
Stein (S. 599) „das gänzliche Verschwinden der Luxussteuern
aus den Steuersystemen als Fortschritt" betrachten kann.
Trotz übrigens all dieser Feindschaft gegen die Luxussteuer will Verfasser dennoch einerseits die Wohnungssteuer, welche bekanntlich auch eine Luxussteuer ist, oder
wenigstens sein kann, mit gewissen Einschränkungen und zwar
nicht mehr als „Vertreterin" sondern schon als „Theil" der
Einkommensteuer (S. 594), - andererseits wieder will er „indirekte" Luxussteuern (S. 599—600) eingeführt wissen. Ersteres Zugeständniss wird am anderen Orte beurtheilt werden,
unter letzterem versteht Stein nicht das, was man sonst unter
indirekten Luxussteuern versteht[1]), sondern bezieht es bloss
auf eine Erhöhung des Steuerfusses für die besseren Sorten
der Verzehrungs- und Verbrauchsgegenstände[2]). Merkwürdig

[1]) Darüber später.
[2]) Vgl. hierüber die frühere Note 1. auf S. 41, worin auf Steins
Auffassung der „indirekten" Luxussteuern hingewiesen wurde. Seiner allgemeinen Definition der „indirekten" Steuern überhaupt entspricht diese
Auffassung, wie bemerkt, durchaus nicht.

ist es nur, dass der Verfasser in dieses letztere Postulat wiederum eine Steuer von „grösseren Familienwohnungen", ferner „höhere Zölle für bessere Waaren" also im Grunde förmliche Luxussteuern an der Staatsgrenze, einbezieht, ohne an die Ungerechtigkeit zu denken, welche damit verbunden wäre, wenn dieser höheren Besteuerung des Verbrauchs von ausländischen Luxusartikeln nach seinen eigenen Plänen keine gleiche Besteuerung des der inländischen entsprechen würde[1]).

Wenn nun so ein Gelehrter und so ein Dialektiker, wie v. Stein, sich am Schlusse seines Feldzuges gegen die Luxussteuern so verfitzt, dass er beinahe seinem „praktischen" Standpunkte zu Gunsten seines „prinzipiellen" zu entsagen scheint, so muss es mit diesen Steuern denn doch nicht so arg bestellt sein. Und so finden wir zwar bei ihm am Schlusse (S. 600) die Ueberzeugung ausgesprochen, dass die Kritik der Luxussteuern bei Hoffmann „das Beste, was bisher darüber gesagt ist," enthalte, womit die Feindschaft gegen die Luxussteuern gewissermaassen besiegelt werden soll, — können uns jedoch mit dem Gedanken trösten, dass, wie schon bekannt, Hoffmann weder so ein gefährlicher, noch auch überhaupt ein wirklich prinzipieller, keine Ausnahmen zugebender Gegner dieser Auflagen ist.

Es verbleibt uns unter den namhaften Gegnern der Luxussteuer nur noch H e l d [2]), gegen den hier aufzutreten es um so unliebsamer ist, als er einer Schule angehört, welche die volle Sympathie junger Fortschrittsmänner verdient. Es ist auch wirklich schwer zu begreifen, wie ein Reformator auf finanzwissenschaftlichem Gebiete, ein Mann, welcher offen die Tendenz ausspricht, die Reichen verhältnissmässig höher als die Armen besteuern zu wollen, so sehr, die Luxussteuern zurücksetzen kann. Indessen ist es einmal Thatsache, dass Held zu den Gegnern der Luxus-Steuern zählt und so müssen wir in diesem Punkte seine Widersacher sein. Er beginnt den Kampf mit dem abgedroschenen Einwurfe der Uneinträglich-

---

[1]) Wir sehen hier natürlich von etwaigen Schutzzöllen ab.
[2]) Dr. A d o l f H e l d „die Einkommensteuer." Bonn 1872.

keit der Luxussteuern (S. 173). Schon die bisherigen verhältnissmässig wenigen und unbedeutenden Erfahrungen, auch die
von England, auf welches sich der Verfasser diesfalls beruft,
unterstützen nach den Ausführungen des ersten Abschnitts der
gegenwärtigen Arbeit obige Behauptung gar nicht. Aber wenn
dies auch der Fall wäre, so wäre doch noch immer die Frage
berechtigt, wie man denn billigerweise einen hohen Ertrag
verlangen kann von einer Steuer, welche fast überall, wo
man sie einführte, in der irrationellsten und lückenhaftesten
Weise durchgeführt worden ist?! Man stütze z. B. die
Grundsteuer ausschliesslich auf die Fassion, belaste mit ihr
etwa nur die Waldungen, und fälle dann darauf hin ein Urtheil
über die Angemessenheit und Einträglichkeit einer Grundsteuer überhaupt!! Und eben von einem ähnlichen Standpunkte geht Held bei Beurtheilung der Luxussteuer aus,
indem es ihm z. B., und zwar mit Recht, missfällt, dass
„der Aufwand für ein bestimmtes Bedürfniss ein Maass für
die Leistungsfähigkeit der Person im Ganzen abgeben soll"
(S. 174). Allein wer behauptet denn, dass man mit Luxussteuern
nur einen „bestimmten" Aufwand, d. h. wol nur einige Konsumtionsgegenstände, wodurch „eine lächerliche Verschiebung
in der Richtung des Luxus bewirkt" (S. 174) werden müsste,
belasten soll? Belaste man mit der Gewerbesteuer bloss einen
Theil der Gewerbe, so wird wieder eine Verschiebung in
der Richtung der Produktion stattfinden: aber wem in
aller Welt fiele so was ein? Dass die bisherigen Luxussteuern
zu obigen Einwürfen vollkommen berechtigen, soll [nicht in
Abrede gestellt werden; aber ein Gelehrter wie Held sollte
doch auch die Möglichkeit einer rationelleren Einrichtung ins
Auge zu fassen vermögen!

Zu dem Allem begeht Verfasser eine doppelte Inkonsequenz.
Erstens, indem er, gleich Stein, unmittelbar nach Verurtheilung
inländischer Luxussteuern Zölle auf „einige Luxusartikel der
Reichen" befürwortet (S. 182); und zweitens indem er gerade bei
der Forderung solcher Zölle in denselben Fehler verfällt, den
er bei den heutigen Luxussteuern mit Recht, in Bezug auf
diese Steuern im Allgemeinen aber mit Unrecht rügt.

Durch „einige" Luxuszölle nämlich kann ja eben auch eine
Verschiebung des Luxus stattfinden, werden eben auch nur
„bestimmte" Bedürfnisse auf Rechnung der allgemeinen Leistungsfähigkeit der Kontribuenten herangezogen; und da müsste
ja Held selber von solchen Zöllen dasselbe sagen, was er den
Luxussteuern vorwirft, nämlich, dass sie uneinträglich sind, dass
‚dies Alles von wenig Belang ist" (S. 182). Würde es nun
gerecht sein, aus dem Grunde, weil Held die Luxuszölle unrichtig aufgelegt haben will, dieselben in Pausch und Bogen zu
verurtheilen?![1]). Freilich handelt unser Verfasser hiebei nicht
ohne Selbstbewusstsein, denn er will gerade „der Erhebungskosten
und der Störungen bei der Produktion halber eine möglichst
geringe Anzahl von Konsumtionsgegenständen" überhaupt besteuern (S. 183), und das ist für die gewönlichen Konsumtionssteuern, bei der bekannten Art ihrer Erhebung ein ganz
berechtigter Wunsch. Ob indessen diese Schwierigkeiten nothwendig auch auf die Luxussteuern Bezug haben müssen, wird
sich aus dem Verlaufe dieser Arbeit ergeben.

Wir schliessen hiemit die Reihe der grossentheils bedeutenden Männer, welche prinzipielle Gegner der Luxussteuern
sind: ich sage „prinzipielle", denn wenn auch Stein „im Prinzip" dieselben anerkennt, so thut er sie doch eben so entschieden verpönen, — und wenn Held hauptsächlich praktische Gründe gegen sie anführt, so ist doch z. B. der Einwand, dass Luxusauslage und Leistungsfähigkeit in keinem
richtigen Verhältnisse stehen, vorzüglich prinzipieller Natur.
Anders ist es mit der nachfolgenden Gruppe der Nationalökonomen, welche die Luxus-Steuer ausdrücklich gerechtfertigt
finden, und nur eben aus praktischen Rücksichten nicht empfehlen. Ihre Einwürfe sind nicht mehr so gefährlich wie die der ersteren, oft fallen sie übrigens auch mit denen der ersten Gruppe
zusammen. Um so mehr muss es dem Verfasser Dieses gelegen sein, im obigen I. Absatze die Ueberzeugung des Lesers
für seine Ansichten gewonnen zu haben, denn wäre dies

---

[1]) Hiemit soll übrigens der später zu erfolgenden Beurtheilung der
Zölle durchaus nicht vorgegriffen werden.

misslungen, dann wäre die nachfolgende Arbeit eine von vornherein verfehlte. Um dem nach Kräften vorzubeugen, wurden oben weitläufigere Diskussionen, die nun nicht mehr in dem Umfange vorzukommen brauchen, nicht gescheut.

II.

An der Spitze der hier zu behandelnden Nationalökonomen steht der alte Oesterreicher Sonnenfels[1]). Derselbe will zwar im Prinzipe eine Luxussteuer als „Zins der Eitelkeit" anerkennen, geht aber von der eigenthümlichen Voraussetzung aus, dass, da der Unternehmer den Arbeiter miethen muss, um dessen Arbeitserzeugnisse andern reichen Leuten zu verkaufen, es ausreichte, den unentbehrlichen Verbrauch des Arbeiters zu besteuern, da dann durch Abwälzung diese Steuer als — wohl mittelbarer — „Zins der Eitelkeit" vom Arbeiter im höheren Lohne auf den Unternehmer, und von diesem im höheren Waarenpreise auf die Konsumenten seiner Waaren übergeht[2]). Es ist dies die unglückliche Idee von der nothwendigen und ausnahmslosen Abwälzung der Steuern, welche leider bekanntlich auch noch bei Stein spuckt, und aus welcher resultiren würde, dass es am kürzesten wäre, mittelst Fleisch- und Mehlsteuern den ganzen Staatsaufwand zu bestreiten, da ja doch die Armen auf die Reichen die ganze betreffende Last abwälzen könnten. Woher es da nur kommen mag, dass viele Arbeiter oft einen unter dem Niveau des Existenzminimums stehenden Lohn beziehen, sobald dieser Stand so leicht alle Lasten auf den Unternehmerstand überwälzen kann?!

Trotz alledem ist Sonnenfels geneigt, „die Bedürfnisse des Vergnügens nach allen Stufen" mit Steuern zu belegen, insofern dadurch die bezügliche Konsumtion nicht beschränkt wird (S. 340), — ja diese Abgabe sollte sogar in 4 Progressionsstufen steigen (S. 341). Nur ist dabei die Hauptsorge des Verfassers, dass bei einer Bevorzugung der Luxus-

---

[1]) Sonnenfels „Grundsätze der Polizei, Handlung und Finanz", 7. Auflage, Wien 1805, III. Band.

[2]) Es ist dies das gerade Gegentheil von der gleich unrichtigen, ebenfalls auf der Ueberwälzung gebauten Behauptung des Thiers, die schon oben widerlegt wurde. Siehe S. 35.

steuern der Staat — wohl in Folge der Abnahme der Konsumtion
resp. des Absatzes der Luxuswaaren — in seinen anderweitigen Einkünften Abgänge besorgen müsste (S. 338—339),
wesshalb denn schliesslich im Widerspruche mit dem auf
S. 340—341 Gesagten „eine auf einigen Prachtaufwand gelegte Taxe" (S. 365), als da sind: Kutschen, Livreen und dgl.
(S. 376), und zwar auch blos als Quelle ausserordent-
licher Einkünfte für Ein oder einige wenige Jahre
empfohlen wird.

Eine ähnliche Stellung nimmt der weltbekannte Rau ein[1]).
Auch er findet eine Luxussteuer, sogar eine „mit sehr hohen
Steuersätzen", an und für sich gerechtfertigt; da aber diese
Steuer wenig einträgt, somit kostbar ist, und daneben eine
Verschiebung des Modeluxus bewirkt, so sei sie nur da
rathsam, wo sie leicht erhoben werden kann, nämlich bei
Zöllen (S. 227). In letzterer Beziehung finden wir da also
Aehnliches wie bei Stein und Held, welche wohl mitsammt Rau
zu vergessen scheinen, dass derartige Zölle ohne korrespon-
dirende inländische Verzehrungssteuern keine Luxus-, sondern
einfache Schutzzölle wären, gegen die man ja in neuerer Zeit
vielleicht mit zu viel Eifer herzieht. Finanzzölle, d. h. Steuern,
wären sie auf keinen Fall, da sie mit dem an anderem Orte
zu entwickelnden Hauptprinzipe der Finanzzölle im Widerspruche stehen würden.

Die zwei Vorwürfe Rau's gegen die inländischen Luxussteuern aber brauchen hier nicht mehr näher untersucht zu werden, da sie anlässlich anderer Schriftsteller hinlänglich beleuchtet wurden. Sie sollen nach Rau auch gegen die Wohnungssteuer, die ja sogar Hoffmann und Stein zugeben, sprechen.
Dagegen kann er sich von einem erfreulichen Rückschlage in
der Richtung nicht erwehren, dass er wenigstens eine Be-
dienten-, Kutschen- und Pferdesteuer dort, „wo viele Reiche
leben" (S. 235), zugibt. Dies ist ein Beweis, dass, wenn man
Einmal ein richtiges Prinzip anerkannt hat, dann trotz aller-
hand Einschränkungen und praktischen Bedenken doch wenig-

---

[1]) Wie oben. II. Band.

v. Bilinski, Luxussteuer.   **4**

stens ein Kern von richtigen Konsequenzen zum Vorschein kommt[1]).

Dass übrigens ein d e r a r t i g e s System von Luxussteuern, wie es Rau für [den ärgsten Fall zugibt, nämlich Zölle auf „allgemein geschätzte Waaren" (S. 227) einerseits, dann Bedienten- und Fuhrwerksteuern andererseits, nichts weniger als rationell und sinnreich wäre, und somit auf keinen Fall von der Wissenschaft angerathen werden könnte, braucht wol nicht erst besonders bewiesen zu werden.

Der weiters in diese Gruppe einzureihende C o u r c e l l e - S e n e u i l[2]) ist im Prinzipe so radikal, dass er darin mit dem später zu besprechenden Maurus zusammentrifft, indem er, „wenn es möglich wäre, ... a l l e Steuern à la somme des consommations personelles" anpassen möchte (S. 204). Daraus würde natürlich für die Luxussteuern die eminenteste Stellung im Steuersysteme hervorgehen. Im gleichen Sinne bemerkt Courcelle ganz richtig, dass eine P r o g r e s s i v s t e u e r, wenn auch nicht begrenzbar in der Theorie, in der Hand eines erleuchteten Staatsmannes zu dem Zwecke dienen könnte, „de diminuer les avantages, que procure naturellement aux riches sur les pauvres la possession d'une grande fortune" (S. 206). Es ist dies ganz die sozialpolitische Idee, die Reichen verhältnissmässig mehr als die Armen zu besteuern; und es gereicht Courcelle zur Ehre, dass er, obwol französischer Nationalökonom (also kein Sozialist), dennoch nicht nach dortiger, leider aus der Geschichte Frankreichs nur zu sehr erklärlicher Sitte vor sozialen Problemen zurückschreckt. Demgemäss sieht Verfasser sein prinzipielles Ideal der Besteuerung in progressiven, ein Existenzminimum berücksichtigenden Konsumtionssteuern,' begleitet [nur von der direkten Grundsteuer (S. 208).

Nichtsdestoweniger billigt er in praxi nur eine Contribution mobilière, d. h. eine allgemeine Wohnungs- und Mobiliar-

---

[1]) Das hat sich bekanntlich selbst bei Stein theilweise bewährt.

[2]) J. E. C o u r c e l l e - S e n e u i l, „Traité theorique et pratique d'Economie politique", Paris 1867, II. Band.

steuer[1]), als Repräsentantin der Gesammtheit der Konsumtion (S. 214), welch letztere Idee später bei Eisenhart wiederkehrt; andere Luxussteuern dagegen wären nur dort angezeigt, wo selbe „zufälliger Weise" (par hasard) ohne die gewohnten Schwierigkeiten (inconvenients) erhoben werden könnten (S. 219). Diese Schwierigkeiten sollen aber nachstehende sein: kostbare Erhebung, Leichtigkeit von Defraudationen, Gefahr von vexatorischen Fiskalmassregeln, geringe Ertragsfähigkeit (S. 218—219). Nur die praktischen Hindernisse erlauben es nicht, „de rendre ces impôts plus equitables, en les generalisant" (S. 218). In diesen Worten ist der Standpunkt Courcelle's den Luxussteuern gegenüber unverkennbar gekennzeichnet: er möchte, wenn es eben ginge, ausgedehnte Luxussteuern der Gerechtigkeit zu Liebe einführen. Daraus folgt aber auch, dass, wenn wir Courcelle durch unsere später zu erfolgende Schilderung einer rationellen Luxussteuer von der Möglichkeit der Beseitigung obgedachter Hindernisse überzeugen könnten, man ihn sowol, als übrigens auch die zwei vorangehenden Nationalökonomen zu den namhaften Anhängern unserer Steuern zählen könnte.

Bis zu einem gewissen Grade könnte man hieher schliesslich auch Laspeyres zählen. In seinem interessanten, ja auch originellen Aufsatze in Bluntschli's „deutschem Staatswörterbuche"[2] findet man zwar nicht Einmal den Ausdruck „Luxussteuer". Nachdem er jedoch (S. 106) den Grundsatz aufgestellt, dass die Steuer, „der Summe der Genüsse proportional" sein muss, so liegt doch der Gedanke einer Luxussteuer ziemlich nahe, wiewohl obiger Grundsatz schliesslich darauf ausläuft, dass, je nachdem der Steuerträger (Produzent) die Steuer abzuwälzen vermag oder nicht, dieselbe die Genüsse des Consumenten oder die des Produzenten schmälern muss (S. 146). Nichtsdestoweniger findet man auf S. 129 den Satz, dass, „je mehr Genussgegenstände man mit

---

[1]) Es ist nämlich kein Grund vorhanden, anzunehmen, dass Courcelle gerade nur die französische Contribution, deren irrationelle Seiten wir schon kennen, als wünschenswerth betrachte.

[2]) X. Band 1867. (Stuttgart und Leipzig) Artikel „Staatswirtschaft".

4*

Aufschlägen belegt, um so höhere Einkommensklassen durch
diese Aufschläge genug besteuert werden, für um so weniger
Einkommensklassen also der umständliche Weg der Pro-
duktionsbesteuerung bleibt". Freilich sei so eine Steuer,
welche nur bei Waaren, „die in einer sehr geringen Zahl von
sehr grossen Etablissements verfertigt werden", durchführbar
wäre [1]), wegen der „zu grossen Erhebungskosten" und der Gefahr der „Vermögensberaubung" der Produzenten in erster
Zeit nach Einführung der Steuern — nicht zu empfehlen.
Also nur praktische Bedenken kehren Laspeyres gegen
die Luxussteuern.

Wir gehen nun zu einer weiteren Gruppe von Finanz-
schriftstellern über.

III.

Es gehört hieher eine bedeutende Zahl von Gelehrten,
welche sowol im Prinzipe nichts gegen die Luxussteuer haben,
als auch über eventuelle Schwierigkeiten sich hinauszusetzen
vermögen, dabei jedoch die ganze Frage so behandeln, dass
die genannte Steuer in ihren Schriften resp. Steuersystemen
eine sehr untergeordnete Stelle einnimmt.

An der Spitze dieser Männer steht wieder ein Veteran,
und zwar diesmal ein preussischer, analog wie oben ein öster-
reichischer alter Gelehrter: Justi [2]). Derselbe geht in seiner
prinzipiellen Freundschaft für die Aufwandssteuern so weit,
dass er sogar auf die Idee einer allgemeinen (ausschliesslichen)
Luxussteuer verfällt. Originell ist nur die Begründung
dieses Postulates: da die jetzige (scil. im 18. Jahrhunderte)
Gesellschaft statt aller anderen Triebfedern nur Ueppigkeit
kennt, so sollte man das Volk in zehn Klassen theilen, „für
jede Klasse immer grössere Abgaben bestimmen, und hierauf
den Rang, die Kleiderpracht und andere Arten der Verschwen-
dung und der Ueppigkeit nur nach dem Maasse zulassen, als

---

[1]) Vgl. diesfalls den letzten Abschnitt gegenwärtiger Arbeit. Charak-
teristisch ist jedenfalls, dass Laspeyres mit obigen Worten die Möglichkeit
einer indirekten Luxusbesteuerung einsieht oder doch ahnt.

[2]) Johann Heinrich Gottlob v. Justi „System des Finanzwesens" etc. Halle 1766.

eine Klasse des Volkes dem Staate mehr Abgaben entrichtete, als die andere" (S. 405). Diese Forderung ist sichtlich keine rein soziale, d. h. nicht rein dahin gekehrt, die Reichen mehr zu besteuern, als die Armen, sondern ein administrativer Finanzakt, der nebst Staatseinkünften auch eine theilweise Bekehrung der Sündigen bewirken soll. Nun hat zwar schon Sonnenfels nicht ganz unrichtig den Widerspruch hervorgehoben, dass, wenn Luxussteuern administrativ wirken sollen, sie wenig Einkommen geben müssen, und wenn sie viel Einkommen geben sollen, sie keine erfolgreichen Verwaltungsmassregeln sein können[1]). Allein Justi weiss beiden Theilen gerecht zu werden. Die überwiegende Mehrzahl der Menschen nämlich wird obige Steuern „mit freudigem Herzen und gleichsam aus eigener Bewegung" entrichten; .... ein anderer Theil der Menschen hingegen würde „vielleicht vernünftig und filosofisch zu denken anfangen, und seinen Vorzug nicht in dem Aeusserlichen, sondern in der Tugend und in wahren Verdiensten suchen" (S. 406). Im ersten Falle hätte also der Staat viele Einkünfte, im zweiten würde er administrative Erfolge erzielen.

Wie es nun immer sein mag, aus dem obigen so beredt begründeten Finanzplane würde logisch folgen, dass Verfasser entweder anstandslos Anhänger der Luxussteuer in deren ganzem Umfange ist, und demgemäss in die letzte (V.) Gruppe unserer Schriftsteller gehört, oder aber eine Reihe von mehr oder weniger trifftigen praktischen Schwierigkeiten gegen seinen eigenen Plan anführen wird, und somit zur II. schon behandelten Gruppe zu zählen wäre. Keines von beiden ist indessen der Fall. Denn nach einer ganz kurzen Bemerkung, dass sein „allgemeines Regulativ[2]) so leicht nicht ein-

---

[1]) Sonnenfels, wie oben. Ich dächte übrigens anders: sollen die Luxussteuern administrativ wirken, so müssen sie hoch sein; sind sie aber hoch, dann vermindert sich der Luxus, und der Staat hat trotz hoher Steuern wenig Ertrag.

[2]) Dieser Ausdruck deutet ganz besonders auf den mehr administrativen Charakter der Justi'schen Luxussteuer.

geführt werden wird" (S. 406), geht er ohne Weiteres zu
anderen Steuern über, zu den leichter zu verwirklichenden nämlich, unter denen er aber eben die Luxussteuer ganz untergeordnet behandelt. Er benützt auch weitere sich darbietende
Gelegenheiten nicht dazu, um diese Steuer etwas näher zu
untersuchen. So z. B. findet er Mirabeau's Vorschlag einer
klassifizirten Pferdesteuer gründlich und beifallswürdig, allein
alsbald verliert er selben ganz ohne Grund aus den Augen,
um zur Kopfsteuer überzugehen [1]. — Kleidersteuern weiters könnten nach Justi nur gegen eine bestimmte Mode
gerichtet und nicht anders, als durch Beeidigung der Schneider (!) erhoben werden; daher denn ein „weiser Minister,
welcher die Kleidungssteuern einführt und sie nach den Bedürfnissen seiner verächtlichen Seele einrichtet, ...
einen hohen Grad der Unverschämtheit erreicht haben
muss" !! (S. 467). — Ebenso könnte eine Perrückensteuer
höchstens „wegen der ausserordentlichen Neigung der Affen
zu den Perrücken" (!!) eingeführt werden, wenn auch diese
Mode immer mehr abnimmt (S. 467—468).

Im Ganzen thut also Justi die Luxussteuern, welche er
doch prinzipiell für die besten anerkennt, und gegen die er
keine praktischen Hindernisse angeführt hat, ganz unbegreif-
licher Weise vollkommen vergessen und zu schlechten Polizei-
mitteln erniedrigen: da ist es dann besser, sie von vornherein
prinzipiell zu verurtheilen.

Es ist zweifelhaft, ob man Ad. Smith[2] in die III. Gruppe
zählen, oder aber mitsammt Ricardo ganz ausser Acht lassen
sollte, nachdem er doch so ganz systemlos und nur nebenbei

---

[1] Bei dieser Gelegenheit weiss Justi etwas zu viel von der Schädlichkeit übermässiger Pferdezucht zu erzählen (S. 411—414), was ihm, beiläufig
gesagt, das Beispiel des heutigen Englands gründlich zu widerlegen geeignet wäre. Vgl. hierüber bei Leonce de Lavergne „Essai sur l'Economie
rurale de l'Angleterre" etc., in polnischer Ueberzeugung, Warschau 1861.

[2] Adam Smith, „Ueber die Quellen des Volkswohlstandes", übers. von
Asher. Stuttgart 1861. 2. Bd.
Die erste englische Auflage erschien bekanntlich 1776, daher ich Smith
gleich nach Justi anführe.

die Luxussteuern behandelt. Er ist für Besteuerung des Luxus
(S. 401), aber versteht darunter Tabak, Zucker, Thee und
geistige Getränke (S. 400—401) [1]), erwähnt übrigens sehr ober-
flächlich auch noch der Kutschen und des Geschirrs von edlem
Metalle (S. 406). Alles in Allem lässt aber nichts weiter über
seine diesbezüglichen Ansichten schliessen, und wir hätten ihn
füglich übergehen können, wenn es nicht eben Ad. Smith
gewesen wäre! Er anerkennt also Luxussteuern, geht aber
schnell zu den Zöllen über, jenen nur einen äusserst untergeordneten Platz einräumen d.

An Smith reihen wir die im J. 1837 abgehaltenen Vor-
träge Rossi's [2]), obwol sie diese Stelle mehr ihrem Alter,
als ihrem diesbezüglichen Inhalte verdanken [3]). Es findet sich
dort nämlich blos auf S. 185 und 187 die kurze Bemerkung,
dass, obwol die Konsumtionssteuern überhaupt so niedrig sein
sollten, dass dadurch keine Verminderung der Konsumtion bewirkt werde, es doch auch Gegenstände gibt, bei denen „le
financier peut un peu peser sa main". Es sind dies eben
Luxusgegenstände, „destinés uniquement à la consommation
des grandes fortunes", ... Gegenstände, „dont la consommation est un certificat de richesse" (S. 187). Daraus würde
eine ausgedehnte Luxussteuer folgen, wenngleich das Wort
„uniquement" und überhaupt die obigen Erklärungen auf
einen beschränkten Luxusbegriff deuten. Dass man aber
darunter nur Luxuswägen begreifen soll, wie es Rossi zu
verstehen scheint, das stünde doch nach solchen Antezedentien
nicht zu erwarten; und wenn auch die Satzfügung dabei
so ist, dass daraus erhellt, der Verfasser wollte blos ein Beispiel anführen, so ist nichtsdestoweniger zu verwundern,
dass der Beispiele nicht einige mehr vorkommen. So muss

---

[1]) Vgl. diesfalls Huhn, wie oben.
[2]) P. Rossi, „Cours d'Economie politique", 4. edition. Paris 1865.
tome II.
[3]) Es bezieht sich dies aber nur auf die Ausführungen über die
Luxussteuer, da ja sonst Rossi's Buch doch eines der besten nationalökonomischen Werke Frankreichs ist.

man denn annehmen, dass Rossi zwar die Luxussteuern billigt, aber sie äusserst untergeordnet behandelt.

Beinahe ähnlich, wenngleich systematischer, verfährt Umpfenbach[1]). Er ist prinzipiell für eine Besteuerung „der typischen Vertreter aller Gattungen von Verwendungen" (S. 225), und unter diese Verwendungen werden natürlich auch die luxuriösen gehören, was auf S. 224 in der That angedeutet wird. Man kann übrigens nach Umpfenbach's Ausdrucke „ohne schädliche Folgen entbehrliche Gegenstände" (S. 227) besteuern. Leider wird aber hiebei eine zu geringe Zahl dieser Gegenstände zugestanden, woraus die Nothwendigkeit eines sehr niedrigen Steuerfusses sich ergibt, da ja sonst gleich die bekannte „Verschiebung der Bedürfnissbefriedigung" (S. 228) zu befürchten wäre. Im Besonderen werden hierauf ein geringer Wohnungsaufschlag, so wie „prinzipiell sehr angemessene" Aufschläge auf Geschirre und Equipagen zugestanden (S. 231). Indessen wird dieser ganzen Steuergruppe jedwede finanzielle Bedeutung abgesprochen, sie wird nur ganz allgemein mit ein paar Worten abgefertigt, so dass dann in besonderen Abschnitten nur die sog. Verzehrungssteuern[2]) näher beleuchtet werden.

Schliesslich erübrigt noch Garnier[3]); derselbe sieht erst ein, der Luxus sei „une matière essentiellement imposable", und klagt, dass „par suite d'abus le fisc l'a (nämlich den Luxus) souvent epargnée" (S. 447). Dann bereitet ihm aber schon die Liste der zu besteuernden Gegenstände Schwierigkeiten, wiewol er dennoch Hunde, Fuhrwerk, Dienstleute, Wagen, ja sogar auch elegante Mobilien anzuführen nicht zögert (S. 148). Zuletzt indessen ergeht er sich in Erörterungen über die Relativität des Luxus, als ob der Staat die hiebei vorkommen-

---

[1]) Dr. Karl Umpfenbach, „Lehrbuch der Finanzwissenschaft". Erlangen 1859. 1. Theil.

[2]) Umpfenbach bezeichnet sie mit dem eigenthümlichen Namen „Mauthaufschläge", z. B. Weinmauth, Biermauth u. s. w., während sonst dieser Ausdruck nur bei Strassen- und Brückengebühren gebraucht wird.

[3]) Joseph Garnier, „Traité des finances". Paris 1872.

den rein subjektiven Unterschiede zu berücksichtigen im Stande
wäre. Man kann ja auch z. B. bei der Grundsteuer nicht
untersuchen, ob ein Landwirth fleissig und nüchtern ist, und
in Folge dessen mehr Ertrag aus seinem Boden bezieht,
als sein liederlicher Nachbar aus einem Boden gleicher Qualität. Und wie man bei einer übermässigen Genauigkeit zu
der Ungerechtigkeit gelangen würde, hier den fleissigeren
Landwirth mehr zu belasten, seinen Fleiss zu strafen, so
müsste man dort dem reichen Börsianer durch Steuerbefreiung
seinen Luxus prämiiren, weil Gold, Edelsteine und prachtvolle
Equipagen und Einrichtungen zu seiner „Nothdurft" gehören.
Allein Garnier ist eben anderer Meinung, so dass er gerade
mit Rücksicht auf die Relativität des Luxus die Aufwandssteuern, denen der Staat in grosser Bedrängniss Steuern von
entbehrlichen Gegenständen vorziehen solle (S. 149), alsbald
verlässt. Und erst auf S. 535 wird dann wieder, jedoch ohne
weitere Bemerkungen, ein in der nationalökonomischen Gesellschaft zu Paris vorgebrachter Plan Passy's erwähnt, wornach die in Frankreich verhasste Einkommensteuer durch ein
„impôt sur les valeurs locatives .... à 15 centimes par franc"
vertreten werden sollte.

Uebersehen wir alle in diesem (III.) Kapitel besprochenen
Schriftsteller, so wird es klar, dass ihre Arbeiten recht karge
Quellen für unser Studium darbieten: wenn nicht die ausge-
sprochene Stellung Justi's und Garnier's, so hätten die andern
Nationalökonomen entweder übergangen, oder unter die Gegner
der Luxussteuern gezählt werden können. Trotzdem dürfte
man wohl in ihnen dennoch eine besondere Nüanzirung in Bezug auf die Beurtheilung der genannten Steuern mit gewissem
Rechte erblicken: keiner von ihnen nämlich verurtheilt die Aufwandssteuern, sei es vom prinzipiellen oder vom praktischen
Standpunkte, jeder gibt sie mehr weniger offen zu, nur dass
Alle sie vergessen, oder vielmehr als etwas Untergeordnetes
übergehen. Aus diesem Grunde sind die genannten Schriftsteller nach den prinzipiellen sowol als auch praktischen

Gegnern, und vor allerlei Anhängern der Luxussteuern hier eingereiht worden.

IV.

Zu diesen Anhängern nun wenden wir uns jetzt, und zwar vorerst zu denjenigen, welche blos den Fehler begehen, dass sie sich die von ihnen geforderte und geförderte Steuer nicht anders, als nur auf wenige Gegenstände beschränkt, vorstellen; aber eben diese wenigen Luxussteuern anerkennen sie ohne Rückhalt und mit dem Bewusstsein von deren finanzieller Bedeutung, und unterscheiden sich dadurch entschieden von der vorhergehenden Gruppe.

An der Spitze steht wieder ein alter deutscher Nationalökonom, der die betreffende Richtung sogar besser repräsentirt, als all seine späteren Epigonen. Es ist dies v. Jakob[1]). Nach Begründung der Nothwendigkeit von Konsumtionssteuern überhaupt (S. 251) stellt Jakob als Aufgabe derselben unter andern: „die Ergänzung der zu geringen Einkommensteuer" auf (S. 255), wodurch er sich bedeutend den später in gegenwärtiger Arbeit darzulegenden Ansichten nähert. Dabei tritt er in direkten Widerspruch mit Sonnenfels. Während nämlich dieser bekanntlich die Steuern auf die unentbehrlichsten Lebensmittel in dem Wahne eingeführt wissen wollte, dass selbe in Folge der Ueberwälzung auf die Reichsten fallen würden, möchte Jakob diese Lebensmittel am liebsten mit jeder Abgabe verschonen S. 262), und will dagegen die Konsumtionssteuer so auflegen, „dass sie hauptsächlich solche Gegenstände trifft, die sich nur der erlaubt, welcher mehr einnimmt, als Andere, nicht solche Bedürfnisse, die Allen gemein sind" (S. 256). Dadurch ist der Uebergang zu den Luxussteuern schon angebahnt. So finden wir denn in der That bei Jakob die nicht hoch genug anzuschlagende Einsicht, dass die „entbehrlichen", d. h. nach seiner Terminologie (S. 699) die Luxusgegenstände sich nicht nur im Allgemeinen am besten für die Besteuerung eignen, sondern

---

[1]) **Ludwig Heinrich von Jakob,** „Die Staatsfinanzwissenschaft". Halle 1837. 2. Aufl. (Die 1. Auflage erschien 1821.)

auch, was noch wichtiger, dass es wegen der Gefahr des
Schleichhandels und der Verschiebung der Konsumtion n i c h t
geboten erschiene, wenig Luxusgegenstände zu besteuern (S. 707).

Daraus würde somit principiell eine a l l g e m e i n e Luxussteuer resultiren, wonach Jakob zu den entschiedensten Anhängern derselben zu zählen wäre. Daraus folgt ferner, dass
die von Stein, Held und Andern so vielfach hervorgehobenen
zwei eben genannten Gefahren gerade so, ja mehr noch f ü r,
als gegen die Aufwandssteuern sprechen, je nachdem nämlich
letztere eingerichtet sind. Und Jakob ist nicht so kleindenkend,
um etwa wegen der „Mühe und Kosten der Erhebung" eine
als prinzipiell richtig erkannte Steuer aufzugeben. Wenn er
also trotzdem vor den Konsequenzen seines obersten Grundsatzes zurückschreckt, so geschieht es einzig und allein aus
dem Grunde, „weil die Kontrole über den Verzehr vieler Objekte schwierig oder ganz unmöglich ist" (S. 710), also aus
einem Grunde, welcher bei dem damaligen Stande der Wissenschaft sowohl, als auch der Finanzpraxis viel entschuldbarer bei
Jakob ist, als bei vielen hier schon angeführten Nationalökonomen jüngeren Datums. Hätte ersterer gewusst, dass jene
Kontrole eben m ö g l i c h, und zwar im i n d i r e k t e n Wege möglich ist, er wäre zu noch viel grösseren Erfolgen auf dem Gebiete der Finanzwissenschaft gelangt, als es in der That
geschehen ist. So aber, da er blos in direkter Luxusbésteuerung
ein Mittel der Kontrole suchte und es natürlich nicht fand,
konnte er nicht weiter gelangen, als einerseits niedrige indirekte Besteuerung von zahlreichen Gegenständen des gemeinen
Genusses, und andererseits, im Widerspruche mit dem auf
S. 707 Gesagten, direkte Besteuerung von n i c h t v i e l e n
Luxusgegenständen zu beantragen (S. 709), wodurch aber eben
der Verschiebung der Konsumtion Vorschub geleistet wird.
Doch auch in diesen Grenzen ist er weiter und entschiedener
gegangen, als die meisten seiner Nachfolger, denn, wiewohl er
leider keine indirekte Luxussteuer kennt, will er doch
Nachstehendes direkt belasten: a) Wohnungen; b) „Luxus-
mobilien, wie Möbeln von ausländischem Holze, bronzirte

Geräthscbaften, Spiegel, Kronleuchter **u. s. w.**"; c) Equipagen;
d) Domestiken; e) „luxuriösen Schmuck, wie Diamanten, Perlen
u. s. w." (S. 712—713).

Punkt e), namentlich aber Punkt b) ist so wichtig und
weitgehend, dass, wenn nicht die bei d i r e k t e r Besteuerung
der betreffenden Gegenstände unvermeidlichen Plackereien
gegen jene Punkte überhaupt sprechen würden, und wenn
nicht Jakob selbst das Geständniss machte, dass Obiges blos
einen kleinen T h e i l des damaligen, um so mehr also des
heutigen Luxus bildet, — er beinahe ganz zur V. Gruppe
unserer Nationalökonomen übergehen müsste. Dass er übrigens
hiebei durchaus keine s o z i a l p o l i t i s c h e n Pläne verfolgt, ist
aus den damaligen Verhältnissen (1821—1837) vollkommen
erklärlich und entschuldbar: daher verwirft er sogar die Progression bei den direkten Luxussteuern, als „der echten Finanzwissenschaft fremd", er will nur „bestimmte Prozente" (S.
716—717) haben, er will, dass diese Steuer „jedermann von
seinem r e i n e n Einkommen bezahlen kann" (S. 718) [1].

Aber schliesslich auch in den indirekten Konsumtionssteuern
Jakobs kann man nicht mit Unrecht einige Elemente der
Luxussteuer insoferne erblicken, als er mit jenen Steuern
„Alles, was in F a b r i k e n bereitet wird", belasten will. Freilich ist diese Forderung erst vom Standpunkte der heutigen
Zeit so bedeutungsvoll, da heute wirklich ein grosser Theil
des Luxus in den Fabriken produzirt wird [2]. Zu Jakob's Zeiten
spielten die Fabriken eine ganz andere Rolle, lieferten ganz
andere „entbehrliche" Gegenstände, als heute, sonst hätte er
nicht beispielsweise „Branntwein, Salz, Seife, Licht, Papier
u. s. w." (S. 719) als indirekt zu besteuernde Fabriksgegen-
stände par excellance aufgezählt. Solche Steuern enthielten
nicht Ein Element von Luxussteuern; denn von Alledem ist
nur der Branntwein ein „schicklicher" Besteuerungs-, wiewohl

[1] Die Progression ist bekanntlich erst durch die Sozialisten des J
1848 aus ihrem seit Robespierre ungestörten stillen Dasein hervorgezogen
worden.
[2] Von der Hausindustrie, welche hauptsächlich den sog. „freien Werth"
produzirt, sehen wir hier ab.

auch kein Luxusgegenstand, während die übrigen Artikel
theils absolut, theils nach dem heutigen Stande der Kultur
relativ unentbehrlich sind, z. B. Seife. Aber nichtsdestoweniger
bilden heutzutage die Fabriken ein sehr bequemes Medium für
indirekte Luxusbesteuerung, und so verdanken wir auch die
erste, wenn auch mehr instinktartige Hinweisung auf diesen
Umstand dem geistreichen Buche Jakob's.

-Endlich sei auch noch des Umstandes gedacht, dass bei
diesem bedeutenden Nationalökonomen auch schon Andeutungen
über Luxuszölle nicht fehlen (S. 722).

Klar und bestimmt stellt sich auch J. St. Mill[1]) auf
Seiten der Luxussteuern. Dieselben „empfehlen sich durch
einige besondere Eigenschaften" (S. 341), und zwar nicht nur
in einigen Fällen als Hindernisse des Luxus — worauf nach
meiner Ansicht kein Gewicht gelegt werden darf, da doch
der Luxus an sich nichts Schädliches ist —, sondern auch
namentlich dadurch, dass sie eben reiche Leute treffen. Und
wenn sie auch eine Vertheuerung der Luxusgegenstände bewirken, so sei dies kein Schaden, denn für Luxusgegenstände ist
die „Wohlfeilheit keine Empfehlung". Würde aber bei gleich-
bleibendem Preise in Folge der Steuer blos die Qualität der
Waare sich verschlimmern, wobei indessen „der Zweck der
Eitelkeit ebensogut erfüllt wäre, ... so würde eine darauf
gelegte Abgabe wirklich von Niemandem bezahlt: es wird
auf diese Weise eine Einnahme geschaffen, bei der Niemand
verliert" (S. 342). Es ist bekanntlich eine bei Engländern
übliche Methode, bei jeder Steuer gleich und blos deren Ein-
wirkung auf den Preis der betreffenden Produkte zu besprechen.
Nun ist die, übrigens auch bei andern Steuern mögliche, die
Abwälzung vermittelnde Alternative: Vertheuerung oder Qualitätsverschlimmerung allerdings auch bei der Luxussteuer
möglich, und die Verschlimmerung hier vielleicht auch weniger
schädlich, als sonst. Allein zu sehr darf man sich über die
Möglichkeit der Qualitätsverschlimmerung nicht freuen, denn

---

[1]) John Stuart Mill, „Grundsätze der politischen Oekonomie"
(übers. v. Soetbeer). Hamburg 1852. II. Bd.

dies depravirt die Volkswirthschaft, und es wird ja mit Recht schon diejenige K o n k u r r e n z als schädlich bezeichnet, welche statt zu verbesserten Produktionsmethoden, d. h. überhaupt zu billigerer Produktion bei gleichbleibender Qualität, zu verschlechterter Qualität drängt. Je luxuriöser indessen der zu besteuernde Gegenstand, d. h. je mehr er wirklich b l o s d i e Eitelkeit zu befriedigen bestimmt ist, desto weniger Gefahren sind von der durch Mill ins Auge gefassten Abwälzungsform zu befürchten, wenngleich jedenfalls der Hinweis auf die Möglichkeit dieser Form als ein Verdienst des gefeierten Nationalökonomen zu bezeichnen ist. Uebrigens ist der Eintritt obiger Gefahr nur dann mit Bestimmtheit zu erwarten, wenn nur w e n i g e Luxusgegenstände besteuert werden, daher bei einer allgemeinen Luxussteuer viel leichter eine allgemeine Preiserhöhung, als eine allgemeine Verschlechterung der Produktion anzunehmen ist, wogegen eine besteuerte Minderzahl von Produzenten wahrscheinlicher zur Verschlechterung greifen wird, um mit der unbesteuerten Mehrzahl die Konkurrenz auszuhalten. Nun wünscht Mill freilich, ähnlich wie v. Jakob, w e n i g e u n d d i r e k t e Luxussteuern (S. 343—344), (zu denen er übrigens irrthümlicher Weise auch Getränkesteuern zählt), wodurch obige Gefahr gesteigert wird. Doch wieder andererseits ist zu berücksichtigen, dass eine Preiserhöhung oder Qualitätsverschlimmerung der Waaren nur durch eine indirekte, d. h. bei den Produzenten aufgelegte Luxussteuer bewirkt werden kann, während Mill eine direkte Aufwandssteuer fordert.

Im Allgemeinen aber ist zu ersehen, dass J. St. Mill zwar entschiedener Anhänger der genannten Auflagen ist, dass er ihnen aber eine ‚beschränkte A u s d e h n u n g zumisst, ohne indessen andererseits ihnen so eine untergeordnete S t e l l u n g im Systeme zuzudenken, wie es Ad. Smith u. And. thaten.

Auch W i r t h [1]) findet Luxussteuern „vollkommen berechtigt" (S. 525), und zwar sogar von einem sozialpolitischen Standpunkte; wenigstens darf man letzteren deshalb nicht mit

---

[1]) M a x W i r t h, „Grundzüge der Nationalökonomie". Köln 1861. II. Bd.

dem polizeilichen bei ihm verwechselen, weil Verfasser sich ausdrücklich dagegen verwahrt. Er weiss nämlich, dass in hochentwickelten Ländern Luxus und Elend nicht so schroff sich entgegen stehen [1]), und meint daher, dass durch Luxussteuern „der Staat die Tendenz nach mittleren Zuständen begünstigen, . . dem äussersten Luxus entgegen arbeiten kann" (S. 525). Auch fürchtet er in reichen Ländern die Uneinträglichkeit der Luxussteuern, wie selbe nach den Napoleonischen Kriegen in Preussen sich zeigte, nicht. Nur stellt er sich leider blos fünf Gegenstände dieser rationellen Luxussteuer vor, nämlich: „Eguipagen, Lakaien, Pferde, Hunde und Singvögel" (S. 525).

Nächst Wirth wäre in dieser Gruppe Hock[2]) anzuführen, welcher einerseits aus praktischen Gründen ein Gegner ausgedehnter Luxussteuern ist (S. 174) — er fürchtet namentlich ein peinliches Exekutionsverfahren —, aber andererseits einige Luxussteuern anerkennt und ihnen auch seine Aufmerksamkeit widmet. Leider sind es blos Steuern von Wohnungen, Pferden, Equipagen, und überhaupt von Gegenständen, die „auffallend hervortreten und längere Zeit festzuhalten sind" (S. 174), d. h. sich direkt besteuern lassen, — diese Steuern sind es blos, welche er auf S. 174—178 des Näheren ausführt. Er spricht ihnen aber durchaus nicht die ihnen gebührliche Bedeutung ab.

Der nächstfolgende, hierher gehörige Schriftsteller, Bergius[3]), polemisirt vorerst gegen Hoffmann, indem er sich hiebei auf einen Oberpräsidenten von Vincke beruft, welcher schon 1809 viele progressive Luxussteuern, ja gar zu viele, dann auch welche von Zeitungen, vorschlug (S. 518). Bergius selbst ist ähnlicher Ansichtund schreckt nicht vor zu geringer Einträglichkeit dieser Steuern zurück. Es ist nicht zu wundern, sagt er, „dass eine Steuer, die ganz neu ist, wo-

---

[1]) Der im J. 1861| noch ganz manchesterlich optimistische Wirth sah damals in dem heutigen West- und Mitteleuropa „das mittlere Maass" des Luxus, das rechte Mittelverhältniss zwischen Armuth und Reichthum.| Vgl. damit den Geist seines im J. 1873. erschienenen IV. Bandes|!

[2]) „Die öffentlichen Abgaben und Schulden". Stuttgart 1863.

[3]) Wie oben.

bei also für die Veranlagung und Erhebung gehörig geschulte
Organe noch fehlen, in den ersten Jahren nicht so viel ein-
bringen kann, als in den folgenden, zumal wenn die wider-
willigen Zahlungspflichtigen vorzugsweise den angesehensten
und einflussreichsten Klassen angehören", ... und wenn das
Land so arm ist, wie es Preussen während der Napoleonischen
Kriege war (S. 521). Und er hat vielfach Recht darin.
Sehr trifftig ist namentlich der Grund der Neuheit und Un-
geschultheit der Steuerorgane, ebenso auch der, dass ganz
arme Länder kein entsprechendes Feld für Experimente mit
Aufwandssteuern abgeben. Dagegen fussen die andern Argumente auf der irrigen Voraussetzung, dass die Luxussteuern
blos direkt, somit — denn das ist die nothwendige Konsequenz — nur von wenigen Gegenständen, welche ja eben den
„angesehensten und einflussreichsten Klassen" dienen, erhoben
werden können. In der That schlägt Bergius nebst einer
Anzahl von Rang-, Titel- und Ordenssteuern (S. 462, 463)
nur noch Waffensteuern und Uniformsteuern (S. 521), letztere
für Diejenigen, welche sich ausser Dienste der Uniform bedienen
wollen, vor. Letzterer Vorschlag scheint nun etwas weniger
gelungen zu sein, und zwar nicht nur wegen der, freilich leicht
nach englischem Muster abzuschaffenden Uebung auf dem
Kontinente, wornach wenigstens der Soldatenstand auch
ausser dem Dienste uniformirt erscheinen muss [1]), sondern
namentlich auch deshalb, weil die Uniform an und für sich
bei einem Staatsdiener keinen Luxusartikel bildet, es also zu
sehr bei den Haaren herbeigezogen erscheint, so einen Gegenstand nur deshalb zum Luxus zu stempeln, weil er gerade zu
dieser, und nicht zu jener Stunde gebraucht wird.

Für andere übliche direkte Luxussteuern spricht sich
Bergius nicht ausdrücklich aus, doch erzählt er billigend von
den englischen assessed-taxes, wobei er der englischen Renn-
pferdesteuer von jährlich circa 25 Thlrn. pr. Stück [2]) die Summe

---

[1]) Das Waffentragen ausser dem Dienste sollte bei der Mannschaft
aus Polizeirücksichten verboten sein, wie man es diesfalls in vielen Kreisen
Oesterreichs fordert.

[2]) Dieselbe beträgt faktisch, wie oben ausgeführt wurde, 3 L. 17 sh.

von 51,000 Thalern entgegensetzt, welche Preussen im Jahre 1868 für Prämien bei Pferderennen ausgegeben hat (S. 522—523). Nun gehören zwar derartige Prämien in der Regel zu den rationellen Ausgaben auf Rechnung der Volkswirthschaftspflege; es würde aber eine Pferdesteuer mit ihnen durchaus nicht im Widerspruche stehen, und nicht etwa bedeuten, dass die Regierung mit der einen Hand nimmt, was sie mit der anderen giebt, nachdem doch Prämien bedeutend mehr als 25 Thaler zu betragen pflegen und nur für die allerbesten Pferde bezahlt würden, während bei der Steuer das Umgekehrte stattfindet. Es wäre also nichts Schlechtes, wenn z. B. die Steuer gerade so viel eintrüge, als das Prämienerforderniss beträgt, und man kann nach diesem einzelnen Punkte von verhältnissmässig untergeordneter Bedeutung beurtheilen, wie sehr es dem Kontinente, resp. den nicht romanischen Staaten desselben an Luxussteuern mangelt.

Schliesslich kann ich nicht umhin, auch m e i n e diesfalls vor fünf Jahren geäusserten Ansichten noch hieher anzufügen [1]. Ich habe zwar damals die Luxussteuern nur nebenbei, somit ganz kurz behandelt, habe dabei übrigens im A l l g e m e i n e n von „a l l e r l e i", den Konsumtionssteuern einzureihenden Luxussteuern gesprochen (S. 170), muss jedoch gestehen, dass, trotzdem mir das später anzuführende Werk von Eisenhart damals schon bekannt war, ich doch noch keine genaue Vorstellung von dem möglichen weiten Umfang und der grossen Bedeutung der Luxussteuern dazumal hatte. So führte ich denn als Gegenstände derselben „Luxuswohnungen, Diener, Equipagen, Hunde u. s. w." (S. 170) an. Dieses zu erwähnen gebietet mir mein Autorgewissen.

V.

Es erübrigt uns zu Ende die winzige Reihe von absoluten Anhängern der Luxussteuer. Es ist sehr schwer, unter den älteren Nationalökonomen welche hieher einzubeziehen,

---

[1] Dr. L. v. Biliński, „Studya nad podatkiem dochodowym" (Studien über die Einkommensteuer) II. Band, Krakau 1870.

und auch diejenigen, die als solche erkannt zu werden verdienen, bieten keine überaus reichhaltigen Quellen. Sie werden hier somit mehr als moralische Stütze, wegen ihrer mit Recht oder Unrecht anerkannten Autorität in der Nationalökonomie im Allgemeinen angeführt werden, wogegen einige neuere Schriftsteller eine ausgiebige und entschiedene Forschungsgrundlage für die hier behandelte Materie bilden.

Da steht vor Allen der alte, mehr glückliche als verdiente Verarbeiter Ad. Smith's, J. B. S a y [1]). Er spricht zwar anfänglich von einer stärkeren Besteuerung blos derjenigen Konsumtion, „die nur auf Verarmung des Staates wirkt, ... wo sich der Reiche mit grossen Kosten abgeschmackte und unsittliche Vergnügungen erkauft" (S. 401). Nun das wäre eine sehr beschränkte Aufwandsteuer, und würde sich mehr einer administrativen Massregel nähern, wobei noch zu bemerken wäre, dass es sehr viele „unsittliche Vergnügungen" giebt, die durchaus besteuerungsunfähig sind. Say zählt indessen zu jenen zu besteuernden Vergnügungen: „die Prachtwägen und Luxuspferde, die überflüssigen Bedienten, die Prunkzimmer, den Putz und das Geschmeide, die Leckerbissen, die Schauspiele" (S. 401—402). Allein abgesehen von dem Zweifel, ob gerade diese Gegenstände „abgeschmackt und unsittlich" sind, wäre auch das nur eine Luxussteuer nach Art der in der IV. Gruppe behandelten. Da jedoch Say obiger Ausführung den Passus beifügt: ... „und so kann man v o n S t u f e z u S t u f e, so wie es die Bedürfnisse des Staates erfordern, zu den weniger überflüssigen Dingen hinuntergehen" (S. 402), so schèint er einem ganzen S y s t e m e von Luxussteuern nicht abgeneigt zu sein, wenngleich er dasselbe durchaus nicht näher ausführt, und höchst wahrscheinlich, was ihm übrigens bei dem damaligen Stande der Wissenschaft nicht zu verargen ist, aus Mangel an klarer Vorstellung darüber auch nicht hätte ausführen können.

Eine ähnliche Stellung nimmt der namhafte französische

---

[1]) J. B. S a y, „Abhandlung über die Nationalökonomie" (übers. von Jakob), Halle 1807, II. Band.

Finanzschriftsteller P a r i e u [1]) ein, welcher aber natürlich
schon in Folge der fortgeschritteneren Vorarbeiten diesfalls
klarere Ideen hat. Wenngleich er nicht läugnen kann, dass
Steuern auf „den Luxus in dessen Kindheit" misslingen, wie
dies auch Bergius in Bezug auf Preussen hervorhebt, so findet
er Aufwandssteuern im Allgemeinen gerechtfertigt, da sie auf
den Reichen lasten und demgemäss eine billige Entschädigung
(„une equitable compensation") für andere Konsumtionssteuern,
welche ohne Unterschied Reiche und Arme treffen, bilden
(S. 58). Nur hätte Parieu noch hinzufügen sollen, — was er
unzweifelhaft dachte, da widrigenfalls sein obiges Argument
eben g e g e n die Luxussteuern sprechen müsste —, dass nämlich die andern, unterschiedslos aufgelegten Konsumtionssteuern
faktisch viel schwerer den Armen drücken, als den Reichen,
und gerade diesen Ueberschuss in der Last die Aufwandssteuern auszugleichen berufen sind [2]).

Sehr treffend dagegen, wenigstens für das Europa der
letzten Jahre, ist die weitere Bemerkung Parieu's, dass, da
genannte Steuern mehr den aus beweglichem s t ä d t i s c h e m
Vermögen, als den aus B o d e n e i n k ü n f t e n bestrittenen
Luxus treffen, man sich daraus vielleicht die verschieden-
gradige Ausdehnung der heutzutage bestehenden Luxussteuern
je nach den verschiedenen Ländern erklären kann. Man
könnte freilich auch dagegen vom Standpunkte einer rationellen
Theorie einwenden, dass ja hauptsächlich die Grundrente
das grösste Kontingent zur Bestreitung von Luxusausgaben
liefern soll, dass dies ihr Beruf gegenüber der Nationalkon-
sumtion sein soll [3]). So ist es auch in der That in geregelten
wirthschaftlichen Verhältnissen: Städtler arbeiten in der Absicht, um einstens „ ... rura bobus exercere suis", dagegen
gehen reiche Grundbesitzer im Winter in die Städte, um hier
einen Theil ihrer Rente in luxuriöser ·Weise zu verzehren.

---

[1]) Wie oben.

[2]) Das ist übrigens nicht die einzige und auch nicht die Hauptaufgabe
der Luxussteuern, wie an anderem Orte dargethan werden wird.

[3]) Vergl. S t e i n, „Lehrbuch der Volkswirthschaft", wie oben S. 90
Auch m e i n e „Sozialökonomie", I. Band a. a. O.

Letzteres ist auch wohl durchaus nicht verwerflich, da diese
gegenseitige Fluktuation zwischen Land und Stadt nicht als
mit dem eigentlichen Absentismus der Landwirthe identisch
angesehen werden kann. Indessen in den letzten Zeiten war
es doch anders: da wurde in den Städten nicht so sehr ge-
arbeitet, als vielmehr auf Börsen gespielt, und der Spielgewinn wurde nicht etwa zur Begründung einer ländlichen
Zurückgezogenheit, sondern zu immensem, unvernünftigem
Luxus in der Stadt selbst benützt. Unsere Börsianer kauften
nicht Grundstücke, sondern bauten hauptsächlich in den
Städten Paläste, und genossen selbe mit sammt dem dazu gehörigen und auch nicht gehörigen Luxus[1]). Von diesem
Standpunkte aus kann man mit Recht heutzutage nicht blos,
wie natürlich, die Städte selbst, sondern auch den städtischen
Erwerb, wenn auch leider mehr Spiel- als Arbeitserwerb,
als den Herd des Luxus betrachten, und somit die Luxussteuer so auffassen, wie Parieu es thut.

Uebrigens hatte derselbe in der obigen Bemerkung hauptsächlich England, das als Vaterland der Luxussteuern betrachtet wird, vor Augen. Bekanntlich ruht und ruhte noch
mehr früher die englische Gesetzgebung vornehmlich in den
Händen des Landadels. Daraus würde folgen, dass, da England glücklicherweise dem Börsenspiele viel weiter steht, als
der Kontinent, da somit der Luxus dort grösstentheils der
Grundrente entspringen muss, — dass derselbe von den
egoistischen Gesetzgebern nicht hätte besteuert werden sollen.
Allein es ist zunächst die eigenthümliche Thatsache bekannt,
dass eben die meisten liberalen Errungenschaften in jenem
Lande eben von den, freilich dazu nothgedrungenen Tory's
herrühren; und es ist ferner auch bekannt, dass die englischen
Landlords viel weniger ihre Landsitze verlassen, als die Grundbesitzer vom Kontinent[2]), wenngleich übrigens unzweifelhaft
Luxus und Komfort im reichlichsten Masse die englischen

[1]) Das Alles gilt namentlich für die „vorkrachliche" Zeit, für die Zeit
bis zum 9. Mai 1873.
[2]) Vergl. hierüber den wunderschönen Abschnitt unter dem Titel
„Ländliches Leben" bei Lavergne wie oben S. 124—138.

Landvillen schmücken [1]). Wenn also dennoch in England bis
vor Kurzem die Luxussteuern am höchsten entwickelt waren,
so ist dies wenigstens zum grossen Theile auf den allgemein
bekannten städtischen Handelsreichthum in diesem Lande
zurückzuführen, wornach Parieu's Satz durchschnittlich richtig
wäre [2]). Als stärkster Beweis hiefür dient der Umstand, dass
wieder gerade die liberalen, also der Bourgoisie entstammenden
Whigs unter Gladstone ganz illiberaler Weise die Luxussteuern
aufgehoben haben und sogar noch die Einkommensteuer ver-
nichten wollten [3])! ... Nur müsste man aus obiger Ausführung
auf jeden Fall den Schluss ziehen, dass die Blüthezeit des
Börsenluxus im höchsten Grade geeignet war, als Ausgangs-
punkt von Luxussteuern in ganz Europa zu dienen. Leider
haben die liberalen Parlamente diesen Zeitpunkt verpasst!

Doch kehren wir noch zurück zu Parieu, welcher in obiger
Weise sich prinzipiell für die Luxussteuern erklärt hat, und
auch gleichzeitig den Haupteinwand, die Unerträglichkeit derselben in ärmeren Ländern, beseitigt hat. Es handelt sich
also blos darum, welche Ausdehnung er für genannte Steuern
zugiebt, resp. wünscht. Nun einen etwa ausgeführten Plan
findet man hier ebenso wenig, wie bei Say. Vorerst wird der
schon von Garnier berührte, ganz irrige Gedanke Passy's
angeführt, dass die Luxussteuern dort blos nöthig sind,
wo keine Einkommensteuer besteht, während doch England
diese beiden Steuern friedlich neben einander besitzt resp.
besass. Hierauf kommt der wichtigste Satz: „que les impôts

---

[1]) Hat doch Condorcet geglaubt, dass die Luxussteuern von der
Aristokratie im ähnlichen Sinne in ihrem eigenen Interesse eingeführt
worden sind, wie einstens die Luxusgesetze! (S. Parieu S. 76, Note 1).
Eine eigenthümliche Logik!

[2]) Im späteren Verlaufe wird sich noch von einem ganz anderen
Standpunkte der eigentlichste und wichtigste Beruf der Luxussteuer in den
Städten ergeben, und wird dort auf die gegenwärtige Stelle hingewiesen
werden.

[3]) Auch z. B. die ultra-konservative französische Kammer hat bekanntlich Luxussteuern beschlossen, während sie keine Einkommensteuer zugeben wollte.

sur les jouissances sont plutôt destinés à grandir, qu'à de-
croître dans l'avenir financier des nations modernes" (S. 77).
Dieser Satz eben stellt Parieu in die Reihe der absoluten Anhänger der Luxussteuer.

Dass er selbe übrigens zwar nicht als Vertreterin der
einstigen Luxusgesetze, wohl aber mit M'Culloch „comme
une espèce de loi somptuaire ameliorée, ayant tous les
effets utiles sans presque aucun des resultats injustes de ces
lois" betrachtet (S. 76), dass er somit zwar nicht auf dem
polizeilichen, wohl aber auf dem finanziell-sozialen Standpunkte
steht, kann Parieu nur als ein ebenso grosses Verdienst an-
gerechnet werden.

Die kurzen aber bedeutungsvollen Worte des weiter dieser
Richtung angehörigen Dühring[1]) verdienen genau angeführt
zu werden. „Der eigentliche Luxus", sagt er, „wird in der
Regel wenig herangezogen, da seine Vertreter gewöhnlich die
Gesetzgebung beherrschen. Sein Begriff ist aber nicht ganz
so relativ, als man von Seiten der Ueppigkeitsinteressen
glauben machen möchte; denn quantitativ lässt sich zu jeder
Zeit und in jedem Lande die mittlere und mässige Lebensart[2])
sehr wohl von den mannichfaltigen Formen des üppigen und
vorzugsweise auf der Unterdrückung Anderer beruhenden
Daseins unterscheiden. Die luxuriösen Genussmittel
und der übrige Apparat der glänzenden Lebensarten sind
auch sehr wohl mit Steuern zu erreichen, sobald
die Gesetzgebung und deren Ausführung nicht mehr überwiegend den zu belastenden Elementen anheimfällt . . . ."

Die Billigkeit sowohl als auch die Durchführbarkeit der
Luxussteuern, und zwar in einem ausgedehnten Masse, ist
hier unzweideutig ausgesprochen, wenn auch in bedauerlicher
Weise keine näheren Andeutungen diesfalls gegeben werden.
Auch ist die sozial-politische Bedeutung der Luxussteuern nur
zu deutlich bei Dühring hervorgehoben. Nur wird zu viel

---

[1]) Wie oben. S. 526—527.
[2]) wohl diejenige, welche durch die Besteuerung der sog. „entbehrlichen" Konsumtionsgegenstände, als da Getränke etc., getroffen wird.

Nachdruck auf die Schädlichkeit des Luxus gelegt, demzufolge
schliesslich Wirthschaftseinrichtungen behufs Hintanhaltung
des Luxus selber höher gestellt werden, als Luxussteuern.
Hierdurch verlieren die letzteren ihre eminente finanzielle Bedeutung, und das ist die schwache Seite von Dühring's diesbezüglicher Ausführung.

Den kleinen Reigen der rückhaltslosen Anhänger der
Luxussteuer beschliessen noch zwei deutsche Schriftsteller,
nämlich E i s e n h a r t und M a u r u s; da dieselben indessen
schon mehr weniger vollendete Pläne für die Einrichtung einer
allgemeinen Luxussteuer bieten und somit eine Art monographische Arbeiten geliefert haben, so will ich die letzteren
nicht mehr hier unter den Exzerpten aus den Handbüchern auf-
führen, sondern erst später bei der systematischen Behandlung der Luxussteuer selbst quellenmässig benützen [1]).

So stehen wir am Schlusse der Geschichte der Theorie
der Luxussteuer. Dieselbe dürfte leicht von dem Vorwurfe
getroffen werden, dass der ganze literarhistorische Stoff unnöthig
ausgesondert wurde, nachdem er doch ebenso bei Gelegenheit mitten im Texte hätte benützt werden können, wie dies
oben in Bezug auf Eisenhart's und Maurus' Werke in Aussicht gestellt worden ist. Diese Ausscheidung ist indessen
nicht ohne wohlbewusste Gründe vorgenommen worden.
E r s t e n s nämlich handelte es sich dem Verfasser um eine
s y s t e m a t i s c h e Darstellung der Quellen, aus welcher leicht
ersichtlich wäre, dass die Luxussteuer in der bisherigen Literatur so stiefmütterlich und nebstdem vorwiegend feindlich
behandelt worden ist. F e r n e r aber sollte an der Hand
dieser Quellen der Leser mit meinen diesbezüglichen Ansichten
im Allgemeinen bekannt gemacht werden, damit dann die

---

[1]) Uebrigens sind auch diese zwei Arbeiten k e i n e f ö r m l i c h e n
M o n o g r a p h i e n über die Luxussteuer, daher obige Bemerkung durchaus
nicht im Widerspruche mit der Einleitung zum gegenwärtigen (zweiten)
Abschnitte (S. 30) steht.

Darstellung der eigentlichen Steuer und der Rolle derselben im Steuersysteme ganz rein. und dogmatisch, ohne weitere polemische Exkursionen stattfinden kann. Schliesslich glaube ich übrigens meine persönliche, wiewohl unmassgebliche Ansicht dahin aussprechen zu dürfen, dass eine derartige Behandlung der Quellen bei einer monographischen Arbeit nicht ohne wissenschaftliche und praktische Vortheile ist.

Dritter Abschnitt.

Die Luxussteuer im Steuersysteme.

Schon aus dem Wortlaute der obigen Inschrift wird es dem geneigten Leser einleuchten, dass er es mit keinem Anhänger irgend einer einzigen allgemeinen Steuer zu thun hat. Gegen die so oft vorgeschlagene ausschliessliche Einkommensteuer habe ich schon vor einigen Jahren mich ausführlich ausgesprochen[1]; dort wurde auch die Gelegenheit wahrgenommen, um einen damals neuerdings aufgetauchten Plan einer allgemeinen ausschliesslichen Vermögenssteuer entschieden zu bekämpfen[2]. Nicht minder wird später ein gleich abfälliges Urtheil über eine von Maurus vorgeschlagene allgemeine und ausschliessliche Luxussteuer gefällt werden müssen.

---

[1] Im oben zitirten polnischen Buche über die Einkommensteuer im 1. Bande.

Ich nehme hier übrigens ausdrücklich den später zu besprechenden Vorschlag Held's, betreffend eine allgemeine Einkommensteuer, aus.

[2] S. im 2. Bande meines eben berufenen Buches auf S. 65 sq. Note 13, die Beurtheilung einer gleichzeitig in deutscher und polnischer Sprache erschienenen Schrift von Dr. Vrabetz, „Die Steuerreform", Lemberg 1869.

Vergl. übrigens als Zeichen einer neuerlichen Reaktion für die Vermögenssteuer: 1) Maurus „Ueber die Freiheit in der Volkswirthschaft" (Heidelberg 1873), wo auf S. 173 die Vermögenssteuer allen anderen heutigen Steuern vorgezogen wird; und 2) den scharfsinnig ausgeführten Vorschlag Gensel's (in den oben zitirten fünf Gutachten) zur Kombinirung des Einkommens- und Vermögensprinzips als Grundlage der Besteuerung.

Unsere heutigen Staaten und wohl auch alle zukünftigen werden ein wohlgegliedertes S y s t e m von Steuern nicht entbehren können, und zwar nicht nur, wie T h i e r s meint[1]), aus dem p r a k t i s c h e n Grunde, weil bei der heute nothwendigen riesigen Steuerlast eine einzige Steuer eben so unerträglich wäre, wie eine grosse Zentnerlast, in einer einzigen Hand getragen, statt auf einige Körpertheile vertheilt, — sondern auch namentlich aus dem p r i n z i p i e l l e n Grunde, auf den besonders S t e i n mit unvergesslichem Verdienste hingewiesen hat[2]), weil die Steuern, die doch aus der Volkswirthschaft geschöpft werden, im Interesse des Staates sowohl als des Volkes dem Wesen der Volkswirthschaft angepasst werden müssen. Und wenn man dann auch mit den Einzelnheiten von Stein's Systeme, wie nicht minder mit der Motivirung und Charakterisirung aller einzelnen Theile des Systems nicht immer einverstanden zu sein braucht, so ist doch der Grundriss desselben als vollkommen richtig anzusehen. So wollen wir denn, um die der Luxussteuer im Steuersysteme gebührende Stelle zu finden und zu bezeichnen, den Riss eines Steuersystemes nach unserer eigenen Auffassung vorführen, wobei es dem geneigten Leser wird überlassen werden müssen, die wichtigeren Unterschiede zwischen dieser und S t e i n ' s meisterhafter Ausführung ausfindig zu machen.

Vor Allem sei an das schon im zweiten Abschnitte hervorgehobene Axiom, wornach jede Steuer w o m ö g l i c h auf dem Einkommen resp. Reineinkommen jedes Steuerpflichtigen lasten soll, erinnert: die Kontroverse über die grössere Berechtigung von Einkommen oder Reineinkommen als Steuerquelle wird als diesfalls irrelevant hier bei Seite gelassen. Obiger, noch von den Physiokraten herrührender, von Ad. Smith näher ausgeführter und von allen seitherigen Finanzgelehrten mit mehr oder weniger Gunst behandelter Grundsatz besitzt unstreitbar das ausgedehnteste Bürgerrecht in der heutigen Wissenschaft; er kann somit ruhig als Grundlage für die Konstruirung eines Steuersystemes angenommen werden.

---

[1]) Wie oben.
[2]) Schon in der ersten Auflage seiner Finanzwissenschaft.

Es ist nun bekannt, dass, wenn man von den zufälligen und unregelmässigen Vermögensvermehrungen, als da Schenkungen, Erbschaften, Gewinnsten beim Kapitalsverkaufe, Spielgewinnsten u. s. w., absieht, das Einkommen nur aus dem Kapitale, resp. — falls man aus lauter Furcht vor vermeintlicher Gleichstellung der Arbeiter und Kapitalisten den Begriff des „persönlichen Kapitals" mit manchen neuesten Schriftstellern perhorreszirt —, aus dem Kapitale oder der Arbeit fliessen kann [1]. Dieses Kapital nun (denn wir bleiben bei dem Begriffe des „persönlichen Kapitals") ist verschieden geartet, wornach es sich in ein *Sach-*, ein *persönliches* und ein *Werthkapital* scheidet, von denen letzteres das Geld und die Forderungen, ersteres alle anderen materiellen Kapitalien und das zweite alle ausgebildeten physischen und geistigen Kräfte einbegreift. Dieser nicht blos wissenschaftlichen, sondern auch realen Theilung — welche übrigens eine oftmalige Kumulirung von verschiedenen Kapitalien in Einer Hand nicht ausschliesst — entsprechend, zerfällt auch das Einkommen in drei Arten: aus dem Sachkapitale fliesst der sogenannte *Kapitalszins* oder Zins im weiteren Sinne, aus dem persönlichen der *Lohn* im weitesten Sinne, aus dem Werthkapitale *Perzent* oder Geldzins oder Zins im engeren Sinne. Diese drei Einkommensarten unterscheiden sich von einander in demselben bedeutenden Maasse, wie die diesbezüglichen Kapitalien [2]; soll also jede Steuer auf das Einkommen gelegt werden, so muss das Steuersystem ganz nothwendig sich dieser

---

[1] Ich sage zu Fleiss „oder" nicht „und", denn Arbeit als die auf die Produktion gerichtete Thätigkeit ist zwar in jeder Wirthschaft nöthig, und trägt zum Erzielen jedweden Einkommens bei, — ist aber zu unterscheiden von der Arbeit, als den in einer speziellen Richtung fachmässig ausgebildeten physischen oder geistigen Kräften, welche ein besonderes, selbstständiges Einkommen verschaffen und in dieser Beziehung neben dem materiellen Kapitale stehen.

[2] Hier muss ich wieder auf meine in polnischer Sprache erschienene Schrift: L. v. Biliński, „Procent a czynsz" („Geld- und Kapitalszins"), Warschau 1872, verweisen, wo ich die Unterschiede zwischen den genannten zwei Begriffen einer genauen und ausführlichen Untersuchung unterzogen habe.

Verschiedenheit der Einkommensarten akkomodiren, woraus, freilich auf anderem Wege als bei Stein, dessen dreitheiliges System sich ergiebt.

Die erste Gruppe bilden die **Produktions-** oder **Ertrags-steuern**[1]), welche dem Kapitalszinse aus dem Sachkapitale entsprechen: ihr Begriff wird sich aus ihrer Charakteristik ergeben[2]). Das Sachkapital besitzt das charakteristische Merkmal, dass es bei der Produktion die Person des Produzenten gewissermaassen bei Seite schiebt, und dagegen selber viel mehr in den Vordergrund tritt. Es ist dies so zu verstehen, dass, da z. B. ein Landgut, ein Haus, eine Fabrik u. s. w. sachlich gegeben, unbeweglich sind, Jedermann sie leicht sehen und einer Beurtheilung unterziehen kann, ohne erst um den Bewirthschafter und dessen wirthschaftlichen Charakter befragt zu haben. Das letztere gilt nun auch für den Staat resp. dessen Finanzbehörden. Dieselben müssen sich den Eigenthümlichkeiten jedes Einkommens anpassen und die leichteste Methode zu dessen Eruirung zu ergründen suchen. Bei einem Sachkapital also mit dessen eben angeführter Eigenthümlichkeit wird der Staat viel leichter den Reinertrag, d. h. dasjenige, was das Kapital ohne Rücksicht auf die jeweilige Person des Bewirthschafters durchschnittlich tragen dürfte, als das Reineinkommen, d. h. dasjenige, was ein gegebener Produzent bei gegebenen Eigenschaften, Fähigkeiten und Mitteln aus diesem Kapital jedes Jahr wirklich herausschlägt, — zu berechnen im Stande sein[3]). Man hat

---

[1]) In einem systematischen Handbuche müsste an erster Stelle die rationellste, nämlich die Einkommensteuer angeführt werden; allein wir brauchen hier den unmittelbaren Zusammenhang zwischen der Einkommensteuer und der dritten Steuergruppe recht evident zu machen, deshalb ist mit Stein obige Ordnung gewählt worden.

[2]) Es ist nämlich falsch, die Produktionssteuern als „Steuern vom Sachkapitale" zu definiren, da selbe möglicherweise auch auf anderen Kapitalien lasten, dagegen manche Sachkapitalien mit der Einkommensteuer getroffen werden könnten. Wir behaupten lediglich, dass Produktionssteuern sich höchstens auf alle Sachkapitalien beschränken dürfen.

[3]) Der Ertrag bezieht sich aufs Kapital, das Einkommen auf den Produzenten: derselbe Produzent kann mehrere Arten von Kapital, somit

hier eben ein reales Kapital, ausgestattet mit gewissen natürlichen, oder, den gegebenen wirthschaftlichen und sozialen
Verhältnissen entstammenden, allen Sachkundigen bekannten,
eben so wie das Kapital selbst nicht zu verheimlichenden
Eigenschaften, aus denen man viel leichter auf den durchschnittlichen Ertrag schliessen, als die jeweiligen Einkünfte
nach den persönlichen, oft zweifelhaften oder geradezu unbe-
kannten und unberechenbaren Eigenschaften des Produzenten
berechnen kann. Dieses Verhältniss ist doch unzweifelhaft
hier ein ganz anderes, als z. B. beim Lohne, der hauptsächlich von der persönlichen Thätigkeit des Arbeiters, oder beim
Perzent, dessen Höhe hauptsächlich von der Art der vom
Eigenthümer vollzogenen Kapitalsanlage abhängt, — des Umstandes nicht zu vergessen, dass in diesen beiden Fällen das
Kapital immer, zuweilen aber auch zugleich die Person des
Produzenten unsichtbar ist, während das Sachkapital immer
sichtbar ist. So ist es denn durch die Natur der volkswirthschaftlichen Kapitalgestaltung angezeigt, dass der Staat dem
Einkommen aller am Sachkapitale wirthschaftenden Personen
in der Weise beizukommen trachte, indem er vor Allem den
Ertrag aus diesem Kapitale erforscht. Ich sage „vor Allem",
denn, wie später ausgeführt werden wird, ist es nicht nur
möglich, sondern — im Interesse des Prinzips, dass Personen,
Staatsbürger, nicht Sachen zur Erhaltung der wohlthätigen
Existenz des Staates beitragen sollen — sogar erwünscht,
diesen realen Steuern (den Produktionssteuern nämlich) womöglich allerlei persönliche, resp. Einkommensteuermerk-
male beizubringen. Diese letztere Tendenz ist gleichzeitig berufen, dem anscheinenden Prinzipienbruche, wornach dem prinzipiell als Steuerquelle angenommenen Einkommen der Ertrag

mehrere Erträge haben, wenngleich er immer nur Ein Einkommen, be-
stehend sei es aus einem einzigen Ertrage, sei es aus der Summe mehrerer
derselben, beziehen kann.

Eine abweichende Ansicht fand ich unter Andern beim Mitgliede der
Krakauer k. k. Akademie der Wissenschaften, Josef von Supiński
„gesammelte Schriften" II. Band: „Szkoła polska gospodarstwa społecznego"
(die polnische Schule der Sozialökonomie). Lemberg 1872.

substituirt wird, jedwede Bedeutung zu nehmen, wenn man auch nicht des Umstandes gedenken sollte, dass ja der Ertrag ein essentionelles Element des Einkommens bildet, und oft sogar faktisch mit ihm zusammenfällt.

Da nun statt des von dem Eigenthümer der Sachkapitalien bezogenen Einkommens der Ertrag aus denselben eruirt und besteuert wird, so nennt man die bezüglichen Auflagen „Ertragssteuern"; und da eben behufs Eruirung des Ertrags der durchschnittliche Produktionsgang bei dem betreffenden Kapitale untersucht werden muss, so ist auch der zweite Name, dessen wir uns hier bedienen werden, gerechtfertigt. Unter „Produktionssteuern" versteht man also die auf den durchschnittlichen, für eine Reihe von Jahren voraus geschätzten Produktionsertrag aus einem Kapitale aufgelegten Steuern. Mit Rücksicht auf die Nothwendigkeit der Schätzung bezeichnet man sie auch mit dem alten Namen „Schatzungen", und es frägt sich nur noch, welche einzelnen Steuern in dieser Steuergruppe enthalten sind. Die Antwort ergiebt sich aus dem naturgemässen Umfange und den Unterarten des Sachkapitals.

Gewöhnlich pflegt man nämlich unter Kapitalszins blos das Einkommen aus verpachteten Landgütern und vermietheten Häusern zu verstehen[1]); daraus wäre man versucht, den bekanntlich durchaus falschen Schluss zu ziehen, dass eben nur Boden und Häuser das ganze Sachkapital ausmachen. Eine Reformirung des Begriffes des Kapitalszinses in der Richtung, dass man darunter das Einkommen aus den gesammten Unterarten des Sachkapitals begriffe, wogegen unter Zins (Perzent) blos das Einkommen aus dem Werthkapitale zu verstehen wäre, würde wohl die grösste Klarheit in dieses ganze Gebiet bringen[2]). Denn überwiegend auf dem Sachkapitale stützen

---

[1]) Von den untergeordneten Fällen der Miethe, z. B. der der Noten, Bücher u. s. w., sowie von der Pacht gewisser, mit der Landwirthschaft verbundenen Fabriken, z. B. Bräuereien, — sehen wir hier, der Einfachheit der Darstellung halber, ab.

[2]) Die Nothwendigkeit sowie Berechtigung dieser Reform suchte ich eben in meinem obgedachten Buche über „Perzent und Zins" zu beweisen.

sich nachstehende Produktionszweige: Bergbau, Landwirth-schaft im weitesten Sinne, Handwerk, Industrie sammt der Hausindustrie [1]), Handel und schliesslich allerlei Transport-unternehmungen. Der Ertrag somit a u s a l l e n diesen Unter-nehmungen muss durch die Produktionssteuern getroffen wer-den, und das kann dann natürlich nicht durch eine einzige solche Steuer geschehen. Nur glaube ich, zuwider Stein's Ansicht, dass rationeller Weise blos d r e i Produktionssteuern existiren müssen, nämlich: 1) eine *Grundsteuer* für den Ertrag aus allen Grundstücken, bis auf die überbauten; 2) eine *Häusersteuer* für die letzteren; und 3) für den Ertrag aus allen übrigen obengenannten Wirthschaftsarten, — welche doch unter einander viel mehr als mit dem Boden, gleichartige Elemente besitzen, wie es auch die für alle, mit Ausnahme des Bergbaues, übliche gemeinsame Bezeichnung „Handel und Gewerbe" bezeugt, — eine *Gewerbesteuer:* letztere natürlich in mehreren Klassen oder Abtheilungen (Shedula's).

Alle Steuern überhaupt müssen in soferne auf einer Art von Kataster beruhen, als wenigstens die bezüglichen Steuer-pflichtigen v e r z e i c h n e t sein müssen. Allein der eigentliche *Kataster* kömmt nur bei den Produktionssteuern vor, wes-halb dieselben auch den vierten Namen „K a t a s t r a l-s t e u e r n" führen. Der Kataster hat vorerst einen sachlichen Charakter, d. h. er enthält ein Verzeichniss von Sachen, von Kapitalien, von Wirthschaften; er ist ferner durch dieses blosse Verzeichniss nicht erschöpft, sondern enthält in d e r R e g e l auch noch weitere Bestandtheile, und zwar einerseits den *Klassifikationstarif,* und andererseits die Ergebnisse der *Einschätzung,* des *Reklamationsverfahrens* und der *Evidenz-haltung.* D i e s e r Kataster eben ist, wie gesagt, ein Noth-behelf, zugleich aber auch ein sehr schätzenswerthes Werk-zeug der ebenfalls mit sachlichem Charakter behafteten Pro-duktionssteuern; und dies ist dermaassen der Fall, dass, je voll-

---

[1]) so ferne die Manufakturisten nicht, wie es oft vorkömmt, zu ein-fachen Lohnarbeitern gesunken sind.

ständiger bei einer dieser Steuern, wie z. B. bei der Grundsteuer, alle obigen Theile des Katasters ausgeführt werden
müssen ¹), desto entschiedener die betreffende Auflage der
Gruppe der Produktionssteuern gehört, je mehr Theile dagegen man ausnahmsweise, wie z. B. bei der sog. *Hauszinssteuer* im Unterschiede von der sog. *Hausklassensteuer*, vom
Kataster entbehren kann, die bezügliche Produktionssteuer
sich desto mehr der Gruppe der Einkommensteuern nähert.

Es ist nun einestheils Angesichts unseres Gegenstandes
kein unmittelbares Bedürfniss vorhanden, über die der Luxussteuer beinahe ganz fremden Produktionssteuern ein Weiteres
zu verlieren, andererseits werden wir später doch noch
manchesmal sowohl zu dieser Steuergruppe im Allgemeinen,
als auch zur Gewerbesteuer im Besonderen zurückkehren
müssen: so wollen wir denn nun zu der zweiten Steuergruppe
übergehen.

Diese bildet die **Einkommensteuer,** oder, wenn man
will, Einkommensteuern. Wenn wir trotz des allgemeinen
Prinzips, dass jede Steuer wo möglich das Einkommen treffen
soll, dennoch von einer besonderen Gruppe von Einkommensteuern sprechen, so deutet dies, konform mit unserer obigen
Begründung der Ertragssteuern, darauf hin, dass es sich hier
um Wirthschaften handelt, bei denen nicht so sehr das Kapital, als vielmehr die Person des Besitzers desselben hervortritt, sichtbar ist, wo man somit nicht sowohl den Ertrag, als
vielmehr eben das Einkommen leichter erforschen kann. Und
in der That giebt es solche Wirthschaften, wo beide diese
Voraussetzungen, natürlich in verschiedenem Maasse ²), ein-
treffen. Im Allgemeinen gehört hier einerseits die hauptsächlich auf geistigem persönlichen Kapitale, andererseits die auf
dem Werthkapitale beruhende Produktion, demgemäss also

---

¹) Das hängt nämlich in der Regel nicht vom freien Willen des
Staates, sondern von der Natur des bezüglichen Sachkapitals ab.
²) Bei verschiedenen Sachkapitalien treten die umgekehrten Verhältnisse auch in verschiedenem Maasse statt z. B. mehr beim Grundstücke als
beim Handel u. s. w.

Lohn mit Ausnahme des mechanischen[1]), und Zins im engeren Sinne jene Einkommensarten wären, welche direkt bei den betreffenden Steuerpflichtigen eruirt und belastet werden können resp. sollen. Es wurde schon an früherer Stelle darauf hingewiesen, was übrigens durchaus nicht geläugnet werden kann, dass Werthkapital- und Arbeitswirthschaften (sit venia verbo!) einen viel mehr persönlichen, subjektiven Charakter haben, als die auf Sachkapitalien beruhenden, dass, während hier das Kapital vor Allem sichtbar ist, dort das Kapital oft ganz dem Auge der Behörde entrückt ist und eben nur die Person, die dort am meisten die Einkommenshöhe beeinflusst, in den Vordergrund tritt: freilich ist auch dieses Hervortreten der Person nicht immer so entschieden, wie das des Sachkapitals, daher diesfalls Ergänzungen nöthig sind, die später werden angegeben werden. Auf jeden Fall aber unterliegt es dem Obgesagten gemäss keinem Zweifel, dass beim Perzent und Lohn mehr, als sonst irgendwo, die Einkommensteuer angezeigt ist, und auch mit mehr oder weniger Erfolg durchgeführt werden kann.

Aus jenem persönlichen Merkmale der Einkommensteuer folgt nun, dass an und für sich — d. h. sie einerseits und die Produktionssteuern andererseits als von einander streng geschieden vorausgesetzt — beide diese Steuergruppen sich bedeutend von einander unterscheiden. Schon das auch bei der Einkommensteuer nöthige Verzeichniss bezieht sich auf die steuerpflichtigen Personen, während der eigentliche Kataster Sachen zusammenfasst; während ferner bei den Produktionssteuern nur der Ertrag und zwar in der Regel blos der durchschnittliche erforscht wird — denn das ist ja eben die Aufgabe der, die besondere Ertragsschätzung jedes kleinsten Grundstückes, jedes kleinsten Gewerbes vertretenden Katastral-Klassifikation und- Einschätzung —, wird bei der Einkommensteuer das Einkommen und zwar womöglich das wirkliche eruirt; während weiters folgerichtig dieses letztere, da es jedes Jahr anders sein kann, jedes Jahr von Neuem und zwar

---

[1]) Die Begründung dieser Ausnahme folgt später.

für das eben vergangene Jahr (wo es erst „wirklich"
sein konnte) erforscht wird, wird bei der Produktionssteuer,
da der durchschnittliche Ertrag unter normalen Verhältnissen
eine gewisse Zeit mehr weniger sich gleich bleibt, dieser Ertrag
für eine Anzahl von Jahren und zwar im Voraus, z. B.
bei der Landwirthschaft etwa auf 15 Jahre (wie in Oesterreich), beim Gewerbe für kürzer, als wahr angenommen[1]);
während man schliesslich bei den Produktionssteuern, abgesehen vom Reklamationsverfahren, mit der genannten Ertragsschätzung durch dritte, wenn auch zum Theile vom Steuerträger
gewählte Personen vorlieb nehmen muss, wird bei der Einkommensteuer die Person des zu Besteuernden in Mitleiden-
schaft gezogen: er muss sein Einkommen gestehen, „fatiren",
und der Staat braucht nur diese *Fassion* einer strengen Kontrolle durch Vermittelung von sachverständigen Schatzmännern
aus dem Kreise der naturgemäss gegen jede Defraudirung
gegenseitig eifersüchtigen Steuerträger aus derselben
Klasse zu unterziehen[2]). So wären also unter „*Einkommensteuern*" die auf das wirkliche, für jedes verflossene
Jahr fatirte und richtig gestellte Einkommen einer
Person aufgelegten Steuern zu verstehen.

Es unterliegt nun nach diesem Vergleiche und dieser
Begriffsbestimmung keinem Zweifel, dass die übrigens ganz
moderne Einkommensteuer dem Ideale der Besteuerung viel
näher liegt, als die Produktionssteuern. Man muss anstandlos
die Einkommensteuer als einen entschiedenen Fortschritt in
den heutigen Finanzeinrichtungen betrachten, und muss es tief
beklagen, wenn grosse Staaten, wie z. B. Frankreich, noch
heutzutage allerlei andere, mehr oder weniger unrationelle

---

[1]) Die Steuerquote wird übrigens auch hier jedes Jahr besonders
für jeden Steuerträger vorgeschrieben, aber dies liegt nicht im Wesen der
Produktionssteuer, sondern in anderweitigen Gründen: es kann der Steuerfuss geändert werden, es können die Lokalzuschläge variiren; und dergl.

[2]) Diese Kommissionen müssen natürlich gemischt sein, d. h. auch
Regierungsvertreter enthalten.

Vgl. übrigens in allen diesen und ähnlichen Fragen die obberufenen
fünf Gutachten über „Personalbesteuerung".

Abgaben, und nur gerade keine Einkommensteuer besitzen.
Daraus folgt, dass, da angenommener uud erwiesener Weise dennoch auch die weniger idealen Produktionssteuern bestehen müssen, man wenigstens jede mögliche Gelegenheit benutzen muss,
um, wo dies eben möglich ist, allerlei Elemente der Einkommensteuer auch den Produktionssteuern beizugeben. Und
es fehlt auch nicht an derlei Gelegenheiten. Bei der Grundsteuer z. B. kann man das Reklamationsverfahren so ein-
richten, dass es dem Reklamirenden freistehen solle, mit dem
hauptsächlichsten Mitttel der Einkommensteuerauflegung, nämlich mit der Fassion, die von ihm angefochtenen Katasterdaten
zu entkräften. So könnte man ihm die Beweisführung gestatten,
dass, trotzdem sein Grundstück in eine an und für sich richtige
Bonitätsklasse eingeschätzt wurde, sein wirkliches Einkommen dennoch den der betreffenden Klasse zugewiesenen
geschätzten Ertrag nicht erreiche, weil z. B. die Transportkosten von seinem Gute zu dem Markte grösser sind, als
angenommen wurde, oder weil gerade in jenem Orte die
Arbeitspreise aus gewissen zu beweisenden Gründen höher,
als in der Umgegend, zu sein pflegen[1]), und dergl. Es sollte
auch den Grundeigenthümern erlaubt sein, die ihren grund-
bücherlich versicherten Gläubigern zu zahlenden Zinsen, die
bei einer korrekten Katastrirung, als für die natürlichen
Kapitalseigenschaften des Grundstückes irrelevant, von vornherein nicht berücksichtigt werden können, im Reklamations-
wege vom Katastralertrage sich abziehen zu lassen, da diese
Zinsen den wirklichen Ertrag jedenfalls schmälern[2]), uud es
bei der bekannten Abhängigkeit der Schuldner von den Gläubigern als wahre Ironie betrachtet werden muss, den Schuldner
zu ermächtigen, sich bei der Zinsenzahlung die für den

---

[1]) Dies geschieht namentlich dort, wo die Landarbeiter verhältnissmässig grössere Grundstücke zu eigen besitzen und daher nicht gerne für
Lohn arbeiten, — oder dort, wo nahe gelegene Fabriksanlagen lohnendere
Beschäftigung bieten und dergl.
[2]) Die Natur der Einkommensteuer erfordert denn die Berücksichtigung der Schulden.

6 *

Gläubiger vorgeschossene Rentensteuer abzuziehen. Diese und ähnliche Verhältnisse, welche unzweifelhaft den durch schnittlichen Ertrag aus dem Boden durchaus nicht berühren, können und sollen im Wege von Einkommensteuerelementen, wozu hauptsächlich die Fassion gehört, ans Licht gebracht werden, um den Staat wo möglich der Kenntniss des wirklichen Einkommens der betreffenden Landwirthe zu nähern: je mehr nämlich letzteres geschieht, desto mehr nähert sich die Grundsteuer der Einkommensteuer.

Dasselbe gilt theilweise für die Häusersteuer. Die nicht vermietheten, sondern blos vom Eigenthümer selbst bewohnten Häuser, welche — da sie die Miethzinsauslage ersparen, somit jedenfalls ein Kapital mit einem wenn auch maskirten Ertrage sind — auch besteuert werden müssen, können freilich nur entweder im Wege der Klassensteuer, die eine reine Produktionssteuer ist, oder aber im Wege der Schätzung getroffen werden[1]. Allein schon die Schätzung, welche die wirklichen Verhältnisse berücksichtigt, ist der Einkommensteuer näher, als die nur durchschnittlich und mit festem Steuerfusse[2] vorgehende, nicht einmal eine durch schnittliche Ertragsschätzung zulassende Klassifizirung[3]. Unmöglich wäre auch nicht die Vervollständigung der Schätzung durch eine Selbstschätzung, wiewohl ja hier überhaupt von einem wirklichen Einkommen insoferne keine Rede sein kann, als statt desselben nur eine ersparte Auslage besteht: die Fassion wäre also auch nur eine „Schätzung" des wirk-

---

[1] Letzteres, nämlich die Schätzung, kann nicht nur, wie dies in Oesterreich gegenwärtig der Fall ist, blos in Orten, wo die Mehrzahl der Häuser vermiethet sind, durchgeführt werden, sondern auch anderwärts, etwa in der Weise, wie es neuerdings die österr. Regierung vorschlägt. Vgl. „die Reform der direktern Steuer. 1. Gesetzentwurf. a. Gebäudesteuer", Wien 1874, §. 15. sq.

[2] d. h. nicht mit einem Perzentualfusse.

[3] Deshalb ist die Hausklassensteuer bekanntlich noch viel mehr entfernt von der Einkommensteuer, als eine reine Katastralgrundsteuer, bei der doch die Erträge geschätzt werden.

lichen Ersparnisses, kein Geständniss. — Dagegen beruht
die Hauszinssteuer für die vermietheten Häuser durchaus
schon auf der Fassion, ist beinahe eine Einkommensteuer, bedarf auch vom ganzen Kataster blos des Verzeichnisses der
Häuser; und wenn man in letzterer Beziehung nicht von dem
allerdings praktischen Standpunkte ausginge, lieber die fest-
stehenden Häuser, als die variirenden Eigenthümer zu verzeichnen, und wenn man ferner die Bücherschulden in der
Fassion berücksichtigen dürfte, was zu empfehlen ist, — so
wäre faktisch kein Anstand, die Hauszinssteuer als einen Theil
der Einkommensteuer zu betrachten.

Ebenso gibt es schliesslich auch bei der Gewerbesteuer,
welche ja so viele Klassen enthalten muss, als es Hauptarten
der Gewerbe (im weitesten Sinne des letzteren Wortes) gibt,
gewisse Klassen, bei denen das wirkliche Einkommen
beinahe genau ermittelt werden kann. So müssen alle industriellen, Transport- und Bergbauunternehmungen, welche die
Aktienform haben, ohnehin bekanntlich ihre Rechnungen ver-
öffentlichen; der Staat kann somit aus ihren Büchern das
Reineinkommen der Gesellschaft genau erfahren [1]), und es
auf Grund dessen gleich besteuern. Allerdings kann sich
dann der übrig bleibende Rest des Einkommens unter die
Dividendenberechtigten so vertheilen, dass, wenn im gegebenen
Staate ein steuerfreies Existenzminimum berücksichtigt zu
werden pflegt, manche Dividenden dieses Minimum nicht erreichen, somit eigentlich ungerechterweise schon durch Vermittelung der Gesellschaft zur Besteuerung herangezogen worden
sind: die englische Gesetzgebung, welche die Gewerbe der Einkommensteuer (Shedula D) unterwirft, schreibt für obigen Fall
sehr umfangreiche, oft lästige Reklamationen und Rückzahlungen

---

[1]) Aehnliches gilt für die Genossenschaften (mit Ausnahme der nicht
hieher gehörigen Vorschussgenossenschaften), falls man sie überhaupt besteuern will. Vgl. hierüber H. W. „über Besteuerung der Erwerbs- und
Wirthschaftsgenossenschaften" etc. in der Tüb. Zeitschrift f. d. ges. Staatsw.
1. Heft 1873. Dann auch zahlreiche Artikel in den „Blättern f. Genossen-
schaftswesen" und der Wiener „Genossenschaft".

vor. Allein es unterliegt keinem Zweifel, dass die Gewerbesteuer als eine Produktionssteuer, welche eben mit Kapitalien
und nicht mit Personen zu thun hat, obige Genauigkeit sehr
gut entbehren kann, wogegen sie durch die obgenannte Erhebungsform ein für sie förderliches Element der Einkommensteuer gewinnt. — Ebenso könnte auch bei Einzelngeschäften
den Schätzungen resp. Fassionen eine ähnliche Rolle wie in
der englischen Shedula D zugewiesen werden und dergl.

Angesichts all' des bisher Angeführten und Angesichts
der Vorzüge der Einkommensteuer würde sich nur noch die
Frage aufwerfen, ob es nicht logischer wäre, statt der hier
geforderten besonderen, nur mit Einkommensteuerelementen
ausgestatteten Produktionssteuern eine mehrgliedrige Einkommensteuer von vornherein einzuführen. Held[1]) fordert
auch demgemäss eine Steuerreform im Sinne der englischen
Einkommensteuer; doch auch er wünscht am anderen Orte[2])
einen objektiven Charakter für die Steuern vom Sachkapitale,
welche Objektivität ja eben ein Merkmal nur der Produktionssteuern ist. Wiewohl es nun nicht zu läugnen ist, dass — im
Gegensatze zü einer einzigen, Alle ohne Weiteres zu belastenden und als solche undurchführbaren Einkommensteuer — eine
vielgliedrige, allgemeine, nach englischem Muster eingerichtete
durchaus nicht zu den Unmöglichkeiten gehört, so muss ich doch
bei meiner oben dargelegten Auffassung in dieser Frage verbleiben.
Denn mit den Produktionssteuern müsste man alle Elemente
derselben, namentlich aber den auch sonst in mancher Beziehung so sehr wohlthätigen Grundsteuerkataster über Bord
werfen, was auf jeden Fall grosser Schaden wäre, da man
sonst auf keine Weise gleich reelle Grundlagen für die Besteuerung anderweitig finden könnte. Wir wissen ja schon,
durch welche Eigenthümlichkeiten des Sachkapitals das Auge
des Gesetzgebers und Finanzbeamten vor Allem dem Ertrage
zugewendet wird, und welche Eigenthümlichkeiten des persönlichen und Werthkapitals das Einkommen in den Vorder-

---

[1]) „Einkommensteuer", wie oben S. 190 sq.
[2]) Fünf Gutachten, S. 35.

grund bringen. Wollte man also auch eine vielgliedrige Einkommensteuer nach englischem Vorbilde einführen, so könnte
man dennoch nicht etwa z. B. Grundstücke und Beamten-
gehalte in Eine und dieselbe Klasse der Einkommensteuer
einreihen, sondern müsste im Gegentheile zwei Shedula's
daraus bilden, und bei der Steuerauflage beiderseits alle
Eigenthümlichkeiten des bezüglichen Kapitals resp. Einkommens berücksichtigen. Ob man da demnach viel gewinnen
würde, Beides unter die Eine Schablone der Einkommensteuer,
wenn auch doch wieder in zwei K l a s s e n abgesondert, hinein-
zuzwängen, statt zwei S t e u e r n zu bilden, das steht auf jeden
Fall wenigstens zu bezweifeln. Will man aber dennoch die
oben charakterisirten drei Produktionssteuern als drei, resp.
— mit Rücksicht auf das sehr verschiedenartige Materiale
der Gewerbesteuer — als mehrere Shedula's der Einkommensteuer konstituiren, so wird die letztere in d i e s e n Klassen
(nach meiner Ansicht) eben nur mit Zuhilfenahme jener ge-
mischten Elemente, nämlich realen und persönlichen Charakters,
also der der Produktions- und Einkommensteuern, somit auf
jeden Fall nicht unter gänzlicher Beseitigung des eigentlichen
Katasters, aufgelegt werden müssen, falls nicht gegen die Natur
des Sachkapitals gesündigt werden soll. [1])

Jedoch kehren wir zu der nach unserer Ansicht e i g e n t -
l i c h e n Einkommensteuer, an welche ja, wie der Titel der
gegenwärtigen Arbeit bezeichnet, schon die Luxussteuer an-
knüpfen muss, zurück! Es wurde oben bemerkt, dass, nachdem die Produktionssteuern das persönliche und das Werthkapital mit ihrer Last unbedingt verschonen sollen, man im
Lohne und Zinse diejenigen Einkommenstheile suchen müsse,
welche ihrem Wesen nach von der Einkommensteuer getroffen
werden können. Um nun eine Uebersicht dieser Einkommensarten zu haben, und nöthigenfalls eine Ausscheidung der, der
Einkommensteuer nicht zusagenden Einkommensarten vor-

---

[1]) Der Kataster würde hier alsdann eine ähnliche kontrollsartige Rolle
spielen, wie beim Repartitionssysteme.

nehmen zu können, muss man auch hier nach gewissen Klassen vorgehen.

Was vorerst:

I.) den Lohn betrifft, so muss man bei demselben unterscheiden:

a) den mechanischen und gewerblichen, überhaupt den für rein oder doch vorwiegend physische Arbeit bezahlten Lohn; ferner

b) den Lohn aller ständig besoldeten, vom Staate sowohl, als auch von allerlei öffentlichen (weltlichen und geistlichen) Korporationen angestellten Beamten, zu welch ersteren auch der Lehrerstand zu zählen ist; schliesslich

c) den Lohn oder vielmehr das Verdienst aller anderen geistigen Arbeiten, als da sind einerseits die liberalen Berufsarten der Advokaten, Aerzte, Notare, Künstler u. s. w., andererseits die nicht liberalen Beschäftigungen von etwaigen Beamten bei Privatpersonen oder Privatgesellschaften u. dergl.

Was weiters

II.) den Geldzins betrifft, so muss unterschieden werden:

a) der Zins resp. Gewinn der zwei Hauptzweige der mit Werthkapital operirenden Aktien- (Kommanditaktien-) Gesellschaften: nämlich der Banken und der Versicherungsgesellschaften [1]);

b) der Zins (Gewinn) der Privatbankiere;

c) der Zins der intabulirten Gläubiger;

d) der Zins der Staatsgläubiger;

e) der Zins aller übrigen Gläubiger [2]); und schliesslich

---

[1]) Die anderen Aktiengesellschaften, da selbe vorzüglich mit Sachkapital operiren, unterliegen der Gewerbesteuer, welche übrigens, wie oben hervorgehoben wurde, den Charakter einer Einkommensteuer vollkommen trägt. Vergl. über obige Distinktion unter den Aktiengesellschaften meine „Sozialökonomie", II. B., S. 43—46.

[2]) Man könnte den Zins der Besitzer von Prioritätsobligationen, Pfandbriefen und dergl. eigentlich als eine besondere Shedula oder als der Shedula II a. gehörig ansehen, wenn es nicht bekannt wäre, dass diese Zinsen in der Regel vertragsmässig steuerfrei sind, somit die bezügliche Steuertangente schon in der Steuer der Aktiengesellschaft enthalten ist.

f) der Zins (Gewinn) der Gutspächter, welche nach meiner Ansicht als hauptsächlich mit Geldkapital arbeitend betrachtet werden müssen, nachdem der Ertrag aus dem Sachkapitale (dem Boden, der Fabrik etc.) selber schon durch den Eigenthümer im Wege der Grundsteuer versteuert wird [1]).

Alle diese Gruppen von Steuerpflichtigen sollten insoferne prinzipiell der Einkommensteuer unterliegen, als sie sich eben nicht hauptsächlich aufs Sachkapital stützen, somit ihre Personen mehr in den Vordergrund treten, als ihre Kapitalien. Indessen ist die Möglichkeit der wirklichen Eruirung obiger Persönlichkeiten resp. ihres Einkommens sehr verschieden, und gerade deshalb hat Held sehr richtig auf die Shedula's der englischen Einkommensteuer als Muster hingewiesen, wodann jede Shedula je nach den Eigenthümlichkeiten der betreffenden Steuerquelle eingerichtet sein muss. Dies muss denn auch auf die obigen Einkommensgruppen angewendet werden [2]), deren Erfassbarkeit so verschieden ist; ja es giebt unter ihnen Eine Gruppe, bei welcher die an sich prinzipiell zulässige Einkommensteuer g a r n i c h t durchzuführen ist, wenn man nicht etwa mit Held [3]) und And. für die untersten Stände eine Personal- resp. Klassensteuer, — welche aber keine reine Einkommensteuer und jedenfalls nur eine Er g ä n z u n g anderer, diese Stände hauptsächlich treffenden Steuern sein könnte — einführen will. So beschaffen ist nämlich die Gruppe I a, die der Lohnarbeiter, bei welcher die Einkommensteuer weder prinzipiell nothwendig [4]), noch auch durchführbar ist. Ersteres, weil bei ihnen nicht nur das

---

[1]) Freilich hat auch der Pächter einen bedeutenden Theil seines Kapitals, z. B. bei der Landwirthschaft in Vieh, Geräthschaften und anderem Sachkapital; allein der Baarbestand für die Bestreitung der Kaution, des Pachtschillings und aller Betriebsauslagen muss doch eine überwiegende Rolle spielen. — Aehnliches gilt vom Pächter einer Fabrik, einer Branntweinbrennerei z. B. und dergl.

[2]) Deshalb sagte ich oben (S. 80.), dass die zweite Steuergruppe aus der Einkommensteuer oder den Einkommensteuern besteht.

[3]) „Einkommensteuer" S. 221, „Gutachten" S. 30.

[4]) wiewohl prinzipiell zulässig.

Kapital, sondern eigentlich auch ihre Person mitten unter der vagirenden Masse verschwindet, während doch die Einkommensteuer eminent persönlich sein soll; letzteres, weil weder sie selber ihr Einkommen anzugeben, noch auch Schätzungskommissionen dasselbe zu schätzen im Stande wären. Der unregelmässige, so zu sagen, stossweise Bezug des Lohnes, die allerlei Unterbrechungen dieses Bezuges durch Feiertage, Arbeitseinstellungen u. s. w., dann auch ebenfalls die oben besagte Beweglichkeit des Gros der Arbeiter, — Alles dies bewirkt eine völlige Unmöglichkeit der Lohnkonstatirung. Diese ganze Gruppe von Steuerpflichtigen müsste somit eine andere, den Produktions- und den Einkommensteuern fremde Steuer selbst dann erfordern, wenn man von der Klassensteuer, welche als Zwitterding nicht als gerade wünschenswerth erscheint, keinen Abstand nehmen wollte.

In so hohem Grade der Einkommensteuer unzugänglich ist nun keine der übrig gebliebenen Einkommensarten, so dass sie also alle zu dieser Last zugezogen werden können; nur in Bezug auf die diesfalls grössere oder geringere Leichtigkeit dieser Zuziehung scheiden sie sich wieder in zwei Hauptgruppen[1].). Es giebt nämlich gewisse Einkommensarten (erste Hauptgruppe!), welche so evident sind, bez. durch Staatsauftrag evident gemacht werden können, dass man sie mit aller Genauigkeit erfassen, und sie ganz genau, ja im Verhältnisse zu den anderen, diesfalls günstiger gestellten Arten, sogar zu genau besteuern kann. Hieher gehören nach der obigen Eintheilung die Shedula's: I b, II a, und II c.

Die Staatsverwaltung hat nämlich:

1) eine genaue Kenntniss der Bezüge all ihrer Diener (I b.); die der bei öffentlichen Anstalten, wie Banken, Kirchen etc. Angestellten kann sie sich mit Rücksicht auf die Publizität dieser Anstalten genau ausweisen lassen, und es ist kaum

---

[1]) Der Klarheit halber werden wir seither hiefür den Ausdruck „Gruppen", dagegen für die oben unter I und II gebildeten Gruppen den Ausdruck „Shedula" gebrauchen.

anzunehmen, dass sie diesfalls hinters Licht geführt werden
sollte [1]). Ebenso ferner

2) wie schon bei der Gewerbesteuer in Bezug auf die auf
Aktien beruhenden Bergbau-, Industrie- und Transportanstalten
bemerkt wurde, ist es ein Leichtes, die Aktienbanken- und
Versicherungsgesellschaften [2]), resp deren Theilnehmer durch
Vorbesteuerung der zu vertheilenden Dividende zu treffen (II a.).
Eine Rückvergütung der Steuer auf Rechnung eines etwa an-
zunehmenden Existenzminimums ist auch hier, trotz dem persönlichen Charakter der Einkommensteuer, nicht nöthig; denn
haben die Aktionäre keine weitere Beschäftigung, so zahlen
sie weiter keine direkte Steuer und es ist dann mit Recht anzunehmen, dass Rentiers mehr, als das Existenzminimum beziehen, — widmen sie sich dagegen einem anderen Berufe
oder Geschäfte, welches der Einkommensteuer unterliegt, dann
wird ja eben in der diesbezüglichen Shedula das Minimum
berücksichtigt werden können. Uebrigens ist die Freilassung
des in jüngster Zeit ziemlich verschrieenen Existenzminimums
in der That schwer durchzuführen, sobald man sich für Shedula's entschieden hat, wo dann Eine und dieselbe Person in
mehreren Shedula's steuerpflichtig sein kann, somit ungebühr-
licher Weise mehrmalige Berücksichtigung des Minimums fordern könnte [3]). Andererseits wiederum würde es das strenge
Prinzip fordern, bei j e d e m Einkommenssteuerpflichtigen, ohne
Rücksicht auf dessen Einkommenshöhe, ein freies Minimum zu
lassen: so war es bei der Einkommensteuer der Vereinigten
Staaten Nordamerikas, und nur so würde die Steuer wirklich
aus dem f r e i e n Einkommen gezahlt werden, wenn man nicht

---

[1]) Einen ähnlichen und gleich erfolgreichen Auftrag muss die Staatsverwaltung in Bezug auf diejenigen ihrer Diener erlassen, welche, wie z. B.
die Professoren aus den Kollegiengeldern und Prüfungstaxen, unregelmässige Bezüge haben.

[2]) Dasselbe gilt natürlich auch für die Kommanditaktiengesellschaften,
die ja auch öffentlichen Charakter haben. Ebenso auch für die Vorschussgenossenschaften, falls man sie besteuern will. Vergl. oben S. 85, Note 1.

[3]) Strenge gegenseitige Evidenzhaltung aller Shedula's wäre da somit
nöthig.

anders der Ansicht ist, dass die Steuerzahlung der Bestreitung unentbehrlicher Unterhaltungskosten des Bürgers in nichts nachstehe [1]). Wie es dem aber immer sein mag, die Vorausbesteuerung der Dividenden ist so bequem, dass man lieber eine theilweise Rückerstattung der Steuer nach englischer Art [2]), als ein Auflassen dieses Besteuerungsmodus zugeben sollte, weil man widrigenfalls lediglich auf die Fassion der Aktionäre gewiesen wäre, und hierbei noch weniger Anhaltspunkte zur Kontrolle hätte, als sonst irgend wo.

3) Schliesslich ist der Staat auch in Bezug auf die bücherlich versicherten Gläubiger (II c.) in der Lage, eine genaue Kenntniss von ihren Zinsen zu haben; und ob er da diese Gläubiger unmittelbar oder aber durch Vermittlung der Schuldner treffen würde, ist eine spezielle Frage, die nicht mehr hieher gehört: die Abwälzung würde in beiden Fällen eine nicht geringe Rolle spielen.

Bei diesen drei Kategorien von Steuerträgern also, und zwar bei den öffentlichen Beamten, bei den Aktionären der Banken und Versicherungsgesellschaften, so wie bei den intabulirten Gläubigern, kann man die Einkommensteuer beinahe ideal genau auflegen, vorausgesetzt natürlich, dass man sich unter diesem Ideale nicht nothwendig eine allgemeine, das ganze Einkommen der Person auf Einmal treffende Steuer vorstellt, sondern spezielle Shedula's damit für vereinbar hält. Und wären nur obige drei Einkommensarten von der Einkommensteuer zu treffen, so wäre selbe für ihren Zweck überhaupt ganz genügend, so dass dann die Luxussteuer keinen Platz im Steuersysteme fände: welcher Nationalökonom könnte auch so einen Zustand nicht wünschen?!

Allein es ist faktisch anders Es besteht nämlich die Mehrheit der der Einkommensteuer zu unterziehenden Shedulas

---

[1]) Vergl. hierüber die widerstreitenden Ansichten in den fünf Gutachten.

[2]) Uebrigens kann ja der Besitz der Aktien fortwährend wechseln: wäre es da also zweckmässig, den Stand etwa z. B. vom 1. Jänner als Grundlage der Reklamationen anzunehmen? würden da nicht vorher zahlreiche Scheinverkäufe („Parzellirungen“!) stattfinden?

aus Einkommensarten, welche der Besteuerung durchaus nicht so leicht zugänglich sind, wie die obige erste Gruppe, wo der Staat keine genaue Kenntniss von der Einkommenshöhe sich verschaffen kann. Es gehören hierher, als in die zweite Hauptgruppe, nach unserer ursprünglichen Eintheilung nachstehende Shedula's: I c., II b., II d., II e. und II f. Nur Eine dieser Shedula's könnte rücksichtlich ihrer Angehörigkeit in die gegenwärtige Hauptgruppe Zweifel erregen, und zwar die die Staatsgläubiger umfassende Shedula II d. Es ist bekannt, dass die Staatsobligationen oder Renten eine ähnliche Form haben, wie die gewöhnlichen Aktien; es ist auch bekannt, dass, durch diese Aehnlichkeit verleitet, manche Staaten, unter anderen auch Oesterreich [1]), den Staatsgläubigern eine sogenannte *Couponssteuer* aufgebürdet haben, welche sich der Staat bei Einlösung des Coupons ebenso abzieht, wie es die Direktion einer Aktiengesellschaft mit der vorgeschossenen Dividendensteuer thut. Ueber diese ganze Frage ist sehr viel gesprochen und geschrieben worden, und es wäre in der That anscheinend sehr anstössig, die Coupons von Staatsobligationen anders zu behandeln, als die von Aktien: beiderseits sind Kapitalisten die Bezugsberechtigten, und es besteht zwischen ihnen nur der eben gegen die Staatsgläubiger sprechende Unterschied, dass sie ihre Zinsen aus dem Säckel aller Steuerpflichtigen beziehen, während die Aktionäre ihre Dividenden aus den mehr oder weniger reellen Geschäften mit ihren, freiwillig das Geschäft eingehenden Klienten hernehmen. Deshalb wäre denn die Steuerfreiheit der Staatsgläubiger, welche nur zu oft unter vielen beschönigenden Vorwänden, namentlich von interessirter Seite verlangt wird, eine um so horrendere Ungerechtigkeit. Allein man braucht diese Ungerechtigkeit nicht zu fordern, und kann sich dennoch gegen die Form der Couponssteuer als solche erklären.

Es ist oft für die Couponssteuer der allerdings sehr plausible Grund angeführt worden, den im Oesterreichischen Reichsrathe 1868 der damalige Minister Hasner auch anführte,

---

[1]) S. dessen Gesetz vom 20. Juni 1868.

dass Jeder, der im Staate ein Einkommen bezieht, hiervon die
Steuer zahlen solle; da nämlich dieses auch bei Staatsgläubigern der Fall sei, so sei kein Anstand, sie im Wege
der so bequemen und erfolgreichen Couponssteuer zu treffen.
Nun der Vordersatz dieser Argumentation ist im grossen
Ganzen richtig, bedarf jedoch in Bezug auf den gegenwärtigen
Fall einer gewissen Einschränkung. Bekannt ist nämlich die
nicht zu unterschätzende Thatsache, dass bis auf zwei freilich
grosse Staaten, und zwar England und Frankreich, deren
Staatsschuld vorwiegend eine Nationalschuld ist, die übrigen
europäischen Staaten bei Kontrahirung ihrer Anlehen von ausländischen Kapitalisten sehr stark unterstützt wurden, und
auch — wir abstrahiren davon, ob aus Mangel an dem, dem
französischen und englischen Volke eigenen Patriotismus, oder
vielmehr an Reichthum — unterstützt werden mussten. Es
frägt sich nun, ob man bei der Rentenbesteuerung die ausländischen Gläubiger mit den inländischen auf gleicher Stufe
behandeln und zusammen belasten soll, oder aber nicht: nur
im ersteren Falle wäre die Form der Couponssteuer zulässig. Da
antwortet man denn wieder mit dem plausiblen Vergleiche, der
eigentlich die Fortsetzung obiger Argumentation bildet, dass, wenn
ein ausländischer Besitzer eines inländischen Landgutes, Hauses
oder Fabriksetablissements ohne Weiteres zur Grund-, Haus-,
resp. Gewerbesteuer herangezogen zu werden pflegt und herangezogen werden muss, dasselbe doch logischer Weise auch für
die ausländischen Besitzer von Staatsobligationen gelten müsse.
Indessen trifft dieser Vergleich durchaus nicht zu, wie dies
mit grossem Verdienste Wagner[1]) nachgewiesen hat. Die
oben im Vordersatze genannten drei Steuern sind nämlich
bekanntlich Ertragssteuern: als solche kümmern sie sich nicht
um die Person des Produzenten, also auch nicht um seine
Staatsangehörigkeit oder um seinen Wohnsitz, sondern berücksichtigen lediglich das Kapital, bez. den Ertrag daraus.
Liegt also das Kapital im Lande, so ist dies für die Berech-

---

[1]) Adolf Wagner, „Die Ordnung des österreichischen Staatshaus-
haltes", Wien 1863.

tigung der Steuer eine hinlängliche Voraussetzung. Anders
ist es mit der Rentensteuer, welche doch eine Einkommensteuer sein soll. Letztere will ja bekanntlich die Person in
deren Einkommen treffen; tritt aber die Person in den Vordergrund, dann muss es sich denn doch fragen, wo diese Person
domizilirt, resp. ob sie überhaupt im betreffenden Staate
wohnt[1]), da doch unmöglich zu persönlichen Steuern —
und dahin geht ja das Ideal der Besteuerung — Personen zugezogen werden können, welche, da sie im betreffenden Staate
nicht wohnen, nicht die geringste persönliche Wohlthat
von dessen Existenz geniessen. Das wäre aber der Fall bei
einer Couponssteuer, welche als solche zwischen den Personen
der Staatsgläubiger keinen Unterschied zu machen vermöchte.
Es ist wahr, auch die ausländischen Gläubiger beziehen im
Inlande ein Einkommen; aber das beweist noch nicht nothwendig die Steuerpflicht, denn das Einkommen bildet nur die
Grundlage und Quelle, zum Theil auch den Maassstab für
diese Steuerpflicht, nicht aber deren Begründung, welche
vielmehr in der Theilnahme an den Wohlthaten der Staatsexistenz
zu suchen ist, wenn auch diese Wohlthaten direkt unmessbar
sind, und somit wieder keinen Maassstab der Besteuerung
bilden könnten[2]). Und in Bezug auf die Theilnahme an diesen
Wohlthaten stehen sich doch ein ausländischer Besitzer inländischer, im Lande gelegener, mit allen Einrichtungen
des bezüglichen Staates innig zusammenhängender Sachkapitalien, — und ein ausländischer Verleiher kosmopolitisch
fluktuirender Geldkapitalien auf keinen Fall gleich!

Freilich giebt es Staaten, wie z. B. Frankreich und England, wo man sich mit Rücksicht auf die überwiegenden
Nationalanlehen über obige prinzipielle Skrupeln füglich hin-
wegsetzen könnte; freilich wird man weiters dieselben z. B.

[1]) Ich spreche absichtlich blos vom Wohnsitze, denn die rein
politische Frage der Staatsbürgerschaft ist für das Finanzwesen
gleichgiltig.
[2]) wie es diejenigen Finanzschriftsteller wünschen, welche die Steuer
als unmittelbare Vergeltung der Staatswohlthaten, als Versicherungsprämie
betrachten.

bei der Besteuerung von Bank- und Versicherungsgesellschaften nicht zu berücksichtigen brauchen, da hier die E i n k o m m e n - s t e u e r a u s l ä n d i s c h e Aktionäre erfahrungsgemäss nur a u s n a h m s w e i s e treffen würde [1]); freilich ist auch schliesslich noch hervorzuheben, dass, wenn man je einmal auch die Produktionssteuern in Shedula's der Einkommensteuer umwandeln würde, sich Bedenken herausstellen müssten, ob denn dann auch ausländische Besitzer von inländischen Grundstücken, Häusern und gewerblichen Unternehmungen zur Steuer herangezogen werden dürfen. Letzteres ist sogar ein sehr trifftiger p r a k t i s c h e r Grund für die Beibehaltung der besonderen Produktionssteuern [2]), da ja grade hier die Konsequenzen einer unnatürlichen Verwischung der Unterschiede zwischen Sach- und anderen Kapitalien recht schroff zu Tage treten würden. Trotz alledem aber kann man in Staaten, welche, wie z. B. Oesterreich, auf ausländische Gläubiger in bedeutendem Maasse gewiesen sind, die Form der Couponssteuer nicht vertheidigen. Denn sogar in dem Falle, wenn man mit der Einführung einer allgemeinen Einkommensteuer die Geldkapitalien den Sachkapitalien fälschlich gleichstellen und weder hier noch dort die Ausländer p r i n z i p i e l l ausnehmen wollte, sogar in diesem Falle würde ein bedeutender p r a k t i s c h e r Grund gegen die Couponssteuer sprechen, nämlich : d i e E r h a l t u n g d e s S t a a t s k r e d i t e s. Ich wiederhole nochmals, dass ich, aus-

---

[1]) Wer schon ausländische Papiere haben will, der kauft viel wahrscheinlicher die mehr reale Grundlage besitzenden Eisenbahn- oder Industrieaktien, als Aktien von Bank- oder Assekuranzgesellschaften, deren Schicksal lediglich von der, vom Auslande her unkontrollirbaren Verwaltung abhängt. Es wäre denn, dass es sich um Spieleffekten handelte. Nun aber die Dividende aus den Industrieaktien im Allgemeinen unterliegt der Gewerbesteuer, welche unterschiedslos im Wege der Direktion erhoben werden kann, da sie ja als Ertragssteuer Ausländer nicht auszuscheiden braucht. Letzteres ist auch ganz richtig, da ja Transport- und Industrieunternehmungen als solche viel mehr mit dem betreffenden Staatsgebiete und dessen Einrichtungen zusammenhängen, als die gewissermaassen kosmopolitischen Bank- und Assekuranzanstalten.

[2]) unter den oben ausgeführten Modalitäten.

genommen den Fall einer ausdrücklich stipulirten Steuerfreiheit, für ein derartiges Privileg der Staatsgläubiger durchaus
nicht plädire, wenn es auch bekannt ist, dass diese letzteren
Herren alsogleich über „Staatsbankrott" und dergl. mehr
jammern, sobald man nur von ihnen fordert, dass sie gleich
andern Staatsbürgern zur Erhaltung des Staates, von dessen
Säften sie leben, beitragen. Aber selbst dann, wenn sich
letzterer Grundsatz auch auf die ausländischen Gläubiger an-
wenden liesse, müsste man sich gegen die Couponssteuer, und
zwar wegen deren gehässigen Form, erklären. Sie wird nämlich so erhoben, dass man sie bei Auszahlung der Zinsen abzieht: dadurch wird natürlich die bedungene Höhe der Zinsen
um den Betrag der Steuer vermindert, r e d u z i r t. Wiewohl nun
dieses an sich ebenso wenig eine Ungerechtigkeit ist, wie das nicht
abzuläugnende Faktum, dass auch die Grundbesitzer sich eine
„Reduktion" des Grundertrags, die Fabrikanten eine „Reduktion"
des Fabriksertrags und dergl. durch den Staat in Folge der
betreffenden Besteuerung gefallen lassen müssen. so wissen
doch die Rentenbesitzer aus dem Schlagworte „Zinsenreduktion",
was gleichbedeutend mit dem Vertragsbruche sein soll, so viel
Kapital zu schlagen, dass ein Staat, der die Couponssteuer
eingeführt hat, schliesslich im In- und Auslande als bankrott
verschrieen wird, — und d a s ist dann der entscheidende praktische Grund gegen die allerdings sehr bequeme und verläss-
liche Couponssteuer.

Es frägt sich nun aber: nachdem die Besteuerung der
Staatsgläubiger dennoch wünschenswerth ist, w i e soll dieselbe
durchgeführt werden? und k a n n sie irgend wie g e n a u vorgenommen werden? Leider vermag letztere Frage nicht be-
jahend beantwortet zu werden, doch werden hiedurch die Staatsgläubiger, resp. ihr Einkommen als Shedula II d. nur in gleiche
Reihe mit allen andern in die zweite Hauptgruppe gehörigen
und hier noch nicht besprochenen Shedula's, also mit Shedula: I c., II b., II e. und II f., gestellt. Gerade wie man ohne
Couponssteuer das Einkommen der Staatsrentenbesitzer nicht
genau ermitteln kann, ebenso wenig kann es an und für sich
bei allen nicht öffentlich besoldeten liberalen Berufsarten, bei

Privatbediensteten [1]), bei Privatbankieren, bei allen nicht intabulirten Privatgläubigern, bei allen Gutspächtern, — geschehen. Was soll da also der Staat thun? wie soll er die Einkommensteuer erfolgreich auflegen?

Zwei Mittel sollen ihm bekanntlich dabei behilflich sein: vor Allem die *Fassion*, das Einkommensbekenntniss, welches dem persönlichen Charakter der Einkommensteuer am nächsten liegt. Es ist nicht zu läugnen, dass die Fassion desto weniger geringzuschätzen ist, je mehr das Bewusstsein der Staatspflichten in alle, oder doch wenigstens in die höheren Schichten des Volkes gedrungen ist. Indessen sind wir in Europa mit dem Patriotismus bei Weitem noch nicht dahin gelangt, dass die blosse Fassion bei der Einkommensteuer ausreichen sollte: ausgenommen die Zeiten einer nationalen Extase, ist heutzutage der Patriotismus leider mehr Phrase, als Opferwilligkeit, so dass in grossen Staaten die Steuern einfach erzwungen werden müssen [2]). Es ist denn auch bekannt, dass die ehrlichsten Leute, welche in ihrem ganzen Leben nicht die geringste strafbare That sich sonst haben zu Schulden kommen lassen, ohne die mindesten Skrupeln falsche Fassionen erlegen, ohne auch nur auf die Idee zu kommen, dass, wenn nicht gesetzlich, so doch moralisch der Betrug sich gleich bleibt, ob er an Privaten oder aber am Fiskus begangen wird. Die Fassion kann somit als ausschliesslicher Faktor der Eruirung des Einkommens auf keinen Fall angenommen werden [3]); und wenn man dann auch streiten

---

[1]) Der Staat kann zwar von den Dienstgebern Ausweise über bezahlte Gehalte und Pensionen fordern, wie es z. B. §. 9, Abs. 3 des österr. Gesetzentwurfes einer Rentensteuer vorschreibt; allein diese Ausweise sind nicht so dokumentirt, wie z. B. die von Aktiengesellschaften, stehen somit auf gleicher Stufe mit der gewöhnlichen Fassion.

Bisher übrigens stehen die Sachen in Oesterreich so, dass mir sogar Aktiengesellschaften bekannt sind, deren Beamte selber ihre Gehalte falsch fatiren, ohne dass die Behörden an eine Kontrolle durch die Rechnungsbücher der Gesellschaften denken.

[2]) Ich denke hier natürlich nicht an die förmliche Exekution.

[3]) Vergl. darüber die verschiedenen Ansichten in den „fünf Gutachten“,

mag, ob sie blos zu einem subsidiären Aushilfsmittel nach
dem Wunsche Held's[1]) degradirt werden, oder aber umgekehrt auf dem Hauptplane stehen soll, — irgend ein anderer, ihr ko- oder subordinirter Faktor muss doch noch geschaffen werden. Dieser liegt bekanntlich in den *Schätzungskommissionen*, über deren Zusammensetzung man dann wieder
streitet[2]). Ich bin mit Held für eine Präponderanz der
Regierungselemente in den Kommissionen[3]), und finde auch
kein zu grosses Unglück darin, wenn die internen Vermögens-
verhältnisse der Steuerträger, namentlich der falsch fatirenden,
durch die Kommissionen etwas durchstöbert werden[4]). Es
sollten auch nicht allgemeine, sondern für jede Shedula besondere Kommissionen aus den jeder betreffenden Shedula
angehörigen Steuerträgern gebildet werden, weil nur bei solchen
Mitgliedern die Kenntniss der Verhältnisse des Fatirenden
und ein Interesse an richtiger Besteuerung vorausgesetzt
werden kann.

Nichts destoweniger darf man sich aber doch nicht der
Hoffnung hingeben, dass durch das vereinbarte Wirken von
Fassionen und Schätzungskommissionen auch nur entfernt ähn-
liche Erfolge in der Besteuerung der zweiten Hauptgruppe der
Einkommensarten erzielt werden könnten, wie in den wenigen
Fällen (bei der ersten Hauptgruppe), wo der Staat genaue
Ausweise über die Einkommenshöhe sich verschafft. Es ist
nämlich unmöglich anzunehmen, dass, abgesehen von dem un-
wahrscheinlichen Ausnahmefalle einer gewissenhaften Fassion,
durch Vermittelung irgend einer noch so richtig zusammen-

[1]) „Einkommensteuer" wie ob. S. 231.
[2]) Vergl. auch darüber die fünf Gutachten.
[3]) In den Oesterreichischen Gesetzen ist es in der letzteren Zeit üblich, die Hälfte der Mitglieder und den Vorsitzenden durch die Regierung
ernennen zu lassen.
[4]) Vergl. dazu in Wołowski's Rede über die Einkommensteuer, wie
oben auf S. 28—29, die etwas mysteriöse Versicherung, dass die Mitglieder
der Schätzungskommissionen in England keine Kenntniss von den Ver-
mögensverhältnissen der Steuerträger haben. Es bezieht sich dies wohl
auf das Gesammteinkommen, welches natürlich beim Systeme der
Shedula's nicht erforscht, also auch nicht kennen gelernt wird.

7*

gesetzten Kommission das Einkommen mit einer, wenn auch nur relativen Genauigkeit eruirt werden könnte. Dies gilt nun vorerst für die ganze zweite Hauptgruppe im Allgemeinen, also für alle fünf dahin gehörigen Shedula's, ist aber wieder am schlimmsten sowohl bei den Privat- als den Staatsgläubigern. Hier ist an eine Wirksamkeit der Fassionen und Schätzungskommissionen nicht mehr im Entferntesten zu denken; denn während man z. B. beim Advokaten, beim Arzte nach dem bekannten Umfange seiner Klientel, beim Pächter nach seinen offenstehenden Saaten oder überhaupt Produkten sich richten kann, während ein Privatdienstgeber kein Interesse hat, einen zu grossen Theil der bezahlten Gehalte zu verschweigen, — ist bei den Gläubigern beider Arten nicht der geringste Anhaltspunkt für eine Beurtheilung der Fassion, resp. für eine Schätzung gegeben [1]. Auf diese Weise ginge aber von der Einkommensteuer gerade diejenige Volksklasse beinahe ganz frei aus, welche das arbeitsloseste Leben führt, und nicht mit Unrecht als die anmaassendste Beherrscherin aller anderen Volksklassen betrachtet wird [2].

Aus der Betrachtung dieser Schwierigkeiten der Einkommensschätzung soll durchaus nicht etwa ein Aufgeben der Einkommensteuer, wenn auch nur für die schwer einzuschätzenden Einkommensgruppen, gefolgert werden. Ich wiederhole nochmals, dass ich nach dem Vorbilde der ersten Finanzgrössen unserer Zeit und aus eigener Ueberzeugung zugleich eine rationelle, partielle Einkommensteuer für den grössten Fortschritt im Finanzwesen halte, — so zwar, dass nicht nur alle Produktionssteuern sich ihr nähern sollen, sondern auch von den übrigen Einkommensarten nur solche von der Einkommensteuer gänzlich frei sein dürfen, welche, wie die der

---

[1] Sich auf die Fassion der Schuldner verlassen, hiesse das Abhängigkeitsverhältniss derselben zu den Gläubigern verkennen; die Klaglosigkeit nicht versteuerter Privatforderungen aber ist jeden Falls ein zweifelhaftes Problem. Englands Stempelgesetzgebung bietet hier freilich einige Analogie.

[2] Vergl. diesfalls z. B. Samter, „Die Reform des Geldwesens", Berlin 1869.

Arbeitsklassen, a b s o l u t nicht zu erforschen sind. Allein das
wird man sich Angesichts obiger Schwierigkeiten nicht verhehlen dürfen, dass die Einkommensteuer die ihr von S t e i n
zugedachte Rolle einer a u s g l e i c h e n d e n , d. i. d i e F e h l e r
a n d e r e r S t e u e r n b e r i c h t i g e n d e n Steuer nicht erfolgreich
spielen kann[1]). Diese Aufgabe könnte nur eine solche Steuer,
welche nach einem angenommenen Maassstabe A l l e in gleichem
Maasse zu treffen vermöchte, gehörig erfüllen; und dieses ist nach
dem Obigen eben bei der Einkommensteuer nicht im Entferntesten der Fall. Im Gegentheile, s i e s e l b e r b e d a r f e i n e r
a n d e r w e i t i g e n A u s g l e i c h u n g , e i n e s C o r r e k t i v s insofern, als sie nothwendig die einen, und zwar gerade die
steuerfähigsten Einkommensarten weniger genau belasten muss,
als andere, und als sie einige sogar durchaus nicht zu fassen
vermag.

Wo nun aber dieser ausgleichende Faktor für alle Steuern,
namentlich aber für die dessen am meisten bedürftige Einkommensteuer zu suchen ist, dafür geben instinktmässig einen
leisen Fingerzeig die oft in Verlegenheit befindlichen Schätzungskommissionen. Haben sie nämlich keine anderen Anhaltspunkte, so schauen sie auf den Aufwand, auf die K o n s u m t i o n
des Steuerpflichtigen. Und eben diese Konsumtion, als Faktor
der Besteuerung, führt uns auf

die dritte Steuergruppe, **die Konsumtionssteuern.** Vom
geschichtlichen Standpunkte aus, sollte man eigentlich mit
S t e i n insoferne die Konsumtionssteuern v o r der Einkommensteuer behandeln, als letztere zweifellos die jüngste, die
modernste Auflage ist. Allein ich gehe von dem in der

---

[1]) Dieser Ansicht huldigte auch ich früher (S. den II. Band meiner
„Studien über die Einkommensteuer"). — Eine gleiche Rolle ist auch nach
den neuen österr. Regierungsentwürfen der „Personaleinkommensteuer" zugedacht. Vergl. im Entwurfe S. 2, al. 2 u. a. a. O. Sie soll auch ganz
nach Stein's Vorschlägen alle Bürger ohne Rücksicht auf anderweitig bezahlte Steuern treffen; und der Vorwurf der doppelten Besteuerung soll
durch die sophistische Bestimmung behoben werden, dass bei der Ein-
kommensteuerfassion die anderweitig bezahlten Steuerbeträge unter den
Kosten sollen abgezogen werden dürfen!

neuesten Finanzwissenschaft anerkannten Grundsatze aus, dass
jeder Staatsbürger, der doch die Wohlthaten des Staatsbe-
standes sieht, oder wenigstens sehen sollte, auch b e w u s s t,
also womöglich d i r e k t zur Bestreitung der Staatsauslagen
Opfer bringen soll. Deshalb müssen alle sog. direkten, somit
die Einkommen- resp. Produktionssteuern als R e g e l, dagegen
die sog. indirekten, d. h. eben die Konsumtionssteuern, als
s u b s i d i ä r betrachtet werden, — und deshalb führe ich diese
zu allerletzt auf, um so mehr, da ich sie eben als ausgleichenden Faktor ansehe. Freilich ist diese subsidiäre Ausgleichung
in recht grosser -Ausdehnung nöthig; ist man aber gezwungen,
diese Nothwendigkeit einzusehen, dann ist es viel gescheiter,
sich eben in die g a n z e diesfalls nöthige Ausdehnung zu
fügen, und in diesen Grenzen nach rationellen Formen für die
genannten Steuern zu forschen, als, wie es in der Regel geschieht, vor lauter Angst vor den nicht zu verkennenden
Schwächen der Konsumtionssteuern, diese letzteren auf ein
Minimum zu reduziren zu trachten, wodurch eben eine u n -
g l e i c h m ä s s i g e Ausgleichung der direkten Steuern, somit
eine ungleichmässige B e s t e u e r u n g, d. h. gerade das Gegentheil von dem, was man durch die Ausgleichung erzielen will,
bewirkt werden muss. Gewöhnlich nämlich fasst man die Konsumtionssteuern einseitig als eine blosse Steuer auf den direkt nicht
zu erfassenden mechanischen Lohn auf, daher S t e i n sie auch
Arbeitssteuern nennt; hierdurch werden sie allerdings einer
sehr weiten Reduktion fähig, nehmen aber gerade in dieser
ihrer einseitigen Ausdehnung an recht odiösen Schattenseiten
zu. Doch, wäre es wirklich möglich, irgend welche Konsumtionssteuern nur auf die Arbeiterklassen zu beschränken, so hätten
sie wenigstens den Schein der Vervollständigung eines mangelnden Gliedes im Systeme. Allein es gibt keinen Konsumtionsgegenstand, den neben den niederen nicht auch die mittleren
und höheren Klassen verzehren würden; wird also derselbe
besteuert, so werden nicht nur die noch nicht besteuerten
Arbeiter, sondern auch andere, schon direkt besteuerte Personen
dadurch getroffen. Bei den letzteren könnte so eine Belastung
nicht anders, denn als eine Ausgleichung, als Korrektiv der

schon bezahlten Steuern gelten: muss aber demnach eine solche
Mehrbelastung, eine Ausgleichung schon nothwendig stattfinden,
so gebietet es die Gerechtigkeit, sie für Alle gleichmässig und
systematisch einzurichten, weil sonst, wie gesagt, noch grössere
Ungleichheiten bewirkt werden würden. Nach dem heutigen
Stande der Wissenschaft gäbe es somit meiner Ansicht nur
zwei Alternativen: entweder will man alle Konsumtionssteuern
aufheben und blos direkte Besteuerung einführen — was prinzipiell sehr schön, doch undurchführbar ist —, oder man gibt
im Widerspruche zur bisherigen Praxis eine doppelte Aufgabe der Konsumtionssteuern zu, nämlich: 1) die direkt
nicht besteuerten Einkommensarten zu treffen, und 2) die auf allen
andern Einkommensarten bestehenden direkten, doch naturgemäss unvollkommenen Steuern auszugleichen. Lässt man
die zweite Alternative zu, dann ist ein ganzes System
von Konsumtionssteuern mit der Luxussteuer in
deren Mitte nicht zu vermeiden.

Um indessen dasselbe darzustellen, muss man diese ganze
Steuergruppe vorerst kurz charakterisiren. Die Konsumtionssteuern basiren auf der Voraussetzung, dass jeder persönlichen Auslage ein Einkommen zu Grunde liegt, indem ja in
der Regel nicht die Kapitalien, sondern die Einkünfte aus
denselben für die Befriedigung persönlicher Bedürfnisse verwendet werden sollen[1]. Von dieser durchschnittlich richtigen
Voraussetzung gelangt man dann zu dem eben so trifftigen
Schlusse, dass, wenn man die Konsumtionsgegenstände besteuert, man dadurch dasjenige Einkommen trifft, dessen Existenz eben durch die Konsumtion jener Gegenstände bewiesen
wurde. Freilich sind schon die meisten so dargethanen Einkommensarten schon direkt besteuert, daher denn die Wahl
der zu treffenden Konsumtionsgegenstände nichts weniger als
gleichgiltig ist; an und für sich aber ist obiger Schluss selbst
für den Fall nicht aufzugeben, wenn Jemand mit oder ohne
eigenes Verschulden manche persönlichen Auslagen aus dem

---

[1] Dagegen könnten den wirthschaftlichen Auslagen (der Sach-
konsumtion) auch Kapitalanlagen zu Grunde liegen.

Kapitale bestreitet, sonst würde ja, wie schon bei anderer Gelegenheit erwähnt wurde[1]), der Staat die schlechte Wirthschaft in ungerechtfertigter Weise begünstigen.

Die Konsumtionssteuern wurden oben schon mehrmals den „direkten" Steuern entgegengesetzt, so dass sie selber als „indirekt" erscheinen. Diese letzteren Begriffe müssen nun um so gewisser hier vorerst festgestellt werden, als sie für die Luxussteuer von Bedeutung sind, während weder Theorie noch Praxis über dieselben einig ist. In der Praxis ist übrigens die Eintheilung in direkte und indirekte Steuern insoferne von geringerem Belange, als z. B. in Oesterreich zu letzteren diejenigen gehören, welche im Gesetze ohne Rücksicht auf die wissenschaftliche Terminologie als indirekt bezeichnet werden. Dagegen bietet die Theorie in dieser Richtung genauere Anhaltspunkte und kennt sogar viele wissenschaftliche Definitionen der direkten und indirekten Steuern, von denen jedoch der Kürze halber blos zwei hier angeführt werden: die eine als die gangbarste, die andere als die (nach meiner Ansicht) beste. Ich glaube nämlich, dass obige Begriffsbestimmung davon abhängen muss, worin man bei den indirekten („mittelbaren") Steuern die „Vermittlung" sehen will. Wenn man also gewöhnlich *direkt* diejenigen Steuern, welche unmittelbar von dem eigentlichen Steuerträger erhoben werden, nennt, wogegen die *indirekten* Steuern nicht vom eigentlichen Steuerträger, sondern von einer andern Person, welche selbe auf den ersteren zu überwälzen hat, erhoben werden sollen, — so stellt man sich das Verhältniss derart vor, dass hier eine Person die Vermittlerrolle zwischer dem Staatsschatze und der Person des eigentlichen Steuerträgers übernimmt. Man kann aber dieses Verhältniss auch anders konstruiren, indem man nämlich die etwas zu abstrakte Definition Stein's[2]) ein wenig popularisirt und dem hier vorwaltenden obersten Gesichtspunkte anpasst. Man könnte dann als *direkt* diejenigen Steuern bezeichnen, welche unmittelbar auf das

---

[1]) im zweiten Abschnitte.
[2]) Wie oben I. Aufl. S. 187—188.

prinzipiell zu belastende Element, nämlich auf das Einkommen, gelegt werden, wogegen *indirekt* diejenigen Steuern wären, welche, da das bezügliche Einkommen nicht oder nicht ganz zu eruiren ist, auf Gegenstände gelegt werden, deren Konsumtion die Existenz dieses unerforschlichen Einkommens beweist. Nach dieser Auffassung treten also G e g e n s t ä n d e als Vermittler zwischen dem Staatsschatze und dem E i n - k o m m e n auf.

Obwohl nun die letztere Definition in der praktischen Anwendung nur um ein Weniges von der ersteren divergirt, so bin ich doch für jene aus zwei Gründen. E r s t e n s entspricht sie dem prinzipiellen Sachverhalte bei der Besteuerung. Die Steuer soll ja eben aufs E i n k o m m e n gelegt werden: daher die direkte Einkommensteuer ja das Ideal der Besteuerung ist, daher die unmittelbare Besteuerung des Einkommens überhaupt, d. h. eben die d i r e k t e Besteuerung, die Regel bilden soll. Wo man nun ausnahmsweise irgend ein Einkommen entweder gar nicht oder nicht mit der gehörigen Genauigkeit erforschen kann, da ergreift man die Zuflucht zu dem Aushilfsmittel der Konsumtion: durch die Besteuerung der letzteren will man aber m i t t e l b a r das eigentliche Ziel, das Einkommen erreichen. Z w e i t e n s hat die ältere Definition die schwache Seite, dass nach ihr eine und dieselbe Steuer, ohne dass sie sich wesentlich auch nur um ein Jota geändert hat, blos durch einen zufälligen Wechsel in der Person des Zahlenden bald direkt, bald indirekt sein kann. So wäre z. B. die anerkanntermaassen direkte Gewerbe- oder Einkommensteuer indirekt, sobald man die Aktionäre durch die bekannte Vermittlung der Aktiengesellschaft besteuert; Aehnliches wird am andern Orte von der Luxussteuer gezeigt werden [1]). Dagegen sind nach unserer Definition alle Konsumtionssteuern indirekt und alle Produktions- so wie Einkommensteuern direkt, was nur der Vereinfachung der Verhältnisse dienlich sein kann.

---

[1]) Dem Verfasser passirte es bei einer Staatsprüfung, dass ein Kandidat, um ein Beispiel einer indirekten Steuer (welche er nach alter Weise definirt hatte) befragt, eine durch den Gutspächter bezahlte Grundsteuer anführte!!

Anschliessend nun an die Definition der indirekten Steuern frägt es sich nur noch, welche Einkommensarten nicht anders, als durch Vermittlung von Konsumtionsgegenständen getroffen werden können. Man erinnert sich wohl, dass unter den direkten Steuern Produktionssteuern dort angezeigt sind, wo mehr das Kapital, dagegen die Einkommensteuern dort, wo die Person mehr in den Vordergrund tritt, d. h. sichtbar, somit vom Staate erfassbar ist. Nun gibt es:

1) Einkommensarten, bei denen weder die Person noch das Kapifal sichtbar sind: dies ist der Fall bei der naturgemäss flottirenden, an feste Wohnsitze nicht gebundenen Arbeiterbevölkerung [1]. Der mechanische Arbeitslohn wurde denn auch oben von der direkten Besteuerung gänzlich freigelassen und das geschieht auch zumeist in der Praxis. Aber es ist

2) das Kapital bei den Produktions- und noch mehr die Person bei den Einkommensteuern nicht immer in dem Grade sichtbar, dass man dort den Ertrag, und noch mehr hier das Einkommen immer mit der gehörigen Genauigkeit erforschen und besteuern könnte. Insoferne dieser Mangel an Sichtbarkeit eintritt [2], ist das Verhältniss ein analoges, wie beim Arbeitslohne, und so hat sich denn oben namentlich die Einkommensteuer in vielen Shedula's als sehr unvollkommen, als sehr ergänzungsbedürftig herausgestellt.

In diesen zwei Fällen, welche ganz genau der obigen

---

[1] Dies gilt hauptsächlich von den industriellen, zum grossen Theile aber auch von den ländlichen Arbeitern. Daher führte man ja in Preussen die an sich übrigens irrationelle Mahl- und Schlachtsteuer für die 83 Städte ein, daher aber auch die unendlichen Schwierigkeiten bei der Erhebung der niedrigsten Klassen der Klassensteuer. S. hierüber in den „fünf Gutachten" auf S. 10—11.

[2] Kapitalisten z. B. sind oft in der Bedeutung „unsichtbar", dass man sie zwar als Menschen, aber eben nicht als Kapitalisten kennt. Daher die Schwierigkeit ihrer Besteuerung, da man ja auch die Höhe ihres Kapitals nicht kennt, selbst wenn man weiss, dass sie es besitzen.

doppelten Aufgabe der Konsumtionssteuern (S. 103) entsprechen, für diese zwei Gruppen von Einkommensarten haben die Konsumtionssteuern zu wirken, und da ist nicht zu verwundern, dass oben ein System derselben gefordert wurde. Welches soll nun dieses System sein?

Alle Konsumtionssteuern zerfallen zunächst in zwei Hauptarten, je nachdem die im Inlande zu konsumirenden Gegenstände im In-, oder im Auslande produzirt worden sind. Im ersten Falle hat man es mit den *inländischen Konsumtionssteuern*, im zweiten mit den *Zöllen* (Einfuhrzöllen) zu thun. Die inländischen Konsumtionssteuern theilen sich wieder je nach der Bedeutung der Gegenstände für die Konsumtion in: a) *Steuern von unentbehrlichen* b) *Steuern von entbehrlichen Gegenständen*, und c) *Luxussteuern*. Die Besprechung der in die bezüglichen Arten gehörigen Gegenstände wird uns auf logischem Wege zur Luxussteuer führen.

Hat man blos den mechanischen Arbeitslohn vor Augen, so könnte es scheinen, dass man ihn am sichersten und am entsprechendsten durch die Besteuerung v o n u n e n t b e h r - l i c h e n L e b e n s b e d ü r f n i s s e n, als da: Pflanzen- und thierische Nahrung, Salz, Wohnung, Feuerung, Licht, Seife und dergl. treffen könne. Und in der That müssen diejenigen Nationalökonomen, welche so einstimmig den Begriff, ja auch nur den Ausdruck „Reineinkommen" verurtheilen, die besten Fürsprecher der Besteuerung obiger Gegenstände sein. Denn wenn eben das „Einkommen" kurzweg besteuert werden soll, so ist kein trifftiger Grund anzuführen gegen die Belastung von Gegenständen, deren Konsumtion o h n e a l l e n Z w e i f e l ein „Einkommen", und zwar ein noch nicht besteuertes, beweist. Der Arbeiter hat ja nicht mal ein materielles Kapital, woraus er etwa Mangels Einkommens sich Nahrung und dergl. verschaffen sollte: entweder hat er kein Einkommen, dann wird er zum Bettler oder stirbt Hungers, oder aber er h a t e i n Einkommen, einen Lohn, dann kauft er dafür allerlei unumgängliche Verzehrungsgegenstände ein. So gibt es denn namhafte Nationalökonomen, S t e i n nicht ausgenommen, welche sich nicht scheuen, diesen sogen. „*Verzehrungssteuern*" von Nahrungsmitteln [1]) das Wort zu reden.

Dieser Ansicht kann ich nun nicht beipflichten. Ich gehe von dem Standpunkte aus, dass, wenn der Staat auf d a u e r - h a f t e n Steuereingang rechnen will, er eben blos das r e i n e oder das sog. f r e i e Einkommen, d. i. den Ueberschuss nach Abzug sowohl der Produktions- als auch der persönlichen Erhaltungskosten, belasten dürfe. Dieser vermeintliche V o r - r a n g der Erhaltungskosten der Bürger vor den Steuern thut der Autorität des Staates keinen Eintrag, da es ja eben das eigene Interesse des Staates, a l s e i n e r p r i n z i p i e l l e w i - g e n I n s t i t u t i o n erfordert, die Dauer der Kapitalien resp. des Einkommens der Bürger ja nicht zu gefährden. Freilich ist es nicht immer möglich obigen Grundsatz zu verwirklichen: so kann man z. B. bei den Produktionssteuern, welche blos den E r t r a g treffen, schon deshalb von keinen persönlichen Unterhaltungskosten sprechen, weil man dort mit keiner Person unmittelbar zu thun hat; so ist es bekanntlich sehr schwer, bei den durch Vermittlung der Gesellschaften zu besteuernden Aktionären ein Existenzminimum zu berücksichtigen u. s. w. Wenn man jedoch in diesen Fällen, da man es mit vermögenden Leuten zu thun hat, nicht so sehr zu besorgen braucht, dass durch die Steuer das Einkommen zu sehr beeinträchtigt, oder gar das Kapital angegriffen werden könnte, — so muss man dafür um so mehr, um weiteren und viel grösseren Ungerechtigkeiten vorzubeugen, die Besteuerung von Gegenständen vermeiden, bei denen es von vornherein feststeht, dass sie eben n i c h t aus dem Reineinkommen angekauft werden, dass ihre Konsumtion bei Reichen sowohl, a l s a u c h n a m e n t l i c h b e i d e n A r m e n zu den unentbehrlichen Erhaltungskosten gehört. Daher kommt es denn auch, dass selbst die Gegner des Begriffes „Reineinkommen" sehr oft dennoch die Verzehrungssteuern von unentbehrlichen Gegenständen aus dem

---

[1]) In Oesterreich gab es übrigens bis 1874 noch, und zwar in Wien, eine Verzehrungssteuer (sic!) von Baumaterialien z. B. Ziegeln etc. Der Einkauf derselben sollte ein Einkommen beweisen!!

praktischen Grunde bekämpfen, weil dieselben hauptsächlich die Armen belasten, folglich eigentlich in einer „Progression nach unten" aufgelegt erscheinen [1]).

Ob man nun also von unserem prinzipiell'en Standpunkte [2]), oder aber wenigstens vom letztbezeichneten praktischen Standpunkte ausgeht, immer dürfte die Mehrzahl der Nationalökonomen schliesslich doch dahin sich einigen, dass die früher aufgeführten unentbehrlichen Gegenstände [3]) in der Regel von der Besteuerung auszunehmen sind. Daraus folgt übrigens durchaus nicht, dass man hiemit die Arbeiterklasse als Ganzes von jedweder Steuerlast befreien solle, wie es Manche in übergrossem Eifer gegen die Verzehrungssteuern und für das Wohl der Arbeiterklassen verlangen. Im Gegentheile, nach dem richtigen Grundsatze, dass die Steuer eine allgemeine Staatspflicht für die allgemeinen Staatswohlthaten ist, müssten eigentlich Alle ohne Ausnahme Steuern zahlen, da ja doch Alle ohne Ausnahme, wenn auch in verschiedenem Verhältnisse, an den Wohlthaten der Staatsexistenz Theil nehmen. Und es gibt auch in der That äusserst wenige Personen, selbst unter den Bettlern und Kindern, welche nicht zu der Steuer herangezogen werden könnten, ohne dass man gerade zu einer Kopf- oder Klassen- oder zu obigen Verzehrungssteuern Zuflucht zu nehmen brauchte. Es geschieht das nämlich mit Hilfe der Konsumtionssteuern von entbehrlichen Gegenständen.

Der Uebergang von den unentbehrlichen Konsumtionsgegenständen zu den zu besteuernden entbehrlichen bilden diejenigen von den ersteren, welche ausnahmsweise, unter gewissen Umständen gewissermaassen Luxuselemente in sich enthalten. Wenn nämlich das Essen und die Wohnung an und

---

[1]) Vgl. hierüber namentlich in dieser Richtung vertretene Ansichten in den „fünf Gutachten."

[2]) nämlich Besteuerung des Reineinkommens.

[3]) Die Wohnung werden wir übrigens noch anderwärts, und zwar nicht mehr als unentbehrlichen Gegenstand, begegnen.

für sich unerlässlich sind, so folgt daraus noch nicht, dass
wirklich jede diesfällige Auslage zu den nothwendigen Erhaltungskosten gehört, folglich, als kein Reineinkommen be-
weisend, nicht besteuert werden darf. Im Gegentheile, es gibt
— abgesehen vom Salze, das nie einen Luxusartikel bilden
kann [1]), und der Wohnung, die als förmlicher Luxusartikel
später besprochen werden wird — manche essbare Gegenstände, die man füglich als entbehrlich, ja unter gewissen
Verhältnissen sogar als Luxus bezeichnen kann. Die europäischen Finanzverwaltungen wissen hievon sehr gut, wenn
auch freilich nur dazu, um neben den unentbehrlichen Ess-
barkeiten auch diese entbehrlichen zu treffen. In Oesterreich
z. B. ist dies namentlich in den sog. geschlossenen Städten, wo
eine Thorsteuer erhoben wird, der Fall. So finden wir z. B.
in dem Tarife der galizischen Hauptstadt Lemberg (Lwów)
nebst Mehl, Brod, Fleisch, ja auch Seife und Brennmaterialien,
nachstehende Gegenstände angeführt:

Reis — der Centn. best. m. — 1 Fl. 78 kr.
Gemüse — „ „ „ „ — — 15 „
frisches Obst — „ „ „ „ — — 30 „
eingekochtes Obst — „ „ „ „ — — 71 „
Sodann:
Raucherfleisch — „ „ „ „ — 1 „ 49 „
Bessere Sorten v. Fischen — „ „ „ „ — 1 „ 78 „
Schlechtere „ „ — „ „ „ „ — — 59 „
Geflügel — per Stück „ „ — — 8 „
Wilde Vögel — „ „ „ „ — — 18 „
Hirsche — „ „ „ „ — 1 „ 78 „
u. s. w. u. s. w. [2])

Es ist nun allerdings zuzugeben, dass am flachen
Lande und in den kleineren Städten beinahe keiner der

---

[1]) Ueber das Salz vergleiche die Arbeit „das Salz" von Dr. Alfred
Schmidt. 2. Aufl. Leipzig 1874.
[2]) In obigen Steuersätzen ist sowohl die Staatssteuer als auch der
Gemeindezuschlag einbegriffen.

obigen, beispielsweise angeführten Gegenstände als Luxus betrachtet werden kann. Abgesehen vom Reis und dem eingemachten Obste, die wohl vom Landvolke in Mitteleuropa nicht verzehrt zu werden pflegen [1]), — kann sogar jeder Bauer sich Gemüse bauen, Fische im Gemeindewasser fangen, im Gemeindewalde Wild erlegen, sich selbst Räucherfleisch ohne weitere Kosten zubereiten, Obst in seinem Garten pflücken, ja es selber sogar einkochen und dergl. Bei den höheren ländlichen Klassen gehören alle oben angeführten Gegenstände sogar wörtlich in den Kreis der unentbehrlichen Konsumtion, wie dies jeder in die diesfälligen Verhältnisse Eingeweihter einsehen muss. Dagegen kann man wieder nicht läugnen, dass z. B. ausgesuchtere Gemüse- und Fleischarten, dass frisches und eingekochtes Obst und dergl. in die Reihe der Gegenstände gehören, welche in den grösseren Städten von den ärmeren Klassen faktisch entbehrt werden, folglich an und für sich leicht entbehrlich, ja zum Theil sogar luxuriös sind. Besteuert man sie also in grösseren Städten, dann werden von dieser Last in der Regel die höheren Klassen, ausnahmsweise aber auch, soferne ebenfalls Aermere sie verzehren, auch diese und zwar gerechterweise getroffen.

Nur sind, denke ich, obige Gegenstände für eine Staatssteuer nicht passend, da es dem Prinzipe der Gleichheit der Besteuerung doch nicht entsprechen würde, dieselben Gegenstände an dem einen Orte zu besteuern, an einem anderen nicht; dafür könnten aber die Gemeinden, und zwar die der grösseren Städte, obgenannte Verzehrungssteuern auflegen, da ja eben durch Bewohnung einer solchen Stadt jene Verzehrung zum Luxus wird, und man andererseits in grösseren Städten viel mehr Wohlthaten von Kommunaleinrichtungen geniesst, als in kleinen. Uebrigens hätte auch eine derartige Kommunalsteuer die schwächste Seite in ihrer so oft schon verurtheilten Form, da sie ja nothwendig nicht anders, denn als Thorsteuer (Octrois) erhoben werden könnte.

---

[1]) Reis ist übrigens in unserem Klima ein Gegenstand des Zolls, wie später ausgeführt werden wird.

Und wenn man nun noch dazu bedenkt, dass hierdurch ein Zwitterding von Konsumtionssteuern auf entbehrliche und auf Luxusgegenstände entstünde, während doch der Staat in beiden Richtungen viel entschiedenere Steuerobjekte im Vorrathe hat, so kann man füglich diesen Uebergang von den unentbehrlichen zu den entbehrlichen Konsumtionsgegenständen bei Seite lassen. Auf jeden Fall aber muss wenigstens vom Standpunkte der Staatsfinanzen die ganze Gruppe der unentbehrlichen Verzehrungsgegenstände — obwohl durch ihre Vermittelung die von der direkten Besteuerung ausgenommene Arbeiterklasse getroffen werden könnte, oder vielmehr, weil dies in zu hohem Grade geschähe — für steuerfrei erklärt werden.

Anders mit den eigentlichen entbehrlichen Konsumtionsgegenständen. Es wäre wohl für den Freund einer strikten und rücksichtslosen Systematik sehr bestechlich, in die Konsumtionssteuern so eine Ordnung zu bringen, dass etwa: die Besteuerung der unentbehrlichen Gegenstände die Arbeiterklassen, die der entbehrlichen die Mittelklassen, die der Luxusgegenstände die höheren Klassen treffen könnte. Leider aber ist diese Eintheilung, die übrigens den Konsumtionssteuern den Charakter eines Ausgleichungsfaktors gänzlich nehmen würde, nicht durchführbar. Denn die erste Steuer würde alle Bürger, und zwar bekanntlich nicht in ihrem Reineinkommen treffen, die zwei anderen dagegen würden sich auch nicht so strikt an die genannten zwei Klassen anschmiegen wollen. Welche sind denn nämlich jene entbehrlichen Konsumtionsgegenstände?

Man könnte ihrer natürlich sehr viele aufzählen, gerade wie bei den unentbehrlichen; allein es handelt sich hier nicht um die Besteuerung der ganzen entbehrlichen Konsumtion (im Gegensatze zur luxuriösen), sondern um einige Repräsentanten dieser Verzehrung, welche vor Allem jene Lücke im Steuersysteme auszufüllen geeignet wären, die durch die Unerforschbarkeit des Einkommens der Arbeiterklasse entsteht. Während nämlich die Luxuskonsumtion der Reichen sich auf einen unendlichen Kreis von Gegenständen ausdehnt, somit

eine partielle Luxussteuer bekanntlich keinen Sinn hat, ist
der Kreis der der Arbeiterklasse entbehrlichen, aber von ihr
dennoch (was für den Staatsschatz von grösster Bedeutung ist)
stark konsumirten Gegenstände sehr leicht begrenzbar. Die
europäische Praxis hat denn wirklich solche Gegenstände aus-
erlesen, und zwar: drei Hauptgetränke (Wein, Bier und
Branntwein), dann Tabak und Zucker. Diese fünf
Gegenstände sind vor Allem unzweifelhaft entbehrlich:
man kann ein ganz menschenwürdiges Dasein führen, ohne gerade zu trinken, zu rauchen oder Zucker zu geniessen. Ferner
aber sind es Gegenstände, welche an und für sich keinen
Luxus bilden, folglich allen Klassen, d. h. auch den Arbeiterklassen, ja zum Theil auch Bettlern zugänglich sind, und auch
in der That von Allen stark genossen werden [1]. Diese zwei
Eigenschaften jener Gegenstände befähigen die betreffenden
Konsumtionssteuern ganz vorzüglich zur Erfüllung der
ersten Hauptaufgabe der Konsumtionssteuern
überhaupt, nämlich zur Belastung der direkt noch unbesteuerten
Arbeiterklassen. So nehmen die Getränke-, die Tabak- [2] und
die Zuckersteuer die richtige, rationelle, den Konsumtionssteuern, so zu sagen, angeborene Stellung ein: sie vervollständigen, sie ergänzen das direkte Steuersystem in der
Richtung, dass eine Volksklasse, welche allein bei den direkten
Steuern ganz frei ausgegangen ist, dass die Arbeiterklasse
getroffen, zu den Staatslasten herangezogen werde. Und hier
kann nicht mehr eingewendet werden, dass die Verzehrung
der genannten Gegenstände eben so zu den „Produktions-
kosten" der menschlichen Kräfte gehöre, somit steuerfrei sein
solle, wie etwa die von Brod und Fleisch; im Gegentheile,
man kann mit vollem Rechte annehmen, dass, wer Bier oder
Tabak geniesst, hiezu wahrscheinlich einen Theil seines Reineinkommens verwendet. Thut er anders, zwickt er sich z. B.
an unentbehrlicher Konsumtion ab, um Entbehrliches zu ge-

---

[1] Kinder verzehren Zucker, werden also auch mitbesteuert.
[2] Die Form der Erhebung der Tabaksteuer, ob nämlich Monopol oder
eine andere Form, ist hier nicht zu erörtern.

niessen, dann ist dieses Opfer sein· freier Wille, dann ist die Steuereinhebung trotz mangelndem Reineinkommen ganz gerechtfertigt.

Aber nicht nur in dieser Richtung, welche freilich die unvergleichlich grössere Bedeutung hat, ergänzen die Konsumtionssteuern von den fünf entbehrlichen Lebensmitteln [1]) das direkte Steuersystem, — sie thun es auch in anderer Richtung. Es giebt nämlich beinahe keinen Menschen, wess Standes er sein mag, der nicht alltäglich wenigstens Einen jener fünf Gegenstände verzehren würde: der ärmste Arbeiter, ja leider auch jeder Bettler, geniesst wenigstens Branntwein und Tabak; aber auch Leute· von den höheren Ständen geniessen alltäglich Zucker, auch Bier oder Wein; und je vermögender ein Mensch, desto bessere d. h. theurere und, wie wir sehen werden, höher besteuerte Gattungen von Getränken werden bei ihm verzehrt, desto theurere Tabakssorten raucht er. Nicht blos der Arbeiter wird also von der Steuer getroffen, und auf diese Weise zum ersten Male zur Besteuerung herangezogen, sondern auch alle andere Bürger, welche schon direkt besteuert sind, werden diese indirekten fünf Steuern gelegentlich zu tragen haben. Allerdings bildet bei allerlei über der Arbeiterklasse stehenden Ständen (mittleren und höheren) die Auslage für Getränke, Tabak und Zucker ein verhältnissmässig geringeres Perzent aller persönlichen Auslagen, als bei den Arbeitern, so dass von der diesfälligen Steuerlast die Arbeiter jedenfalls stärker getroffen zu werden pflegen [2]). Allein das ist auch nichts weniger als ungerecht, denn die Ergänzung der direkten Steuern soll doch weniger fühlbar sein, als einerseits die zu ergänzenden Steuern selbst, und (als) andererseits die Steuerlast der von den direkten Steuern ganz freien Personen [3]). Aber wiederum ist auf jeden Fall so eine Ergänzung

---

[1]) Die sogen. *Verbrauchssteuern* im Gegensatze zu den obigen Verzehrungssteuern.

[2]) Daher werden die Verbrauchs-, freilich zusammen mit den Verzehrungssteuern, euphemistisch, wie bekannt, auch *Arbeitssteuern* genannt.

[3]) In diesem Falle ist also die „Progression nach unten" schon gerechtfertigt.

nicht nur für die Produktionssteuern, sondern auch namentlich für die Mehrzahl der Shedula's der Einkommensteuer in hohem Grade nöthig, so dass die bezüglichen Steuerträger sich anlässlich der Verbrauchssteuern durchaus nicht über eine ungerechte Belastung oder etwa über eine doppelte Besteuerung beklagen dürfen, — und zwar noch um so mehr, als ja z. B. die Konsumtion des Tabaks und der geistigen Getränke im Belieben eines Jeden steht, folglich streng genommen die Steuer freiwillig gezahlt wird. Auf diese Weise erfüllen die fünf Konsumtionssteuern von den entbehrlichen Gegenständen einen kleinen Theil der zweiten Hauptaufgabe der Konsumtionssteuern überhaupt, nämlich sie gleichen die Last der schon direkt besteuerten Einkommensarten theilweise aus.

Ich sagte „einen kleinen Theil", denn bei dieser Ausgleichungsoperation ist eine gewisse Ungerechtigkeit nach zwei Seiten nicht zu verkennen. Vor Allem giebt es bekanntlich Einkommensarten, welche von der Einkommensteuer so genau getroffen werden, dass ihre Belastung keiner Vervollständigung mehr bedarf: die öffentlichen Beamten, die Bank- und Assekuranzaktionäre, die hypothezirten Gläubiger, ja eigentlich auch die der Gewerbesteuer unterliegenden Aktionäre von Bergbau-, Industrie- und Transportunternehmungen sollten also streng genommen keine Konsumtionssteuern mehr zahlen. Da jedoch bei den indirekten Steuern [1]) Befreiungen logischer Weise unmöglich sind, so sehe ich das einzige Mittel gegen die hieraus resultirende Ungerechtigkeit darin, diejenigen Einkommensarten, welche sich ganz genau erforschen lassen, mit einem niedrigeren Steuerfusse direkt zu belegen, als die anderen Einkommensarten[2]). So eine Forderung kann um

---

[1]) namentlich im Sinne der älteren Definition, aber auch grösstentheils in dem der neueren.

[2]) Dieser niedrigere Steuerfuss könnte aber nichtsdestoweniger auch progressiv dabei sein, worüber am anderen Orte.

Wäre es bei der Gelegenheit nicht geboten, denjenigen, die durch Vorlegung von dokumentirten Handlungsbüchern ihr Einkommen genau darlegen wollen, den niedrigeren Steuerfuss zuzugestehen?!

so leichter bewilligt werden, als wir ja ohnehin keine allgemeine und uniforme Einkommensteuer, sondern das System der englischen Shedula's, welches durchaus keine Uniformität des Steuerfusses unbedingt voraussetzt, befürworten. Würde man sich nun auf eine solche Verschiedenheit (Doppelheit) im Steuerfusse einigen, dann könnten nicht nur die fünf Konsumtionssteuern auch fernerhin ohne Ungerechtigkeit ihres Ausgleichungsamtes walten[1]), sondern es wäre hierdurch zugleich der bekanntlich in Wissenschaft und Praxis noch nicht endgiltig ausgetragene Streit, ob man das sog. „unfundirte‘' Einkommen anders besteuern soll, als das „fundirte"[2]), in der praktischesten und billigsten Weise erledigt. Man brauchte dann nur, nach Ausscheidung der direkt gar nicht zu besteuernden Arbeiterklasse[3]), nicht mehr zwischen fundirtem und unfundirtem, sondern nur zwischen „genau erforschbarem" und „minder genau erforschbarem Einkommen" zu unterscheiden, und ersteres stärker zu belasten, als das zweite. Um die hierbei anscheinend vorkommende Ungerechtigkeit, dass in Folge dessen das fundirte materielle Kapital (z. B. das der Bankaktionäre etc.) mit einem geringeren Steuerfusse belastet wäre, als das unfundirte persönliche (z. B. das der Advokaten, Aerzte etc.), brauchte man sich alsdann gar nicht mehr zu kümmern.

Eine zweite Ungerechtigkeit enthielten die fünf Verbrauchssteuern bei ihrer ausgleichenden Funktion in der Richtung, dass sie in gewisser Beziehung zu kopfsteuerartig wirken, d. h. dass sie die wirklich, aber doch wieder in verschiedenem Grade ausgleichungsbedürftigen Theile der direkten Steuern[4]) nicht nach denjenigen Stufen-

---

[1]) Dann könnten nämlich auch die von der Einkommensteuer genau getroffenen Personen ohne Gefahr einer wirklichen Doppelbelastung die fünf Konsumtionssteuern tragen.

[2]) Vergl. hierüber die „fünf Gutachten".

[3]) welche das Gros des sog. unfundirten Einkommens einnimmt, aber auch keine direkten Steuern, auf die sich ja nur obiger Streit bezieht, zahlt.

[4]) Oben hatten wir es mit den Theilen derselben, die gar nicht ergänzungsbedürftig sind, zu thun.

sätzen ergänzen, als es gerade nöthig wäre. Es zeigte sich
oben, dass die niederen Klassen von jenen fünf entbehrlichen
Gegenständen verhältnissmässig mehr konsumiren und durch
deren Vermittelung somit verhältnissmässig stärker besteuert
werden, als die höheren Klassen im Allgemeinen: letzteres
ist nun erwiesenermaassen sogar gerecht. Aber unter jenen
über der Arbeiterklasse stehenden Schichten giebt es wieder
Unterschiede, welche eine ausgleichende Steuer berücksichtigen
sollte: es giebt dort mittlere und höhere Klassen, es giebt
unter den letzteren wieder Kapitalisten, welche von der Einkommensteuer nur mit grösster Mühe, somit verhältnissmässig
am wenigsten getroffen werden (Shedula II b., II d. u. II e.) [1]),
wiewohl sie die mächtigste Stellung in den heutigen Staaten
einnehmen. Diese Unterschiede vermögen nun in den fünf
Verbrauchssteuern keine genügende Berücksichtigung zu finden.
Man kann nämlich nicht den Grundsatz aufstellen, dass, je
reicher ein Mensch ist, er nothwendig in demselben Verhältnisse mehr raucht, trinkt, oder gar Zucker verzehrt; im
Gegentheile, man könnte — abgesehen schon von reichen
Geizhälsen, denen ja durch die Konsumtionssteuern überhaupt
nicht beizukommen ist — vielleicht nicht mit Unrecht behaupten, dass bei den höchsten Klassen jene Konsumtion
wieder ein viel geringeres Perzent der Gesammtauslagen bildet,
als bei den mittleren [2]). Würden nun in Folge dessen die
mittleren Klassen stärker besteuert, als die höheren und
höchsten, so wäre so eine neuerliche „Progression nach unten" [3])

---

[1]) Auch Shedula I c. und II f. gehören in die zweite Hauptgruppe der
Einkommensarten, welche nämlich nicht genau erforschbar sind; allein die
Verhältnisse eines Arztes, eines Notars, eines Gutspächters etc. liegen doch
viel offener zu Tage, als die eines Kapitalisten, so dass die ersteren eine
verhältnissmässig grössere Einkommensteuer tragen, als die letzteren, obwohl sie nicht die ökonomische und soziale Macht der letzteren besitzen.

[2]) Die grossen Kapitalisten zählen diesfalls bald zu den höheren
(höchsten) Klassen, bald zu den Geizhälsen.

[3]) Oben wurde schon eines ähnlichen Verhältnisses zweimal erwähnt:
als ungerecht ergab sich so eine Progression (auf S. 109.) bei den Ver-
zehrungs-, als gerecht (auf S. 114. Note 3.) in einer gewissen Richtung bei den
fünf Verbrauchssteuern. Hier im dritten Falle wäre sie wieder ungerecht.

wieder ungerecht; denn bei den mittleren Klassen handelt es sich nicht mehr, wie bei den Arbeiterklassen, um ursprüngliche Belastung mittelst der Konsumtionssteuern, sondern gerade so blos um ergänzende Besteuerung, wie bei den höheren. Da müsste also diese Ergänzung bei den letztgenannten Klassen gerechtermaassen intensiver, oder mindestens gleich intensiv sein, wie bei der mittleren, während faktisch das Umgekehrte stattfindet.

Zwar pflegt man diesem Uebel dadurch steuern zu wollen, dass man die besseren Qualitäten der bewussten fünf Gegenstände mit höheren Steuersätzen belegt, da man mit Bestimmtheit annehmen kann, dass mit höherem Reichthume zwar nicht gerade die Quantität, wohl aber die Qualität der konsumirten Gegenstände zunimmt. Allein dieses Mittel reicht bei Weitem nicht aus. Einerseits nämlich wird ein Millionär, selbst wenn er die besten Weine trinkt, die theuersten Zigarren raucht, hiefür schwerlich so ein Perzent seiner Einnahmen verwenden, wie ein Mann aus den mittleren Ständen; andererseits wird ersterer dafür durch seinen Ehrgeiz und seine sozialen und gesellschaftlichen Verhältnisse dahin gedrängt, viele andere, und zwar viel luxuriösere Auslagen zu machen, als die für Tabak und Wein.

Berücksichtigt man nun und kombinirt einestheils und vor Allem diesen letzteren Umstand, dann überhaupt die Unzulänglichkeit der fünf Verbrauchssteuern zur Erfüllung der zweiten, der ausgleichenden Funktion der Konsumtionssteuern überhaupt, berücksichtigt man anderntheils die dennoch so grosse Ergänzungsbedürftigkeit derjenigen Shedula's der Einkommensteuer, welche gerade am meisten zu den Staatslasten beizutragen im Stande wären, — so kann man unmöglich zu einem anderen Schlusse gelangen, als dass zur Vervollständigung des Systems der Konsumtionssteuern und zugleich zur Korrektur der Einkommensteuer natürlicher und logischer Weise die — **Luxussteuer** berufen sein muss.

Es ist in der That sehr befremdlich, dass Angesichts eines so ausgedehnten, ja zu ausgedehnten Systems von Konsumtionssteuern, wie das in Europa übliche, die Luxussteuer so

viele Gegner in Theorie und Praxis gefunden hat. Man kann
es sich wahrlich nur durch die vermeintlichen Schwierigkeiten
der Ausführung, oder vielmehr durch die Unkenntniss der
Möglichkeit ihrer rationellen Durchführung erklären. Denn
wenn man auch von den unentbehrlichen Lebensmitteln, deren
Besteuerung ja grossentheils schon verurtheilt ist, absieht, so
entsteht dennoch immer die Frage, ob denn wirklich kein
logischer Zusammenhang zwischen den Steuern von entbehrlichen und denen von Luxusgegenständen besteht? oder
richtiger: ob denn derjenige, der die ersteren billigt oder
auch nur als Nothübel tolerirt, keine logische Verpflichtung
in Bezug auf die letzteren übernimmt? Es ist wirklich unmöglich, zu begreifen, auf welcher Grundlage man Bier und
Tabak besteuern, dagegen aber z. B. Seidenkleider und Handschuhe steuerfrei lassen will. Ist denn erstere Konsumtion
schädlicher, als letztere? und wenn es so wäre, ist die Steuer
ein Sittenpolizeimittel? oder ist Bier nothwendig entbehrlicher,
als Seide? liegt in dem Ankaufe eines Seidenkleides nicht
mehr Gewähr für die Existenz eines Reineinkommens, als in dem
Ankaufe eines Glases Bier [1])? Ja, wenn das richtig wäre, was
Stein behauptet, dass die Seidenkleider Kaufenden ohnehin
schon direkt von der Einkommensteuer getroffen werden, und
wenn — denn obige Bedingung reicht noch nicht aus —
wenn also die fünf Verbrauchssteuern nur die direkt nicht
besteuerten, d. h. die Arbeiterklassen, treffen würden: ja, dann
liessen sich schon die letzteren Auflagen isolirt, ohne die
Luxussteuern, vertheidigen. Nachdem aber oben nachgewiesen
wurde, dass jene zum Vorwande gegen die Luxussteuern
dienende Einkommensteuer gerade die reichsten Leute nicht
genügend zu treffen vermag, somit in hohem Grade ergänzungsbedürftig ist, — nachdem es ferner bekannt ist, dass die Ge-
tränke-, Tabaksteuern u. s. w., da sie von Allen, ohne Rücksicht auf die bezahlten direkten Steuern, getragen werden

---

[1]) Durch dieses Beispiel soll übrigens durchaus nicht präjudizirt werden, ob und inwieferne gerade die Seide ein entsprechender Luxussteuer-
artikel sei.

müssen, ohnehin die Verträglichkeit einer direkten und indirekten Last bei Einer und derselben Person darthun: so muss ich gestehen, dass nach meiner Ansicht viel logischer, ja auch humaner und sozialpolitisch weiser diejenigen handeln, welche im Interesse der Arbeiterklasse a l l e Konsumtionssteuern beseitigt, als diejenigen, welche nur fünf entbehrliche, dagegen keinen Luxusartikel besteuert wissen wollen.

Man kann also die Luxussteuer als einen l o g i s c h n o t h - w e n d i g e n u n d u n u m g ä n g l i c h e n T h e i l j e d e s r a t i o - n e l l e n S t e u e r s y s t e m e s hinstellen. Diese Nothwendigkeit ergiebt sich schon aus den bisherigen Ausführungen, erhellt aber desto klarer, wenn man sich die einzelnen diesfälligen Gesichtspunkte veranschaulicht. Auf diese Weise erscheint nämlich die Luxussteuer:

1) als die logisch nothwendige Konsequenz des Prinzips der Konsumtionssteuern überhaupt, denn wenn überhaupt in der Konsumtion ein Beweisakt eines steuerfähigen und steuerpflichtigen Einkommens erblickt werden darf, so ist dieser Schluss doch in viel höherem Maasse bei der Konsumtion u n - z ä h l i g e r Luxusgegenstände, als bei der von einigen unentbehrlichen und schwer entbehrlichen Gegenständen gerechtfertigt.

2) Erscheint sie als eine gleiche Konsequenz der fünf Verbrauchssteuern im Besonderen; denn wenn die letzteren damit gerechtfertigt werden, dass man auf andere Weise dem Einkommen der A r b e i t e r k l a s s e nicht beikommen kann, so muss man mit um so grösserem Rechte die Luxussteuer deshalb fordern, weil die meisten r e i c h e n Klassen, z. B. die Kapitalisten, zum Theil auch die, oft grosses Vermögen ansammelnden liberalen Berufsarten (Aerzte, Advokaten!) u. s. w., von der Einkommensteuer bei Weitem nicht in dem Maasse getroffen werden, wie z. B. die Besitzer von greifbaren Sachkapitalien, oder gar die öffentlichen Beamten, die Aktionäre und dergl. Freilich hat die Luxussteuer gleich allen anderen Konsumtionssteuern die Eigenthümlichkeit, dass sie nicht blos die von der Einkommensteuer schwer erreichbaren, sondern

auch alle anderen höheren Klassen trifft. Allein einerseits ist
eine absolut gleichmässige Besteuerung bei der tausendfältig
in einander geschlungenen Volkswirthschaft unmöglich zu er
reichen, andererseits ist eine Annäherung an die erwünschte
relative Gleichmässigkeit durch die schon oben geforderte
partielle Steuerfusserniedrigung angebahnt. Man soll ja übrigens, wie sich später zeigen wird, nur solche Gegenstände als
„Luxus" besteuern, welche der mittleren Klasse wirklich ganz entbehrlich sind, so dass für diese Klasse
(und hieher gehört ja von den schon genau Besteuersten
wenigstens die Eine Shedula I. b.) die Entrichtung der
Steuer eine in der That ganz freiwillige wäre. Und wenn
hingegen bei den höheren und höchsten Klassen aus dem
Grunde, weil selbe von den Einkommen- resp. den Produktionssteuern in verschiedenem Grade erreichbar sind, die Luxussteuer mit etwaigen Ungleichmässigkeiten verbunden sein sollte,
so braucht dies dem Volkswirthe sowohl, als dem Gesetzgeber
um so weniger Sorge zu bereiten, als ja die Luxussteuer

3) ohnehin berufen sein dürfte, auf dem Gebiete der
Finanzwissenschaft ein Stück der sozialen Frage zu
lösen, indem sie nämlich die Reichen verhältnissmässig höher
belasten soll, als die Armen belastet sind. Diese in der jüngsten
Wissenschaft so ziemlich anerkannte soziale Tendenz aber
leidet nicht gar so wesentlich unter dem nicht zu beseitigen-
den Faktum, dass wieder das Maass jener höheren Besteuerung
nicht in allen Fällen, nicht bei allen Personen ganz propor-
tionell ist: man darf ja keine Ideale in die reale Welt des
Finanzwesens herabbeschwören wollen, sondern muss sich mit
der möglichsten Verbesserung der althergebrachten Institutionen
begnügen. Dass aber ein Steuersystem, in welchem die Reichen, obwohl deren Mehrzahl ihre Einkünfte geheim halten
kann, dennoch blos direkt getroffen werden, dagegen der
Arme jeden Genuss, ja, wie es meistentheils geschieht, jeden
Bissen Brod und Fleisch versteuern muss, — dass so ein System
den heute so hoch aufwallenden Hass noch mehr schüren muss,
das kann doch nicht geläugnet werden, und ist auch durch

Lasalle's Agitation zur Genüge dargethan worden.[1]) Die
soziale, resp. die Arbeiterfrage hat nämlich nach meiner Ansicht zwei Seiten: die eine bezieht sich auf das Zuwenig
der Bezüge des Abeiters, auf die ungerechte Vertheilung
des Volkseinkommens und dergl. — und das ist der gang-
bare Sinn dieser Frage —, die andere bezieht sich auf das
Zuviel seiner Leistungen. Für beide Uebelstände wird
mit mehr oder weniger Recht die heutige Gesellschaft, ihre
Organisation und ihre öffentliche Meinung verantwortlich gemacht: ob also jene zu vielen Leistungen den herrschenden
Klassen der Gesellschaft gelten, also z. B. in Ueberarbeit,
Nachtarbeit und dergl. zu Gunsten der Unternehmerklasse
bestehen, oder aber, ob sie der ganzen Gesellschaft, resp. dem
Staate in Form von zu vielen Steuern zufliessen, ist dem Arbeiter um so mehr gleich, als er ja in den heutigen Staaten
bekanntlich, und zwar sei es rechtlich, sei es wenigstens faktisch, keinen Einfluss auf die Gesetzgebung und Regierung
ausüben kann, wogegen die letzteren wieder jenen herrschenden Klassen zustehen und zu Gute kommen. Indessen es
drängt der heutige Zeitgeist immer mehr zur Ausdehnung
des Wahlrechts, d. h. zur stufenweisen Zulassung der niederen
Klassen zur Ausübung politischer Rechte[2]): kann nun da Jemand zweifeln, dass wenn einmal der „vierte" Stand einen
parlamentarischen Einfluss erringt — ich meine nicht etwa
die „Arbeiterrepublik der Internationale", sondern das allgemeine Wahlrecht mit Diäten —, eine Reform des Steuerwesens und speziell der Konsumtionssteuern wird in Angriff
genommen werden müssen? Und ist es da nicht gescheiter,
die Heftigkeit dieses wenn auch legalen Sturmanpralles durch
rechtzeitige und rationelle Reformen von vornherein abzu-
schwächen?! Dieses kann ja nur im eigensten Interesse der

---

[1]) Vgl. Ferdinand Lasalle, „die indirekten Steuern und die Lage
des Arbeiterstandes" Zürich 1863.

[2]) Die entgegengesetzten Bestrebungen der französischen Nationalver-
sammlung können nur als Ausfluss des ultrakonservativen Geistes in
diesem Parlamente aufgefasst werden.

heute am Ruder stehenden Klassen liegen! Man muss nämlich das zu lösende Problem so stellen: sind die heutigen Konsumtionssteuern theoretisch richtig oder nicht? und sind sie weiters für den Staatsschatz unersetzbar oder nicht? Werden beide
Fragen verneinend beantwortet, wie es ja manchmal wirklich
geschieht, nun dann hebe man alle diese Auflagen auf, denn
unrationelle sowohl als entbehrliche Steuern sind ein vollen-
deter Unsinn. Bejaht man beide Fragen, dann müsste der
anerkanntermaassen verderbliche Statusquo verbleiben. Wird
dagegen, und zwar, wie ich glaube, mit Recht, die erstere Frage
verneint, dagegen die zweite bejaht, dann bleibt nichts anderes
übrig, als den Anforderungen der Theorie die Steuern von
den unentbehrlichen Gegenständen zu opfern, dafür aber als
Ersatz für den Staatsschatz und als Forderung der Wissenschaft sowohl, wie nicht minder des sozialen Zeitgeistes den
Steuern von den entbehrlichen die von den Luxusgegenständen anzureihen. Wollen die heutigen Gesetzgeber nicht mit
allen Konsumtionssteuern brechen, sondern selbe reformiren,
so müssen sie der Logik und der „socialen Gerechtigkeit" zu
Liebe die Luxussteuern einführen, sonst wird Einmal die Zeit
kommen, wo sie und mit ihnen alle Anderen blos das Ge-
schwisterpaar einer progressiven Einkommen- und einer progressiven Luxussteuer sich werden gefallen lassen müssen.
Beide diese Steuern nämlich sind heutzutage ein sozialpolitisches
Postulat: soll also selbes nicht einseitig ausarten, so füge man
diese zwei Glieder dem historisch überbrachten Steuersysteme
in maassvoller Weise ein. Und wiewohl es nicht zu verwundern
wäre, wenn die heutigen, besonders auf der Geldaristokratie
fussenden Parlamente sich Anfangs sträuben würden, eine Steuer
zu votiren, welche vornehmlich auf das beinahe steuerfrei
ausgehende Einkommen gerade aus dem Geldkapitale berechnet
ist [1]), — so ist dennoch nicht zu zweifeln, das die soziale
Reform in dieser Richtung allmählig ebenso vorgenommen

---

[1]) Jetzt erst können wir das auf S. 67—69. besprochene Faktum, dass
die Luxussteuer mehr auf den städtischen Erwerb gerichtet ist, genau
verstehen. Vgl. dort auch auf S. 69. die Note 2.

werden wird, wie es in Bezug auf die Einkommensteuer geschieht und zum Theile schon geschehen ist.

Die Luxussteuer ist übrigens noch schliesslich

4) die logisch unentbehrliche Voraussetzung eines rationellen **Zollsystemes.** Bisher wurde lediglich von der Besteuerung der Konsumtion der im I n l a n d e produzirten Gegenstände, also von den i n l ä n d i s c h e n K o n s u m t i o n s s t e u e r n,
hier gesprochen: das ist aber erst die Hälfte der ganzen indirekten Besteuerung. Geht man nämlich von dem Standpunkte
aus, dass die Konsumtion gewisser Gegenstände, als Beweis
eines noch gar /nicht oder noch nicht genügend getroffenen
Einkommens, besteuert werden soll, so darf man nicht vergessen, dass diese Gegenstände nicht nur im In-, sondern auch
im Auslande produzirt worden sein können. In jedem Lande
finden sich ja Konsumtionsartikel inländischen sowohl, als auch
ausländischen Ursprungs, und mit diesem Faktum muss sich
die Finanzwissenschaft in doppelter Richtung rechnen: a) indem sie der Consequenz zu Liebe anerkennt, dass, wenn die
einheimischen Konsumtionsgegenstände besteuert werden, dieselben fremden doch ganz mit eben demselben Rechte auch
besteuert werden müssen; b) indem sie feststellt, dass die
F o r m der Besteuerung, wenngleich beiderseits eine indirekte,
doch in dem einen Falle anders sein muss, als in dem andern,
da man sich hiebei ganz heterogenen Verhältnissen anpassen
muss. Und in der That trifft man ausländische Gegenstände
mit dem sog. „Z o l l e". Dieser letztere Begriff hat nun aber
eine doppelte Bedeutung: eine weitere und eine engere. I m
w e i t e r e n S i n n e versteht man unter den *Zöllen* Abgaben
von Gegenständen, welche überhaupt, in welch immer Richtung,
die Zoll- resp. Staatsgrenze passiren. In diesem Sinne kann
der Zoll wieder dreifach sein, und zwar:

a) *Durchfuhrzoll,* welcher die von einem Lande durch ein
zweites in ein drittes Land geführten Waaren in dem zweiten
Lande an dessen einer oder anderer Seite trifft. Er kann
unmöglich als Steuer betrachtet werden, da sowohl Produzent,
als auch Konsument der Waaren vom Standpunkte des Durch-
fuhrstaates Ausländer sind, und auch die Konsumtion im Aus-

lande stattfindet, somit nicht der geringste Vorwand zu irgend
einer rationellen Besteuerung vorliegt, — es wäre denn, dass
man den Zoll nur auf die dem Durchführstaate angehörigen
Zwischenhändler beschränken wollte, was aber weder irgendwo geschah, noch auch irgend einen Sinn hätte, weil diese
Händler ohnehin die Gewerbesteuer tragen müssten. Da also
der Durchfuhrzoll weder den Produktions-, noch den Konsumtionssteuern beigezählt werden könnte, und da er auch
keinen vernünftigen administrativen Charakter aufzuweisen
vermag, so müsste man ihn höchstens nur als ein vom Staate
angemaasstes oder vielmehr aus dem Mittelalter traditionell
angeerbtes Jus fisci betrachten, welches mit der Klärung der
volkswirthschaftlichen und finanzwissenschaftlichen Begriffe
fallen muss und auch in der That gefallen ist. — Der Zoll
im weiteren Sinne kann ferner

b) ein *Ausfuhrzoll* sein, d. h. von den die Grenze
nach dem Auslande passirenden inländischen Waaren erhoben
werden. Auch dieser Zoll ist grösstentheils verschwunden, da
man ihn einerseits mit Rücksicht auf die ausländische Konsumtion auf keinen Fall als rationelle Konsumtionssteuer betrachten kann und andererseits die ausführenden Kaufleute
schon direkt eine Gewerbesteuer entrichten[1]. Auch dieser
Zoll ist also keine Steuer, und kann nur unter gewissen Umständen eine theils polizeiliche, theils vielmehr administrative
Bedeutung haben, wie z. B. die Merkantilisten ihn auf die
Rohprodukte behufs deren Zurückhaltung für die inländische
Verarbeitung aufgelegt wissen wollten. — Es verbleibt also
nur noch

c) *der Einfuhrzoll* oder eben *Zoll im engeren Sinne*, d. i.

---

[1] Es wäre der Zoll übrigens auf jeden Fall eine ganz eigenthümliche
Form der Erhebung der Gewerbesteuer: man musste höchstens die Ausfuhr als Kriterium des Einkommens der Kaufleute betrachten, denn Konsumenten wären sie ja in den betreffenden Fällen nicht, und sollten doch
eine Konsumtionssteuer entrichten. Hier würde wohl nur Hoff-
manns Begriff passen, welcher indirekte Steuer als „Steuern von Handlungen" definirt: die Ausfuhr wäre eben diese „Handlung".

die auf die Konsumtion der im Auslande produzirten und im Inlande zu konsumirenden Waaren aufgelegte Abgabe.

Indessen auch diese Abgabe ist nicht immer noch eine Steuer ihrer Bestimmung, der Intention des Staates nach, wiewohl ja de facto der Zoll in jedem Falle als eine Steuer wirkt. Die Absicht des Staates bei der Zollauflage kann nämlich eine verschiedene sein. Entweder will der Staat die Einfuhr der ausländischen Waaren zu dem Ende treffen, um durch Vertheuerung der letzteren den inländischen Produzenten die Konkurrenz mit den ausländischen zu erleichtern, somit die inländische Produktion zu heben, so dass also der Ertrag des Zolls in den Hintergrund tritt, — oder aber will der Staat die im Inlande zu erfolgende Konsumtion jener eingeführten Waaren, als Beweis einer Einkommensexistenz treffen, wornach es sich dem Staate eben um den Ertrag handelt: im ersteren Falle hat man es mit einem *Schutzzolle*, im zweiten mit einem *Finanzzolle* zu thun.

Es ist hier nicht der Ort, die Zulässigkeit oder Nützlichkeit eines Schutzzolles zu prüfen, denn dieses überschreitet die Grenzen einer finanzwissenschaftlichen Arbeit überhaupt. Dies sei hier nun gesagt, dass, wenn man auch unmöglich den Einfluss des Colbert'schen Systems auf die Entwickelung der französischen Industrie, den des Cromwell'schen Systems auf die der englischen, den des deutschen Zollvereins auf die Entwickelung der deutschen Industrie verkennen kann, — man doch andererseits zugeben muss, dass eben mit Rücksicht auf die schon hoch entwickelte Industrie des europäischen Westens heutzutage die Tendenz zur Beseitigung der Schutzzölle in der Theorie sowohl, als in der Praxis mit Recht vorwiegt. Aber eben deshalb entsteht die Frage, wie man in konkreten Fällen einen Schutz- von einem Finanzzolle unterscheiden kann, nachdem doch die Intention des Staates, als ein Moment geistiger Natur, nur schwer mit Gewissheit eruirt zu werden vermag. Die Antwort kann nur durch eine rationelle Begrenzung des Gebietes der Finanzzölle geschaffen werden.

Soll der Finanzzoll eine wahre und richtige Konsumtionssteuer sein, so ist hiezu nach meiner Ansicht unbedingt nöthig,

dass er mit den inländischen Konsumtionssteuern im Einklange
stehe. Dies kann aber nur auf die Weise geschehen, dass
man den Finanzzoll vor Allem und in der Regel nur
auf diejenigen ausländischen Gegenstände lege, welche auch
im Inlande besteuert sind; natürlich muss ebenfalls die Höhe
der Steuer beiderseits gleich sein. Diese Forderungen werden
wohl keiner näheren Begründung bedürfen, da ja doch vom
rein finanziellen Standpunkte (und nur dieser kann beim
Finanzzolle maassgebend sein) nicht der geringste Grund vorliegt, die Konsumtion der ausländischen Produkte im Verhältnisse zu der der inländischen irgend wie zu bevorzugen,
nachdem doch das Einkommen sich in ganz gleicher Weise
kundgibt, ob in- oder ausländische Waaren konsumirt werden.[1])
Demgemäss müsste unserem obigen Steuersysteme entsprechend
der Zoll vor Allem die fünf entbehrlichen Konsumtionsgegenstände, d. h. die drei Getränke, Tabak [2]) und Zucker,
und zwar, je nach ihren auch im Inlande unterschiedenen
Qualitätsstufen treffen [3]). Die bewussten luxuriösen Gemüse-
und Fleischarten können hier schon deshalb übergangen
werden, als ja auch derlei ausländische Produkte an den
Thoren grösserer inländischer Städte ohnehin besteuert würden.
Dagegen müsste man den genannten fünf Gegenständen in
zweiter Linie noch jene, ihnen an Entbehrlichkeitsstufe
gleichkommenden Verzehrungsgegenstände beigesellen, welche
ausnahmsweise im Inlande nicht produzirt werden, und somit
nur aus diesem Grunde der inländischen Konsumtionssteuer,
zu der sie sich sonst vollkommen eignen würden, nicht unter-

---

[1]) Die Qualität resp. den Preis der eingeführten Waaren beeinflusst
dieses Verhältniss durchaus nicht; bei besserer Qualität wird einfach ein
höherer Zoll ebenso und in demselben Grade erhoben, wie auch die Akzise
mit der Qualität der Artikel bekanntlich steigt.

[2]) Wir sehen hier von dem natürlich nothwendigen Einfuhrverbote
im Falle eines Tabaksmonopols ab, denn letzteres ist ja nicht die einzige
Form der Tabakssteuer.

[3]) Dies brauchte übrigens nicht gleich schon ein Zoll ad valorem
zu sein, der bekanntlich von dem Gewichtszolle immer mehr verdrängt
werden muss.

liegen[1]). Im gemässigten Klima Europa's wären dahin zu
zählen: Kaffee, Thee, Reis, Orangen, Zitronen, Rum und dergl.
mehr. Diese Gegenstände müssen nothwendig auch verzollt
werden, da sie durchaus in die Kategorie von entbehrlichen
Verzehrungsgegenständen gehören, und es denn doch eigenthümlich wäre, wenn man wohl aus der Konsumtion des
Zuckers, nicht aber auch aus der des zumeist mit Zucker
verzehrten Kaffees oder Thees auf die Existenz eines Einkommens schliessen, und demzufolge nur die erste, nicht
aber auch die zweite besteuern wollte.

So hätte man also vor Allem ein richtiges Orientirungs-
mittel für die Praxis aller Staaten. Da heutzutage überall die
fünf sog. Verbrauchssteuern bestehen,[2]) so ist als reiner
Finanzzoll zu betrachten:

a) Der Zoll von allen obangeführten entbehrlichen Gegenständen. Natürlich muss auch, wie gesagt, sein Fuss dem der
betreffenden Verzehrungssteuern gleichkommen[3]), weil widrigenfalls z. B. ein Zuckerzoll, der höher wäre, als die Zuckersteuer,
nur zum Theile ein Finanzzoll, zum Theile aber schon Schutzzoll wäre. Leider fehlt ein derartiger genauer Vergleichungs-
maassstab beim Zolle von den im Inlande nicht produzirbaren
entbehrlichen Verzehrungsgegenständen; man muss sich hier
daher nur mit der Analogie behelfen.

---

[1]) Dafür muss man aber umgekehrt die von inländischen Waaren
schon entrichtete Konsumtionssteuer, oder die von eingeführten Waaren
entrichteten Zölle bei der Ausfuhr, resp. Rückausfuhr derselben rücker-
statten, da es sich ja in beiden Fällen blos um Besteuerung der inländischen
Konsumtion handelt. Alle Staaten kennen denn eine Verzehrungs-
steuerrestitution und Rückzölle (Drawbacks).

[2]) Nur in England, wo Tabak nicht angebaut werden darf, besteht
blos ein sehr hoher Tabakszoll, der aber eben sowohl die Steuer, als auch
den Finanzzoll einbegreift und deshalb so hoch ist. Er ist also jedenfalls
ein Finanzzoll, nur gehört er eben in die Kathegorie von Thee-, Kaffee-
zoll u. s. w.

[3]) Da die Füsse der einzelnen Verzehrungssteuern unter einander nicht
einmal vergleichbar sind, so muss auch der Zoll für jeden Gegenstand ein
verschiedener sein.

Bestehen in einem Staate sog. Verzehrungssteuern, dann ist ferner

b) der Zoll von thierischer, Pflanzen- und mineralischer Nahrung, so wie von andern hieher gehörigen unentbehrlichen Gegenständen [1]), falls er mit der Steuer gleiche Höhe hat, ein reiner Finanzzoll. Besteht nun aber ein solcher Zoll ohne die entsprechenden Verzehrungssteuern, oder ist er höher als sie, wäre er dann schon ebenso Schutzzoll, wie oben beim Zucker?

Die Antwort ergibt sich leicht aus der Natur des Schutzzolles. Derselbe soll ja bekanntlich durch Erschwerung der ausländischen Konkurrenz, durch Vertheuerung der fremden Waaren die bezügliche inländische Produktion schützen: kann man nun vernünftiger und billiger Weise die Produktion unentbehrlicher Lebensmittel derart schützen, dass dann hiedurch die niedrigsten Volksklassen gezwungen wären, künstlich erhöhte Preise sogar für ihr sauer erworbenes Brod zu zahlen?[2]) Nein, dieser Schutz kann nur für die Industrie und zwar auch hier nur für die Ganzfabrikate gelten. Findet man also in einem Lande Zölle auf fertige Industrieprodukte, dann k a n n man sie als Schutzzölle, jedoch auch nur so lange betrachten, als nicht in dem einen oder andern Falle das Gegentheil positiv feststeht, z. B. dass der bezügliche Produktionszweig lange schon in hoher Blüthe begriffen sei. Obwohl es demnach von der Einsicht der betreffenden Staatsverwaltung abhängt, welche Industriezweige sie für schutzzollbedürftig erachtet, man demgemäss die Gegenstände des Schutzzolles nicht so von vornherein aufzählen kann, wie z. B. die des

---

[1]) natürlich mit Ausnahme der Wohnung.

[2]) In Oesterreich wird eben die Frage der eventuellen Wiedereinführung des bis 1. November 1874 provisorisch aufgehobenen Getraideeinfuhrzolles sehr lebhaft ventilirt. Und doch ist die Antwort und Entscheidung nichts weniger als schwer: ist Oesterreich zum grossen Theil ein Ackerbauland, also spielt dort der Ackerbau die Hauptrolle, dann bedarf ja der letztere keines Schutzes; ist es aber ein Industriestaat, dann blüht ja die Landwirthschaft um so mehr. Natürliche Preissteigerung des Getraides im letzteren Falle ist erwünscht, aber sie künstlich hervorzurufen, ist einfach inhuman.

Finanzzolles sub a), so ist doch in der Praxis der Schutzzoll
aus der Art des Gegenstandes sowohl, als auch aus dem
Stande des bezüglichen Zweiges im gegebenen Staate, von
Fall zu Fall mit ziemlicher Leichtigkeit zu erkennen.

Nun kann man von diesem Gesichtspunkte aus einen Zoll
von unentbehrlichen Lebensmitteln bei mangelnden Verzehrungssteuern ebenso wenig zu den Schutzzöllen zählen, wie man
es an und für sich, d. h. bei dem jetzigen Stande der inländischen Konsumtionssteuern, mit einem Zolle von all den
unzähligen Rohstoffen, Halbfabrikaten und nicht
mehr schutzbedürftigen Ganzfabrikaten thun könnte.
Diese Zölle, so wie überhaupt solche, die sich weder als
Finanz-, noch als Schutzzölle bestimmt erkennen liessen, müsste
man somit von vornherein als völlig irrationell betrachten,
und könnte sie höchstens *Fiskalzölle* aus dem Grunde nennen,
weil sie weder wissenschaftlich gebilligten finanziellen Zwecken,
noch auch denen einer vernünftigen Volkswirthschaftspflege
zu dienen, sondern blos blindlings und einzig und allein dem
Fiscus ein Einkommen zu verschaffen bestimmt sind.

Was wäre nun aber die Folge solcher Schlüsse? Stellen
wir uns nur einen europäischen Staat vor, welcher — nehmen
wir an — die unentbehrlichen Gegenstände von der Steuer
befreit hat, aber andererseits seine Konsumtionssteuern, ganz
so wie es in Europa üblich ist, blos auf die fünf oder noch
einige wenige andere entbehrliche Gegenstände beschränkt:
wie müsste in so einem Staate dessen Zollsystem ausschauen,
falls es den Grundsätzen der Wissenschaft gemäss eingerichtet,
und zugleich auch mit dem Schutzzollsysteme, als etwa nicht mehr
nöthig, gebrochen werden soll? Nun doch nicht anders, als
dass sich die Zölle auf die drei Getränke, Tabak und Zucker,
dann auf Reis, Kaffee etc., überhaupt auf den oben sub a) angegebenen Umfang beschränken müssten. Alle andern, wie
immer gearteten Zölle wären bei so einem Freihandelsstaate
blosse Fiskalzölle und müssten schleunigst beseitigt
werden. Dies wäre die natürliche Folge der obigen, allerdings
aus dem Konsumtionssteuersysteme der heutigen Staaten ganz

logisch abgeleiteten Ausdehnung des Begriffes der Fiskalzölle. So eine Reform hätte aber ein doppeltes Bedenken: α) das theoretische, dass erfahrungsgemäss jedes Land unzählige ausländische Waaren von einem Entbehrlichkeitsgrade bezieht, der ganz bestimmt auf ein steuerfähiges Einkommen der zukünftigen Konsumenten hindeutet, während es uns schon anderweitig bekannt ist, dass solches Einkommen direkt grossentheils nicht zu treffen ist; β) das praktische Bedenken, dass heutzutage selbst in dem freihändlerischesten Staate, in England, der Zollertrag über 20 Mill. L. jährlich ausmacht, und dass England sowohl, als auch andere Staaten, welche, wie z. B. der österreichische, gern dem Schutzzolle immer mehr entsagen möchten, nicht so leicht den mit obiger Reform nothwendig verbundenen, fast gänzlichen Ausfall so hoher Einnahmen, die z. B. im westlichen Oesterreich im J. 1874 nahezu 24 Mill. Fl. österr. Währung betrugen, verschmerzen könnten.

Daraus folgt, dass, wenn man aufrichtig zum Freihandel übergehen, dabei aber wenigstens einen grossen Theil der daraus erwachsenden Ausfälle an Zolleinnahmen in rationeller Weise decken will, man den obigen Begriff der Fiskalzölle einengen, dagegen den Begriff der oben blos auf lit. a) und b) beschränkten Finanzzölle erweitern, somit die Schutzzölle womöglich durch Finanzzölle ersetzen müsse. Da dies jedoch bei einem so beschränkten Umfange der Konsumtionssteuern, wie der angenommene und übrigens nach Einer Seite hin in Europa faktisch übliche, ohne totale Verkennung des Begriffs der Finanzzölle ganz unmöglich ist, so erübrigt nichts Anderes, als behufs Erweiterung der Finanzzölle die inländischen Konsumtionssteuern zu erweitern. Und da wir diesfalls schon ohnehin vom Standpunkte der inländischen Besteuerung die Nothwendigkeit einer neuen Konsumtionssteuergruppe, nämlich der Luxussteuern, dargethan haben, so bietet sich in den letzteren zugleich eine höchst erwünschte Maassregel zur Ermöglichung der Erweiterung der Finanzzölle. Führt man nämlich solche Luxussteuern im Inlande ein, dann hat man auf dem Gebiete

9*

des Zollwesens keine gebundenen Hände mehr, sondern braucht vielmehr

c) auf alle der Luxussteuer im Inlande unterliegenden Waaren, falls sie ausländischen Ursprungs sind, einen ebenso hohen Zoll aufzulegen, und erhält hiedurch ,einen ausgedehnten reinen und rationellen Finanzzoll, welcher mit sammt dem Zolle von den entbehrlichen Gegenständen sicher einen ganz respektablen Ertrag dem Staatsschatze gewähren würde. Man könnte zwar dann noch fragen, ob es nicht angezeigt wäre, analog der einseitigen Verzollung von Kaffee', Thee und dergl. im Gebiete der entbehrlichen Artikel, auch gewisse Luxusgegenstände, welche im Inlande nicht produzirt werden, einseitig zu verzollen; da jedoch so ein Fall in ausgedehnterem Maasse nur in verhältnissmässig wenig entwickelten Ländern, welche sich bekanntlich ohnehin für keine Luxussteuern, also auch für keine Luxus-Finanzzölle eignen würden, vorkommen könnte, so kann man über diesfällige Zweifel und Ausnahmen füglich hinausgehen.

So finden wir unseren, oben sub 4) aufgestellten Satz, dass „auch ein rationelles Zollsystem der Luxussteuer zur unentbehrlichen Voraussetzung bedarf‘, vollkommen bestätigt, da nur unter dieser Voraussetzung die reinen Finanzzölle aus zwei Gruppen bestehen können:

a) aus den Zöllen auf entbehrliche Gegenstände, und

b) aus den „Luxusfinanzzöllen“, aufgelegt auf Gegenstände, die heutzutage nur von Schutzzöllen rationeller Weise erreicht werden können [1]).

So glaube ich denn in diesem ganzen Abschnitte zur Genüge bewiesen zu haben, dass die Luxussteuer ein

---

[1]) Die oben sub b) angeführte Gruppe der Zölle auf unentbehrliche Lebensmittel muss natürlich gleich den entsprechenden inländischen Steuern verurtheilt werden.

wichtiges und unentbehrliches Glied eines rationellen Steuersystemes, worin sie als Ausglei-
chungsfaktor überhaupt und als Korrektiv der
Einkommensteuer insbesondere fungiren soll und
muss, — bildet.

Es verbleibt somit nur noch, die Durchführbarkeit dieser
belangreichen Auflage darzuthun.

———————

Vierter Abschnitt.

Die Durchführbarkeit der Luxussteuer.

Wir gelangen zur schwierigsten Aufgabe in der gegenwärtigen Arbeit. Wohl könnten wir uns nämlich schmeicheln, manchen unserer Leser von der prinzipiellen Zulässigkeit, ja auch der Nothwendigkeit einer ausgedehnten Luxussteuer überzeugt zu haben, — der praktische Haupteinwand der Undurchführbarkeit derselben bleibt aber immer noch, und zwar als das allerschwierigste Problem, bestehen. Vorschläge zur Durchführung dieser so wichtigen und in so hohem Grade erwünschten Steuer müssen somit den naturgemässen Schlusstein dieser Abhandlung bilden.

In dieser Beziehung ist es nun vor Allem angezeigt, die obige im zweiten Abschnitte geschilderte Geschichte der Theorie der Luxussteuer durch den Hinweis auf die dort absichtlich übergangenen einzigen zwei Schriftsteller [1]), welche sich mit dieser Frage beschäftigt haben, nämlich auf Eisenhart [2]) und Maurus [3]), zu vervollständigen. Uebrigens hat von ihnen eigentlich nur der Letztere sich mit der Art der Durchführung der Luxussteuer eingehend befasst; und da deshalb in den nun folgenden Ausführungen seine Schrift als die alleinige Quelle wird benützt werden müssen — denn nicht einmal

---

[1]) Vgl. oben S. 71.
[2]) „Die Kunst der Besteuerung", Berlin 1868, S. 165—192.
[3]) „Die moderne Besteuerung und die Besteuerungsreform", Heidelberg 1870, S. 311—357.

Eisenhart nimmt eine prägnante Stellung zur Luxussteuer ein —
so ist eine kurze einleitende Vorausbemerkung über den Werth
dieser Quelle nichts weniger als unerwünscht.

Maurus' obzitirtes Werk ist in der gelehrten Welt
nicht ganz günstig aufgenommen worden, und es ist auch
diese Unpopularität nicht unberechtigt gewesen. Denn der
Verfasser geht darin von zwei ganz unrichtigen Prinzipien,
von denen das eine die Staatsausgaben, das andere die Staatseinnahmen betrifft, aus. In ersterer Beziehung will er die
Staatsausgaben um jeden Preis beschränkt haben, und
sollen zu diesem Behufe die meisten Agenden, welche heutzutage
ganz unbestritten der Staatsverwaltung eingeräumt werden,
auf unentgeltliche Volksorgane übergehen. Solches Schicksal
wird z. B. dem Gerichts-, dem Heereswesen, der Volkswirthschaftspflege u. s. w. zugedacht, ja sogar die Gesetzgebung
soll nach Schweizerart dem Volke direkt zustehen. Nun zu
läugnen ist nicht, dass durch solch eine Reform die Staatsauslagen sich unendlich, ja ganz so vermindern würden, wie es
Maurus in scharfsinniger Weise ausführt; allein verfehlt ist
die ganze Neuerung doch in dem Maasse, dass man zuweilen
in Versuchung kommt, sie komisch zu finden. Es ist nämlich
zwar wahr, dass heutzutage manche Verwaltungsagenden in
ganz Europa, unter andern auch in Oesterreich, an gewisse
Selbstverwaltungskörper übertragen werden. Allein vorerst
sind diese Körper nicht direkt schon „das Volk" selbst, sondern blos aus dem Volke gewählte, doch nichtsdestoweniger
einen Theil der Staatsverwaltung bildende Organe [1]),
welche als solche ebenso viel, oder vielleicht noch mehr, als

---

[1]) Die Abhängigkeit oder Unabhängigkeit von der eigentlichen Be-
amtenhierarchie ist für die prinzipielle Stellung der Verwaltungsorgane
durchaus nicht entscheidend, wie dies namentlich Gneist sehr verdienst-
lich dargethan hat. Der Charakter der „Staatsverwaltung" wird dadurch
nicht vernichtet, dass letztere nicht immer in den Händen der Zentral-
Staatsregierung, sondern oft auch in denen der Selbstverwaltungskörper
oder aber der Verwaltungsvereine ruht. Vgl. in letzterer Beziehung Stein's
monumentales, noch nicht vollendetes Werk„ Die Verwaltungslehre", 7 Bände,
1865—1869., oder auch sein „Handbuch der Verwaltungslehre".

die Staatsämter, kosten, nur eben mit Rücksicht auf ihren lokalen und Vertrauenscharakter die bezüglichen Funktionen der Verwaltung durchschnittlich besser auszuüben im Stande sind. Es werden sich also durch so eine Verschiebung der administrativen Kompetenz wohl die unmittelbar an den Staatsschatz zu entrichtenden Steuern etwas vermindern[1]), dafür aber wird die lokale Besteuerung zunehmen müssen, welcher Tausch doch für die Taschen der Steuerträger an und für sich gleichgiltig ist. — Ferner aber ist auch jener in Europa sichtbare Uebergang zur Selbstverwaltung durchaus nicht so unbeschränkt und ausnahmslos, wie man es sich viel-leicht mit Maurus denken könnte. Da sehen wir England, das Vaterland des Systems des Self-governement, in der letzten Zeit das Telegrafen- und Schulwesen in die Kompetenz der Centralregierung einbeziehen[2]), — da hören wir in den letzten Jahren in Europa Stimmen, welche die Umwandlung der Privat- in Staatsbahnen fordern[3]): kann man denn Angesichts solcher Erscheinungen auf eine radikale Verminderung der Staatskompetenz resp. der Staatsausgaben rechnen?!

Das zweite falsche Prinzip des Maurus betrifft die Staatseinnahmen, namentlich den Maassstab der durch den Staat zu fordernden Steuern und die Begründung dieser Staatsforderung: die Steuer soll sich nämlich nach dem Ge-nusse richten[4]), da „dasjenige, was durch die Regierung den

---

[1]) In Oesterreich hat man leider auch das nicht gefühlt, wenn auch nicht unrichtig einer unserer gewesenen Minister gesagt haben soll: „die Selbstverwaltung kostet halt Geld!"

[2]) Die Telegrafen ruhten dort übrigens bis 1870 nicht einmal in den Händen der Selbstverwaltungskörper, für welche doch nur lokale Agenden passen, sondern in denen von Unternehmungen („Verwaltungsvereine").

[3]) Siehe z. B. Galt, „Raylway reform", London 1865, und Perrot, „Die Anwendung des Penny- Porto-Systems auf den Eisenbahn-tarif", Rostock 1872. Vgl. auch in den „Verhandlungen des Vereins für Sozialpolitik" im J. 1873, Leipzig 1874, die Debatte über die Reform des Aktienwesens.

[4]) Vgl. dazu das oben im zweiten Abschnitte auf S. 51 über Laspeyres Gesagte.

Staatsbürgern in Wahrheit und hauptsächlich geleistet wird, und wofür diese die Gegenleistung der Erhaltung und Dotirung anzusprechen hat, der Schutz des Genusses aus den ins gesetzliche Eigenthum überkommenen Gütern ist" (S. 311). Das ist nun gar nicht richtig. Denn vorerst hat die neueste Finanzwissenschaft entschieden den Stab über jene Ansichten gebrochen, welche den Staat als einfache Polizei-anstalt betrachten, der für ihre Schutz- und Versicherungs-dienste eine Gegenleistung in Form von Steuern gebühre: auf diesem Standpunkte steht aber Maurus mit dem blossen Unterschiede, dass während früher der Schutz des Eigen-thums betont zu werden pflegte, er den Schutz des Genusses hervorhebt. Freilich findet dieser Schutz in der That statt, allein er ist nicht die einzige, ja auch nicht die Hauptaufgabe des Staates, welcher doch vielmehr die ganze physische, wirth-schaftliche und soziale Entwickelung seiner Bürger dort zu fördern hat, wo deren Einzelnkräfte nicht ausreichen. Aus diesem Gesichtspunkte aber kann man dann die Steuer auf keinen Fall als „Gegenleistung", als „Dienstesaustausch" be-zeichnen, da die Steuer sich ja eben durch ihre unmittelbare Unentgeltlichkeit charakterisirt und z. B. von den sog. „Gebühren", welche gerade ein Entgelt der Bürger für vom Staate empfangene Dienstleistungen bilden, unterscheidet. Man zahlt somit die Steuer nicht für den Schutz des Eigenthums, oder der Person oder des Genusses und dergl. — denn dann würden ja blos so viele Steuern ausreichen, als der Staat für Polizeizwecke auszugeben braucht —, sondern man zahlt sie eben deshalb, weil der Staat eine unentbehrliche Kulturbe-dingung für alle Bürger zusammengenommen und jeden ein-zelnen ist, und man als Staatsbürger an allen aus der Existenz des Steuerverbandes fliessenden Wohlthaten in höherem oder geringerem Maasse Theil nimmt.

Freilich folgt aus dieser allgemeinen Begründung der Steuerpflicht durchaus nicht, als ob man dann darauf hin in jedem gegebenen Falle für die Bemessung jeder einzelnen Steuerzahlung, für die Bemessung der Leistungsfähigkeit der Steuerträger einen Maassstab entbehren könnte; nur muss

man hiebei immer berücksichtigen, dass einerseits der letztere
von der prinzipiellen Begründung der Steuerleistung
überhaupt unterschieden, zugleich aber auch andererseits
ein solcher Maassstab gesucht werden müsse, der obiger Ausführung gemäss alle oder beinahe alle Staatsbürger zu den
Staatsleistungen beizuziehen geeignet wäre. Und solche Eig-
nung besitzt eben der Genuss nicht, da er zur Konsequenz
führt, vor welcher Maurus auch nicht zurückschreckt, dass
„nur Derjenige, welcher im Staate Wohlleben geniesst und
Luxus treibt, das der Regierung nöthige Geld zu steuern
hat" (S. 311); das bedeutet aber nichts Geringeres, denn eine
blos die Reichen belastende, ausschliessliche, d. h. den gesammten Staatsaufwand deckende Luxussteuer, oder mit anderen
Worten eine prinzipielle Steuerfreiheit aller weniger bemittelten
Personen im Staate. Dies wäre aber keine berechtigte, ge-
mässigte Lösung der sozialen Frage auf finanziellem Gebiete
in der Richtung einer verhältnissmässig stärkeren
Belastung der Reichen, sondern eine kommunistische Reform-
maassregel, welche die Erhaltung des für Alle nöthigen Staates
auf die Schultern einiger Wenigen wälzen würde. Und
darauf kann ein Nationalökonom bei aller Sympathie für die
Arbeiterklassen, bei allen sozialpolitischen Tendenzen nicht
eingehen.

Wenn ich also Maurus' Argumente betreffs Durchführbarkeit der Luxussteuer, ohne missverstanden zu werden, billigend
hier benützen soll, so musste ich nothwendig vorher seine
obigen zwei Hauptprinzipien desavouiren. Denn ich anerkenne,
vorbehaltlich des Selbstverwaltungsprinzips, eine weitgehende
Kompetenz der Central-Staatsverwaltung, ich führe die Steuer
auf keine Gegenleistung zurück, betrachte weiters das Einkommen, nicht aber den Genuss als richtigen Maassstab der
Besteuerung [1]), und anerkenne schliesslich statt irgend welcher einzigen, ausschliesslichen Steuer die Nothwendigkeit eines

---

[1]) Derselbe braucht übrigens der Progression, von der weiter unten
die Rede sein wird, keinen Eintrag zu thun.

Steuersystems[1]), in welchem eines der vielen Glieder — wenn auch ein sehr wichtiges — die Luxussteuer bilden soll. Wie kann also diese Luxussteuer durchgeführt werden?

Die Schwierigkeiten der Durchführung, oder vielmehr die Zweifel an der Durchführbarkeit der Luxussteuer sind verschieden, je nachdem man viele oder nur wenige, resp. — denn das kömmt faktisch auf dasselbe hinaus — je nachdem man indirekte oder direkte Luxussteuern sich wünscht und denkt. Wenn man sich nun in letzterer Beziehung an die hier schon früher[2]) gepflogenen Erörterungen über die Begriffe der direkten und indirekten Steuern erinnert, so muss man, streng genommen, nach der richtigeren Definition gedachter Begriffe, alle denkbaren Luxussteuern als indirekt bezeichnen, da sie ja sämmtlich Konsumtionssteuern sind, und als solche das Einkommen nicht direkt, sondern durch Vermittlung der Luxusgegenstände treffen. Anders war jedoch und ist die allgemein übliche Ansicht in Theorie und Praxis. Vorerst wurde die Frage, ob Luxussteuern direkt oder indirekt sind, nicht einmal aufgeworfen, da man sich selbe bekanntlich nur in sehr beschränktem Maasse vorstellte. Nichtsdestoweniger sprach man oft von „direkten", d. h. wohl von den Konsumenten erhobenen Luxussteuern, ohne an deren Gegensatz zu etwaigen „indirekten" zu denken[3]). Erst seit Maurus kann man eigentlich eine derartige Frage besprechen, wiewohl dies auch jetzt nur vom Standpunkte der älteren

---

[1]) Vgl. das diesfalls schon oben S. 74 zu Anfang des dritten Abschnittes Vorausbemerkte.

Bei der Gelegenheit sei auch noch erwähnt, dass im zweiten Abschnitte unter den Gegnern der Luxussteuer ein Mann wie Sismonde de Sismondi deshalb übergangen werden musste, weil er in seinem „Nouveau Système d'Economie politique" (1819 — II. Bd. — S. 202—208) blos eine ausschliessliche Luxussteuer bekämpft, während er sich sonst über sie gar nicht ausspricht.

[2]) auf S. 104—105.

[3]) So spricht denn z. B. Rau von „direkten Aufwandssteuern". Und gar Stein versteht bekanntlich unter „indirekten" Luxussteuern alles Mögliche, nur eben keine wahren Luxussteuern. Vgl. oben S. 44.

Definition der „indirekten" Steuern zulässig ist. Von da aus nämlich wären in der That alle bisher bekannten Luxussteuern[1] „direkt", da sie unmittelbar beim eigentlichen Steuerträger (dem Konsumenten) erhoben werden; wären also Luxussteuern denkbar, die man durch Vermittlung anderer Personen erhöbe, dann wären dieselben und nur sie „indirekt". Wir bleiben indessen bei der, der früheren geradezu entgegengesetzten Ansicht, wornach es nur indirekte Luxussteuern gibt, da ja aus dem Gesichtspunkte unserer, unzweifelhaft richtigeren Definition die Eintheilung der Luxussteuern in direkte und indirekte nicht denkbar ist. Daraus folgt aber andererseits wieder nicht, als ob wir läugnen wollten, dass die obbesagten zwei Arten von Luxussteuern, nämlich die alten und die von Maurus in Anregung gebrachten, in hohem Grade verschieden sind. Und da wir trotz allen Durchführbarkeitszweifeln viele, ausgedehnte Luxussteuern fordern, so sollen hier die beiden Arten in der Weise auseinandergehalten werden, dass vorerst die alten, die sog. direkten Luxussteuern, unter dem Namen *„bei den Konsumenten erhobene"* und hernach die sog. indirekten unter dem Namen *„bei den Produzenten erhobene"* Luxussteuern behandelt werden sollen. Natürlich brauchen damit die ersteren, da ihre Durchführbarkeit durch die Praxis erwiesen ist, nur systematisirt und in die gebührenden Grenzen gewiesen zu werden, während dafür die zweiten mit ausführlichen Vorschlägen ausgestattet werden müssen.

Die bei den Konsumenten erhobenen Luxussteuern sind, wie gesagt, bekannt, ja nur sie sind bekannt; will man sie also in das Steuersystem aufnehmen, so muss es sich nicht so sehr um die Art der Durchführung, als vielmehr um die Wahl der zu belastenden Gegenstände handeln, da es ja doch aus dem ersten Abschnitte dieser Arbeit bekannt ist, welch' eigenthümliche, ja nicht selten sogar drollige Wahl in dieser Beziehung schon getroffen wurde. Bei Gelegenheit der Be-

---

[1] abgesehen von den, unbewusst als solche wirkenden Zöllen.

sprechung dieser Auswahl kann man dann natürlich in jedem einzelnen Falle auch der Durchführungsweise gedenken. Nun wird man heutzutage Niemandem zumuthen können, etwa Haarpuder, Billardkugeln oder gar so schwer zu eruirende Gegenstände, wie z. B. Taschenuhren, als für die unmittelbare Besteuerung bei den Konsumenten geeignet zu finden. Wenn irgend wo, so ist sicher hier — jedoch auch nur hier — ganz richtig der Grundsatz Eisenhart's, dass der Staat behufs Aufwandsbesteuerung sich blos an die Hauptvertreter des Luxus halten solle [1]). Denn worin liegt denn der Berechtigungsgrund dieser sog. Steuern? Der Luxus ist in der Regel beim Konsumenten gar nicht oder doch nur mit den grössten Vexationen erfassbar, so dass man ja, eben von der Idee direkter Luxussteuer ausgehend, ganz treffend die Durchführbarkeit derselben bestritt. Daraus folgt, dass die Regel sog. indirekte Luxussteuern bilden sollen, während sog. direkte nur ausnahmsweise zuzulassen sind. Diese Ausnahme ist aber nur dort berechtigt, wo man auf gewisse hervorragende, allgemein anerkannte Luxuserscheinungen trifft, welche einerseits beim Produzenten gar nicht, dagegen beim Konsumenten sehr leicht erfassbar sind.

Als solche Luxusrepräsentanten kann man nun annehmen: die Wohnung, die Bedienung, die Equipagen sammt Pferden und die Hunde. Natürlich soll hiemit durchaus nicht behauptet werden, als ob der Verbrauch in diesen vier Richtungen immer und unter allen Umständen Luxus bilden sollte, denn im Gegentheile gehört manche dieser Auslagen, namentlich aber die für die Wohnung, an sich zu dem unentbehrlichen Existenzminimum. Man kann indessen in all jenen vier Richtungen unter nachstehenden Einschränkungen Luxus finden und besteuern:

a) dass ein gewisses Minimum in jedem Falle steuerfrei gelassen werde;

---

[1]) Wie oben S. 166 uud 184.

b) dass diejenige Konsumtion, welche durch die Erfüllung der Berufspflichten geboten erscheint, auch wenn sie das allgemeine Minimum übersteigt, ebenfalls freigelassen werde;

c) dass die bezüglichen Steuern nur auf die grösseren, also reicheren Städte beschränkt werden.

Letztere- Forderung hat in der That sehr Vieles für sich. Denn man kann zwar ausnahmsweise auch am Lande und in kleineren Städten in jeder der angegebenen vier Richtungen Luxus treiben, allein in der Regel geschieht dies nicht. In kleineren Städten insbesondere ist dies sogar fast durchwegs nicht der Fall; am Lande kommt eine derartige Konsumtion zwar etwas öfter vor, doch ist sie hier nicht steuerfähig, nachdem bekanntlich eine geräumige Wohnung, zahlreiche Dienstleute, mehrere Fuhrwerke, ein paar Wach- und Jagdhunde, mehr weniger in den nöthigeren Konsumtionsbereich eines grösseren Landwirthes gehören, und ihm die mannigfachen anderen Vergnügungsmittel, wie Theater, Schauspiele und dergl. mehr, welche dafür die Städtler geniessen, ersetzen. Es ist doch bekannt, dass selbst ein in schlechten Umständen befindlicher grösserer Landwirth sich z. B. in Bezug auf Fuhrwerk und Bedienung nicht in dem Grade einschränken kann, wie es ein sogar wohlhabenderer Städtler ungezwungen thut. Uebrigens ist am Lande oft schwer zu unterscheiden, ob die Diener oder das Fuhrwerk nur persönlichen oder aber auch wirthschaftlichen Zwecken dienen, ob Jagdhunde blos zum Vergnügen, oder aber zur Ausübung einer rationellen Jagdwirthschaft gehalten werden und dergl. Alles das trifft für die grösseren Städte nicht im Geringsten zu, und so könnte man für diese letzteren Orte jene vier Steuern nachstehend durchführen.

Die Wohnungssteuer liesse sich am leichtesten mit sammt der Hauszinssteuer, d. h. nach einem Perzentualsteuerfusse von dem bei dieser Steuer ermittelten Zinse, auflegen und ausschreiben. Was dann weiters ihre Erhebung betrifft, so wäre es zwar vielleicht nicht sehr rathsam, sich der Vermittlung der, die Hauszinssteuer zahlenden Hauseigenthümer ganz ohne Rücksicht auf die Personen der Miethparteien [1]) zu bedienen, weil die Eigenthümer bei Gelegenheit der Abwälzung beider Steuern auf die Miether den Wohnungszins um Vieles mehr erhöhen könnten, als die neue Wohnungssteuer beträgt. [2]) Da indessen die Erhebung durch die Eigenthümer sich durch die grösste Einfachheit auszeichnet, und derartige Missbräuche nur gegenüber ungebildeten Leuten, die wir ja eben mit dieser Steuer nicht zu treffen gedenken [3]), zu befürchten stünden, so könnte man wohl obige Erhebungsart gelten lassen, jedoch mit dem Beifügen, dass bei der erstmaligen Bemessung jede Partei den Gesetzestext (oder eine bezügliche Verordnung) zugestellt bekommt, und die auf Grund dessen berechnete Steuer gegen b e s o n d e r e Bestätigung zu Hunden des Eigenthümers, nach Belieben aber auch direkt in die Kassa zahlen soll, resp. kann [4]).

Was nun die B e m e s s u n g der Steuer betrifft, so müsste diese letztere, wie gesagt, ein gewisses Perzent von dem schon bei der Hauszinssteuer durch Fassionen festgestellten Miethzinse betragen [5]). Es wäre das eine einfache und leichte Methode, bei der man sich um die Zahl der Räume, um deren Qualität und dergl. gar nicht nicht zu kümmern brauchte, und dabei auch die Gefahren etwaiger b e s o n d e r e r Wohnungsgenussfassionen vermeiden würde [6]). Nur müsste dabei natürlich ein gewisses Minimum des Zinses steuerfrei gelassen

---

[1]) wie z. B. die Biersteuer durch Vermittlung des Bierbrauers.

[2]) Als in Wien im Herbste 1873 die Wohnungssteuer („Zinskreuzer") vom 1. Januar 1874 an beschlossen wurde, so liessen sich viele Hausherren schon für das letzte Quartal 1873 einen höheren Zins auf Rechnung der vermeintlich schon eingeführten Wohnungssteuer von den armen Leuten zahlen, so dass der Magistrat dagegen einschreiten musste.

[3]) Steuerfreies Minimum!

[4]) So geschieht es in Lemberg.

[5]) Fraudulöse Angaben des Miethzinses müssten natürlich, da sie bekanntlich fast unmöglich hintanzuhalten sind, auch den Wohnungssteuerpflichtigen zu Gute kommen. Ja jetzt erst hätten beide Parteien ein gleiches Interesse an der Defraudation.

[6]) Vgl. dafür die vorhergehende Note.

werden, weil man ja widrigenfalls statt einer Luxussteuer eine Konsumtionssteuer von unentbehrlichen Gegenständen bekäme, welche, wie alle derartigen anderen Auflagen, schon anderwärts verurtheilt worden ist [1]). Und da es sich hier darum handelt, nicht einmal einen entbehrlichen Konsumtionsgegenstand, sondern eben blos den Luxus zu besteuern, die Ausbeutung der Wohnungsparteien seitens der Hausbesitzer aber heutzutage enorm ist, so müsste man genanntes Minimum ziemlich hoch, also etwa mit 1000—1200 Fl. österr. Währung greifen. Die darunter stehenden Wohnungen könnten übrigens auch schon deshalb ganz skrupellos steuerfrei gelassen werden, als deren Besitzer nachher ohnehin durch sog. indirekte Luxussteuern und zwar in ihren Wohnungseinrichtungen werden getroffen werden.

Da ferner die Bewohner eigener Häuser in den grösseren Städten ebenfalls ihren wahrscheinlichen Zins fatiren müssen, so bezieht sich alles Obgesagte auch auf solche Wohnungen. Nur wäre es angezeigt, falls dies ohne zu grosse Schwierigkeiten ginge, selbstbewohnte Paläste und Villa's, oder wenigstens die ersteren von den Villa's und gewöhnlichen Häusern zu unterscheiden [2]), und bei jenen kein Existenzminimum frei zu lassen, da die ausschliessliche Selbstbewohnung eines Palastes, resp. auch einer Villa an und für sich schon Luxus bedeutet [3]).

Man müsste weiters von der Wohnungssteuer Diejenigen befreien, welche nicht für ihre persönlichen Bedürfnisse, sondern für irgend ein Geschäft oder einen Beruf grössere eigene oder gemiethete Räume verwenden, wie es z. B. bei den Gast-

---

[1]) S. oben S. 107—109.

[2]) In vielen Städten werden neben Palästen eben nur Villa's von den Eigenthümern selbst bewohnt und grosse Häuser nur vermiethet; alsdann sind die Villa's schwerlich mit den Palästen gleich zu stellen, weil in Folge dessen jedes selbstbewohnte Haus schon als Luxus betrachtet würde.

[3]) Zu dem Mittel, ein Stübchen etwa in der Offizin eines Palastes zu vermiethen, um hiedurch letzteren in ein „Zißhaus" zu verwandeln, und demgemäss ein Minimum zu geniessen, somit eine Steuererleichterung zu erzielen, würden wohl die wenigsten Palaisbesitzer greifen. Im gegebenen Falle müsste man übrigens solche „Vermiethung" skrupellos ausser Acht lassen.

wirthen, Erziehungsanstalten, Banken, Kaufleuten u. s. w. der
Fall ist [1]). Der Ausfall der Luxussteuer würde hier durch die
von den genannten Personen und Anstalten gezahlten direkten
Steuern (Gewerbe- und Einkommensteuer) zur Genüge gedeckt
werden; und wenn auch Kommunen (falls i h n e n diese Wohnungssteuer zustünde) hiebei nicht denselben Ersatz, wie der
Staat bekämen [2]), so könnte dies doch nicht für die Luxusbesteuerung einer Wohnung, die keinen Luxus bildet, den
Ausschlag geben.

Wie hoch schliesslich das Steuerperzent von dem das
Minimum überragenden Miethzinsbetrage — denn s o fasse
ich das steuerfreie Minimum auf [3]) — sein soll, das lässt sich
allgemein nicht bestimmen: es müsste dies von den Lokal-
verhältnissen abhängen. Dagegen könnte man anstandslos
darüber diskutiren, ob der Steuerfuss ein proportionaler oder
aber ein progressiver sein sollte: mit Rücksicht auf später
anzuführende Umstände wäre wohl gegen die Progression
nichts einzuwenden.

Die Bedientensteuer hat vorerst die Eigenthümlichkeit,
dass man sie vom Standpunkte unserer Definition indirekt
nennen muss, wiewohl die Steuer eigentlich nicht auf „Gegenstände“, sondern auf P e r s o n e n , welche freilich weder die
eigentlichen Steuerträger, noch auch Steuervermittler sind,
gelegt wird: der Dienst dieser Personen wird eben wie eine
Sache konsumirt und eignet sich somit zur Konsumtions- resp.
Luxusbesteuerung. Da es sich hier aber naturgemäss blos
um die Besteuerung des Luxus handelt, welcher sich in einer
ü b e r f l ü s s i g e n B e d i e n u n g d e s S t e u e r t r ä g e r s kund-

---

[1]) Von Spitälern, öffentlichen Aemtern und dergl. will ich schon gar
nicht reden, da sie ja auf keinen Fall überhaupt besteuert werden dürfen.

[2]) ausser es bestünden Gemeindezuschläge zu obigen direkten Steuern.

[3]) nicht etwa so, dass Wohnungen z. B. unter 1000 Fl. ganz frei sein,
dagegen Wohnungen mit z. B. 1100 Fl. Zins vom g a n z e n Zinse die
Steuer entrichten sollten: als Luxus kann man nämlich in diesem Falle
nur die 100 Fr. betrachten, wiewohl dann zweifellos die E i n r i c h t u n g
d e r g a n z e n W o h n u n g luxuriös sein kann, und demgemäss g a n z besteuert werden wird.

giebt, so sind einerseits alle nicht zur persönlichen
Bedienung des Dienstherrn bestimmten Dienstleute,
z. B. Kellner in Gasthäusern[1]) und dergl., und andererseits
die ihm wirklich nöthigen Diener als steuerfreies Minimum
bei der Besteuerung zu übergehen. In letzterer Beziehung
ist es nun zwar nicht zu verkennen, dass die Zahl der wirklich
nöthigen Diener mit der Zahl der Familienmitglieder im geraden
Verhältnisse steht[2]); es wäre aber wohl inopportun, die steuerfreie Zahl der Diener irgend wie mit der Grösse der Familie
in Zusammenhang zu setzen. Man muss deshalb, wie bei der
Wohnung, deren Umfang ja auch von der Grösse der Familie
mit abhängt, so auch hier das Minimum so hoch greifen, damit es die bei einer grossen Familie durchschnittlich nöthige
Bedientenzahl auf jeden Fall überschreite: 3—4 Dienstleute
würden da wohl ausreichen.

Ein Verzeichniss der angestellten Dienstboten ist nun
leicht zu haben, da sie ja in allen grösseren Städten bei der
Ortspolizeibehörde angemeldet werden müssen. So braucht
man denn nur jedes Jahr auf Grund der vorjährigen Anmeldungen für jeden Dienstherrn die Zahl seiner Diener
zusammenzustellen, um hierauf die natürlich in einem festen
Steuerfusse[3]) pr. Kopf bestimmte Steuer sehr leicht erheben
zu können. Statt der vorjährigen Anmeldungen einen

---

[1]) Die Kellner sind zwar auch zur persönlichen Bedienung, aber
nicht des Dienstherrn, sondern der Gäste bestimmt, welche, da es sich hier
um sog. direkte Luxussteuer handelt, nicht durch Vermittlung des Diener
haltenden Gastwirthes besteuert werden dürfen. Ihr Luxus wird anderweitig unmittelbar oder mittelbar besteuert werden.

[2]) Ich sage „Familienmitglieder", denn nur auf diese beziehen sich die
eigentlich zu besteuernden Dienstboten; der Besitzer einer Erziehungs-
anstalt z. B. hat viele Hausgenossen und demgemäss wohl auch viele
Diener, aber die letzteren dienen nicht seinen und seiner Familie persönlichen Bedürfnissen, sind folglich bei ihm nicht zu besteuern.
Vergl. das in der vorhergehenden Note über die Kellner Bemerkte.

[3]) d. h. nicht in einem hier durch die Natur der Sache ausgeschlossenen
Perzentualfusse, womit übrigens eine Progression durchaus nicht ausge-
schlossen zu sein braucht.

g e g e b e n e n Stand der Dienstboten als Steuergrundlage anzunehmen, wäre wohl gewagt, denn dadurch würde man die Defraudation fördern. Würde man dann nämlich den Stand der Dienstboten z. B. vom 1. Jänner oder einem ähnlichen Zeitpunkte als entscheidend annehmen, so verstünden es sich die Dienstherren so einzurichten, dass sie gerade vor dem 1. Januar einen Theil ihrer Dienstboten entlassen, die Entlassung bei der Polizei- resp. Steuerbehörde behufs Steuervormerkung anzeigen, und hierauf nach dem Jahresbeginne dieselben oder andere Dienstboten wieder aufnehmen würden, um die übliche Zahl derselben zu vervollständigen. Dadurch würde die polizeiliche Anmeldung zu einer förmlichen Steuerfassion mit all den Schwächen derselben werden [1]). Nimmt man dagegen den D u r c h s c h n i t t a u s d e m v e rg a n g e n e n J a h r e als Grundlage an [2]), so wird die Polizei- resp. Steuerbehörde sehr leicht herauszufinden im Stande sein, wie viele Diener jede Person das Jahr hindurch w i r k l i c h hält. Und wenn dann die Zahl derselben das steuerfreie Minimum überschreitet, so wird von d i e s e m U e b e r s c h u s s e [3]) die Steuer zu fordern sein, wobei man eine Progression um so anstandsloser eintreten lassen könnte, als man dieselbe ja schon aus der Praxis Belgien's kennt.

Die *Equipagen- und Pferdesteuer* bezieht sich auf Luxusequipagen, sowie die Reitpferde, die dem Vergnügen dienen sollen. Auch diese Steuer ist nicht schwer durchzuführen. Denn Wagen und Pferde sind durchaus nicht Gegenstände, welche man dem Auge der Steuerbehörde gar so leicht entziehen könnte; im Gegentheile kann die Behörde ein Verzeichniss dieser Objekte auf Grund von Fassionen und eigenen

---

[1]) Man braucht nämlich kein Gegner der Fassion zu sein, um es einzusehen, dass selbe dort, wo der Staat bestimmte Daten besitzt, durchaus nicht angewendet zu werden braucht.

[2]) analog wie bei der Einkommensteuer das Einkommen des verflossenen Jahres: die Luxussteuer ist ja als Korrektiv der Einkommensteuer mit der letzteren, wenn nicht in der Form, so doch im Wesen sehr verwandt.

[3]) nach dem bekannten Prinzipe des Minimums.

Wahrnehmungen sehr leicht zu Wege bringen. Freilich besteht hier eine Schwierigkeit, die nicht so leicht, wie bei den ohnehin in der Polizei zu vermeldenden Dienstboten, zu beseitigen ist: hier muss man nämlich an einem bestimmten Zeitpunkte die Steuergegenstände verzeichnen, und riskirt dabei anscheinend, dass die Besitzer derselben sich bemühen werden, gerade in diesem Zeitpunkte weniger davon aufzuweisen, als sie in der That zu besitzen pflegen. Indessen so gefährlich ist die Operation nicht. Denn erstens kann man eine Equipage, ein Pferd nicht so beliebig weggeben, wie einen Diener; nur Scheinverkäufe oder Wegschicken auf ein etwa nahe gelegenes Landgut des Besitzers könnten versucht werden. Nun da könnte man zweitens paar Mal im Jahre in unregelmässig wiederkehrenden Fristen Revisionen veranstalten, und augenscheinliche Defraudanten bestrafen. Uebrigens müssten sich schliesslich die Besitzer von Luxusfuhrwerk an Wägen resp. Reitpferden Steuermarken gefallen lassen, deren Mangel von der Ortsbehörde leicht in den Strassen bemerkt werden könnte, und welche man der leichteren Kontrolle halber jedes Jahr in anderer Farbe ausgeben müsste [1] Hiebei wäre wohl die Annahme des Grundsatzes angezeigt, dass eine mehr, als 14 Tage in der Stadt befindliche Equipage, wenn selbe nicht erwiesener Maassen durchfahrenden, in Hotels wohnenden Gästen gehört, unbedingt die ganzjährige Steuer zu entrichten habe.

Was nun die Frage der Steuerauflage selbst betrifft, so wäre es vor Allem angemessen, Eine Equipage überall frei zu lassen und zwar nicht nur aus dem weniger Beachtung verdienenden Grunde, weil selbe wirklich bei vielen Personen zu den Standesbedürfnissen gehört, sondern namentlich auch deshalb, weil es zahlreiche Personen giebt, welche, wie z. B. die Aerzte, oder in grossen Städten etwa Kaufleute u. dergl., zur Ausübung ihres Berufes oder Geschäftes ein Fuhrwerk brauchen. Da es nun mit Unzukömmlichkeiten verbunden

---

[1] Betrügerisches Nachmachen der Marken stände wohl bei den angesehenen höheren Klassen nicht zu befürchten.

wäre, überall erst eine solche Nothwendigkeit, die sicher nur
zu oft behauptet würde, zu prüfen und zu konstatiren, so ist
es kürzer anzunehmen, dass — abgesehen von Fuhrwerkunter-
nehmern, die hier natürlich gar nicht in Betracht kommen —
Niemand mehr, als Eine doppelspännige Equipage brauche,
somit jedes überschüssige Fuhrwerk nach einem festen Steuerfusse versteuern müsse. Dieser Steuerfuss müsste hier aber
ausnahmsweise weder progressiv, noch auch überhaupt hoch
sein, da ein bedeutender Bestandtheil der Equipagen, nämlich
die Wägen als Luxusprodukte gleich anderen Produkten b e i
d e n P r o d u z e n t e n , d. h. mit der sogen. indirekten Luxussteuer getroffen werden können und müssen, somit eine Doppelbesteuerung zu befürchten stünde. Aus diesem Grunde könnte
man sogar der Ansicht sein, die Luxuswägen von der direkten
Besteuerung ganz auszunehmen; da sie jedoch eine eminente
und leicht ergreifbare Luxuserscheinung bilden, und da übrigens
die blosse Besteuerung bei den Produzenten dem obgenannten
freien Minimum keine Rechnung tragen könnte, so wird wohl
eine niedrige, proportionale direkte Steuer nicht ungerecht
sein. — Würde man sich aber auch gegen die letztere ent-
scheiden, so müsste man doch einen Unterschied zwischen
Wagen- und Reitpferden machen. Bei Reitpferden nämlich
wäre die ganze Angelegenheit um so einfacher, als es einerseits in einer grossen Stadt Niemanden giebt, der zu seiner
Berufserfüllung eines eleganten Reitpferdes bedürfte — Reit-
lehrer, Circusunternehmer und dergl. kommen hier natürlich
wieder ausser Betracht —, andererseits aber schon der Besitz
Eines Reitpferdes füglich als Luxus bezeichnet werden kann [1]).
Hier ist also kein freies Minimum mehr nöthig, so dass j e d e s
Reitpferd besteuert werden müsste, während z w e i Wagenpferde, auch wenn man die Wägen unbesteuert liesse, auf
jeden Fall steuerfrei sein müssten. Dagegen müsste jedes
überschüssige Wagenpferd ohne Rücksicht auf die Besteuerung,
resp. Zahl der Wägen von der Steuer getroffen werden,
Nimmt man also eine Wagensteuer mit an, so wird derjenige,

---

[1]) denn ein striktes Standesbedürfniss besteht hier nicht mehr.

der z. B. einen Wagen und 3 Pferde besitzt, 1 Pferd so versteuern, wie wenn es ein Reitpferd wäre; wer zwei Wägen und 7 Pferde besitzt, müsste Einen Wagen und 5 Pferde versteuern u. s. f. Auf diese Weise könnte man die Steuer von solchen überschüssigen Wagenpferden der von den Reitpferden gleichsetzen, und könnte beide unter Einem, ja auch ungeschieden, und zwar nunmehr wieder progressiv, erheben. Einer besonderen Reitpferdesteuer werden dann also blos jene Personen unterliegen, welche keine Luxuswägen resp. keine überschüssigen [1]) Wagenpferde besitzen, einer besonderen Equipagensteuer dagegen diejenigen, welche mehr als Einen Luxuswagen haben.

Was schliesslich die *Hundesteuer* betrifft, so ist für deren Einrichtung nichts Näheres vorzuschlagen, nachdem sie in fast allen grösseren Städten, und zwar nicht blos in Europa, besteht. Zu erwähnen ist nur, dass, da sie nebst der finanziellen auch eine sanitäts-polizeiliche Bedeutung hat (Tollwuth!), man bei ihr von einem freien Minimum ganz absehen, und somit alle Hunde, mit Ausnahme der grossen, bei Tag an der Kette gehaltenen Wachthunde, mit der Steuer treffen soll: kleine Zimmerhunde, deren Besitz immer einen Luxus, und zwar einen von nicht besonders empfehlenswerther Art, bildet, könnten sogar mit einem höheren Satze getroffen werden. Aber die grossen sowohl als die kleinen Hunde sollten progressiv besteuert werden, und in beiden Fällen sind Fassionen nicht zu entbehren, wiewohl deren Gefährlichkeit durch die bekannten Steuermarken behoben wird.

Das wären also die vier nach meiner Ansicht einzig zulässigen sog. direkten, d. h. bei den Konsumenten zu erhebenden Luxussteuern. Wollte man sie weiter ausdehnen, dann müsste man entweder zu Lächerlichkeiten gelangen, oder aber auf Gegenstände treffen, welche zwar, wie z. B. Uhren, Handschuhe und dergl. wirklich Luxus sein können, jedoch sehr

---

[1]) d. h. über zwei.

schwer, und jedenfalls nur unter vielen Vexationen bei den Konsumenten eruirt werden könnten. Und wenn es auch Gegenstände gäbe, welche, wie z. B. Möbeln, Pianos u. dergl., nicht so schwer herauszubringen wären, so wird doch ein derartiges direktes Eindringen der Steuerbehörde in die Wohnungen, in die Stuben der Steuerträger zu viel böses Blut machen müssen, als dass es wegen dem Steuererträgnisse, welches man ja auf andere Weise, nämlich durch die Produzenten, viel leichter herausschlagen kann, dafür stehen sollte [1]). Ueberhaupt sollten allerlei zu Nergeleien Anlass gebenden Finanzmassregeln nach Möglichkeit vermieden, und dieser Grundsatz auch hier so sehr berücksichtigt werden, dass diese sog. direkten Luxussteuern nicht nur unbedingt auf obige vier zu beschränken, sondern auch überhaupt prinzipiell im Finanzwesen demgemäss zu stellen wären.

Es ist nämlich nicht zu läugnen, dass, da Konsumtionssteuern im Allgemeinen und Luxussteuern im Besonderen sich für das Repartitionssystem nicht eignen, somit auf jeden Fall die unmittelbare Ingerenz der staatlichen Finanzorgane erheischen, — es für diese Organe weder leicht, noch auch schicklich ist, auch nur in obige vier Luxusverhältnisse einzudringen. Es ist arg, wenn der Staat die Zahl der Dienstboten seiner Bürger, ihre Wohnung, ihre Equipagen überwachen, und noch ärger für sein prestige, wenn er zu dem oft spöttisch sog. „Hundeetat" seine Zuflucht nehmen muss. Der Ertrag dieser Steuern dürfte diese Unzukömmlichkeiten nicht aufwiegen. Andererseits wäre es nicht gerecht, obigen Luxus, der, mit alleiniger Ausnahme der Luxuswägen, bei den Produzenten naturgemäss nicht getroffen werden kann [2]),

---

[1]) Uebrigens wäre bei weiterer Ausdehnung der sog. direkten Luxussteuern eine Kollision mit den sog. indirekten unvermeidlich, ähnlich wie schon oben bei den Luxuswägen hervorgehoben wurde, während es sich doch hier blos um denjenigen Luxus handelt, der bei den Produzenten nicht erfassbar ist. Vergl. oben S. 141.

[2]) Es wäre sogar krasser Unsinn, z. B. die Bedientensteuer „bei den Produzenten" besteuern zu wollen! Aehnlich auch bei den anderen Steuern.

steuerfrei ausgehen zu lassen: wie soll man also aus diesem Dilemma heraus? die Antwort ist nicht schwer.

Es ist bekannt, dass beinahe alle grösseren Städte des Kontinents an ständigen Defiziten laboriren: in Oesterreich z. B. ist es geradezu Mode geworden, dass fast alle grösseren Landeshauptstädte, mit der Reichshauptstadt Wien an der Spitze, sich in grosse Millionenanlehen, welche sie noch dazu, wahrscheinlich zum grösseren Nutz und Frommen des schon ohnehin grassirenden Spiels, in Form von Lotterieloosen aufnehmen[1]), stürzen — was freilich erst nach vorheriger Zustimmung der Legislative geschieht. Es sind das allerdings oft sehr lobens- und wünschenswerthe Anlagen, welchen die aufgenommenen Gelder dienen, aber wahr bleibt es doch, dass die Nothwendigkeit von Anlehen heutzutage nicht so gross wäre, wenn man rechtzeitig für eine rationelle und ausgiebige Dotirung der Kommunalbudgets gesorgt hätte. Letzteres ist nun indessen nicht nur nicht geschehen, sondern bildet vielmehr bis heute noch ein ungelöstes Problem, da ja erwiesenermassen[2]) sogar die bisher fälschlich als Muster angesehene englische Kommunalbesteuerung nichts weniger als nachahmungswerth ist. So viel scheint indessen heute festzustehen, dass, wenn man nicht schon überhaupt das ganze System der sog. „Steuerzuschläge" über Bord werfen will, doch wenigstens eine ausschliessliche oder auch nur eine überwiegende Befriedigung der Bedürfnisse grösserer Städte auf jener zweifelhaften Basis unmöglich bestritten werden kann. Besondere, und womöglich direkte Kommunalsteuern, dies wird wohl das Ziel sein, welchem auch die

---

[1]) Dass ein städtisches Anlehen auch ohne Lotterietilgung zu Stande kommen kann, beweist die kleine Badestadt Teplitz, welche eben 1874 einfache 5%tige Obligationen (mit jährlich $\frac{1}{2}$%tiger Tilgung) im Betrage von 1 Million Thaler an die Leipziger „allgemeine deutsche Kreditanstalt" zum Emissionspreise von 94, also äusserst günstig, abzusetzen vermocht hat. — Dennoch besitzen ausserhalb Oesterreichs auch noch z. B. die Städte Paris, Florenz, Brüssel u. a. Lotterieanlehen, Paris sogar mehrere.

[2]) S. z. B. Bödiker, „die Kommunalbesteuerung in England", Berlin 1873.

österreichischen Städte, und zwar unter möglichster Einschränkung der heutzutage nie enden wollenden Verzehrungs-
steuerzuschläge, werden zusteuern müssen [1]). Da indessen
speziell z. B. in Oesterreich die grösstentheils irrationellen
direkten Steuern (Haus-, Erwerb- und Einkommensteuer) ohnehin sehr stark schon zu Gunsten des Staatsschatzes lasten [2]),
so werden gerade für Verhältnisse, wie die der österr. Städte,
Kommunalluxussteuern nur noch erwünschter sein. Und da
weiters die bei den P r o d u z e n t e n zu erhebenden, sog. indirekten Luxussteuern, nach den Ausführungen des 3. Abschnittes für den Staatsschatz unentbehrlich sind, so würden
für die Städte eben die sog. direkten verbleiben.

Kleine Regungen in dieser Richtung sind denn auch schon
gerade in Oesterreich zu verzeichnen. So hätte Wien für das
Jahr 1874 beinahe schon eine Equipagen- und Bedientensteuer
erhalten, wenn nicht in der Debatte des Gemeinderaths vom
10. Januar 1874 der, der etwas zu weit ausholenden demokra-
tischen Parthei angehörige Dr. Schrank das Kind mit dem
Bade ausgeschüttet hätte, indem er gegen den Antrag der
Luxussteuer und für vorherige Einführung einer progressiven
Einkommensteuer so lange sprach, bis der ganze Antrag mit
77 gegen 18 Stimmen verworfen, und somit weder das eine
noch das andere eingeführt wurde. — So besteht ferner in
Lemberg (mit nahezu 100,000 Einwohnern) eine 5 %tige
Wohnungssteuer (wovon $2\frac{1}{2}$ % für das Schulwesen bestimmt) [3]),
wobei freilich der Charakter einer Luxussteuer insoferne fehlt,
als kein steuerfreies Minimum berücksichtigt wird. — Derlei

---

[1]) Berlin hat bekanntlich seit einiger Zeit (1864?) eine besondere
Einkommensteuer.

[2]) Selbe sollen demnächst einer Reform unterzogen werden.

[3]) Interessant ist es und bezeichnend für die Zustände des österreichischen Presswesens, dass zur Zeit der Einführung obiger Steuer einige
grosse Wiener Blätter aus Lemberg Korrespondenzen erhielten, denen gemäss die, in öffentlichen Stadtrathssitzungen diskutirte und beschlossene,
und von dem, den k. k. Bezirkshauptmannschaften gleichgestellten Magi-
strate zu erhebende Wohnungssteuer, für politische Agitationen von Emi-
granten Geld abgeben soll!!

Beispiele liessen sich wohl in noch grösserer Zahl auf-
treiben.

Mit Rücksicht also auf diese praktischen, dem gesunden
Volksbewusstsein, so wie der harten Nothwendigkeit ent-
sprungenen Fingerzeige, namentlich aber mit Rücksicht auf
die oben angegebenen allgemeinen Bedenken gegen eine gar
zu weit in die Privatverhältnisse der Konsumenten eindringende
Konsumtionsbesteuerung seitens des Staates, — wäre wohl
meine Forderung, die vier sogen. direkten Luxussteuern den grösseren Kommunen zu überweisen[1]),
um so berechtigter, als ja bekanntlich diese Steuern auch von
dem Staate ohnehin nur in den grösseren Städten aufgelegt
werden könnten. Es ist ja übrigens gerade der Genuss jener
vier Luxusgegenstände im höchsten Grade auf die städtischen
Einrichtungen und Vorkehrungen gewiesen, und sollte auch
schon deshalb zu den Kommunalauslagen beitragen[2]). Auf
diese Weise würde einerseits ein Theil des steuerfähigen
Luxus getroffen, andererseits die Kommunalwirthschaft mit
Hilfe von, mit sehr lokalem Charakter ausgestatteten Auflagen
auf gesunde Füsse gestellt werden; demzufolge wäre dann
schliesslich auch die Bahn dahin geebnet, dass einstens, freilich wohl erst mit Einführung anderer direkter Kommunalsteuern, alle Zuschläge, und alle traditionell so odiosen Octrois,
also auch die im 3. Abschnitte vorgeschlagenen Akzisen von
luxuriösen Esswaaren, verschwinden könnten[3]).

---

[1]) In England hat auch die Regierung im Sinne obiger Forderung den
Antrag gestellt, die Häuser- (Wohnungs-) Steuer den Kommunen zu über-
lassen. Dieser Vorschlag des Ministers Göschen wurde jedoch am 16.
April 1873 im Parlamente verworfen. S. Bödiker wie oben S. 70—71.

[2]) Daher wäre es ungerecht gewesen, trotz der bekannten Kollision,
oben (S. 149) die Luxuswägen von der sog. direkten Luxussteuer zu befreien,
denn die Städte würden hiedurch so eine eminente Luxussteuerquelle verlieren.
Eine Steuer für Kommune und Staat bildet ja keine wahre Doppelbesteuerung.

[3]) S. über die Kommunalsteuern bei Held „Einkommensteuer" wie
ob. S. 232 sq., wo sie mir übrigens zu kärglich bemessen erscheinen.
Vergl. auch die „fünf Gutachten", so wie überhaupt alle neueren finanz-

So verbleibt uns für den Staat die, die Regel bildende zweite Gruppe der Luxussteuern: *die bei
den Produzenten erhobenen, oder sog. indirekten Luxussteuern,*
um deren Durchführungsart es sich ganz besonders hier
handelt.

Um nun dieses schwierige, und beinahe gar nicht noch
bearbeitete Problem wenigstens einigermaassen lösen zu können,
muss man immer die prinzipielle Stellung der Luxussteuern
im Steuersysteme vor Augen haben, denn nur an diese Stellung
kann und soll sich die Art der Durchführung gegenwärtiger
Auflagen, sowie der Beweis von deren gänzlicher Unschädlich-
keit logisch anschliessen: alle weiteren Konsequenzen und
Detailausführungen ergeben sich dann von selber.

Der geneigte Leser wird sich nun also erinnern wollen,
dass die Luxussteuer die prinzipielle Bestimmung hat, die
durch die direkten Steuern, hauptsächlich aber durch die Einkommensteuer zu wenig belasteten Personen auf ähnliche
Weise, wiewohl in etwas geringerem Grade zu treffen, wie die
unteren, von der direkten Besteuerung befreiten Klassen durch
die fünf Konsumtionssteuern von den entbehrlichen Artikeln
getroffen werden. Es handelt sich somit im Grunde um eine
derartige Vervollständigung der Konsumtionssteuern, dass man
den für Arme entbehrlichen fünf Gegenständen Steuerartikel
beifüge, welche auch für die Mittelklasse als entschieden
entbehrlich angesehen werden können: hierdurch werden
namentlich auch die höchsten Klassen in erwünschtem Maasse
erfasst werden. Man muss da also von der wichtigsten Klasse
der Gesellschaft, von der Mittelklasse ausgehen: was ihr entbehrlich ist, wird zwar nicht selten auch von ihr selbst ver-
braucht; gleichzeitig bilden aber solche für die Mittelklasse
entbehrlichen Artikel grossentheils eben den sog. „nothwendigen" oder „standesmässigen" Luxus für die höheren Klassen,
wonach die Besteuerung dieses verhältnissmässig meistver-
breiteten Luxus auf den höheren, von der Einkommensteuer

---

wissenschaftlichen Schriften, in denen die Tendenz zur totalen Reform der
Kommunalwirthschaft ganz besonders hervortritt.

zu wenig ergriffenen Klassen gewissermaassen analog lasten
wird, wie die fünf bewussten Konsumtionssteuern auf den
Arbeiterklassen lasten. Es dürfte denn deshalb der Ertrag dieser
Steuer gar nicht unbedeutend sein, was übrigens aus dem
genauen Durchführungsplane noch klarer ersichtlich sein wird.

Obiger Ausführung gemäss müsste es nun zwei Arten von
Luxussteuergegenständen geben:

a) solche, die an und für sich, ohne Rücksicht auf
ihre Qualität, Luxus bilden, indem sie der Mittelklasse unter
allen Umständen entbehrlich sind. Derartige Artikel giebt
es bei der heutigen Tendenz zur „Demokratisirung des Luxus" [1])
nur äusserst wenige, etwa z. B. Edelsteine, Goldwaaren u. dgl.;

b) solche, welche als solche in den Bedarfskreis aller
über der Arbeiterklasse stehenden Personen gehören, somit
erst in ihrer höheren Qualität Luxus bilden.

Hier ist die eigentliche Quelle der Luxussteuer, da nicht
nur die unvergleichliche Mehrzahl der Luxusgegenstände hieher gehört, sondern eben auch dieser Luxus weitverbreitet
ist, somit auch bei geringerer Mannigfaltigkeit der Steuergegenstände viel eintragen müsste. Dass man hier aber von
der Qualität nicht absehen darf, ergiebt sich aus der einfachen
Betrachtung, dass man widrigenfalls zu dem Unsinn käme,
auch die nach dem heutigen Kulturstande der überwiegenden
Mehrzahl der Menschen wirklich unentbehrlichen Gegenstände
als Luxus anzusehen. Denn z. B. Möbeln, Tuch- und Lein-
wandwaaren, einfaches Silberschirr und unzähliges Andere sind
heutzutage jedem Menschen aus der Mittelklasse unentbehrlich, und nur die Qualität ist es, durch welche in allen diesen
Richtungen die Konsumtion vermögenderer Leute von der der
weniger vermögenden sich unterscheidet.

Dieser Gruppe von Steuergegenständen muss also der
Staat seine besondere Aufmerksamkeit schenken, und da frägt
es sich dann, ob er denn auch die angedeutete Scheidung nach
den Qualitäten selber vorzunehmen habe oder nicht. Dass so

---

[1]) wie sich Schäffle in seinem „gesellschaftlichen Systeme der
menschlichen Wirthschaft" (Tübingen 1867 und 1873) ausdrückt.

eine Operation nicht ganz unmöglich wäre, beweist die richtige Bemerkung Mauru's (S. 326), dass sich „in allen modernen Zolltarifen eine der nothwendigen, besseren und besten Art der Befriedigung eines bestimmten Bedürfnisses fast vollständig entsprechende Eintheilung und Scheidung der meisten Artikel des allgemeinen Verbrauchs in gemeine, mittelfeine, feine und feinste findet". Wenn nun Maurus von so einer Maassregel bei einer ausschliesslichen Luxussteuer, die dann je nach dem Staatsbedarfe in die niedrigeren Sorten herabsteigen, resp. auf die höheren sich einschränken soll, sich Grosses verspricht, um wie viel mehr könnte man es bei einer partiellen Luxussteuer hoffen, die doch keine derartigen vier Qualitätsstufen, sondern lediglich die Ausscheidung der besseren Sorten erfordert? .... Indessen glaube ich nicht, dass man dem Staate eine solche, doch im Grunde nur kaufmännische Thätigkeit zuzumuthen braucht; ich glaube im Gegentheile, Maurus zuwider, dass eine Ausscheidung der besseren Sorten von Luxussteuergegenständen sehr leicht und einfach, ohne die geringste Intervention der Steuerbehörde, und dennoch auch ohne Gefahr für den Staatsschatz durchführbar sei. Wie dies zu geschehen habe, soll sich aus dem nachstehenden Plane einer bei den Produzenten zu erhebenden Luxussteuer ergeben.

Der Staat, welcher zu einer solchen Auflage sich entschliessen wollte, müsste vor Allem sich die Frage stellen, in welchen Produktionszweigen überhaupt Luxusgegenstände, und zwar natürlich fertige, d. h. unmittelbar schon von den Konsumenten einzukaufende Gegenstände [1]) produzirt werden. Nun da wird es von vornherein feststehen, dass der Bergbau, die

---

[1]) In der Regel werden es Ganzfabrikate sein, aber unumgänglich ist dies nicht, denn manche Halbfabrikate werden von den Konsumenten gekauft und zu Hause zu Ganzfabrikaten verfertigt, z. B. Leinwand zu Wäsche. Diese Frage wird uns übrigens später näher beschäftigen, hier nur noch die Bemerkung, dass Angesichts der grossen Relativität der Begriffe „Ganz- und Halbfabrikate" dieselben hier immer mit Rücksicht auf die unmittelbare, persönliche Konsumtionstauglichkeit der Gegenstände werden gebraucht werden.

Landwirthschaft, die Geld- und Kreditgeschäftsunternehmungen, so wie schliesslich alle auf die Leistung von Diensten berechneten Erwerbszweige hieher nicht gehören [1]). Was den Handel anbelangt, so verführt derselbe zwar Luxusartikel; allein letztere rühren entweder vom Auslande her, und unterliegen dem Zolle, oder sind inländischen Ursprungs, und werden eben nicht vom Handel, sondern von Gewerbsleuten produzirt. Nur ausnahmsweise wird man den Kaufmann als Produzenten des Luxus betrachten können resp. müssen, was jedoch an dieser Stelle noch nicht ausgeführt zu werden braucht. So verbleiben denn nur das Handwerk und die Industrie sammt der Hausindustrie als die eventuellen regelmässigen Produktionsstätten von Luxusgegenständen. Und da alle diesfälligen Unternehmungen behufs Bemessung der Gewerbesteuer ohnehin bei der Steuerbehörde jedes Staates verzeichnet sind, so braucht man dann nur aus diesem Verzeichnisse:

a) auszunehmen diejenigen, welche überhaupt keinen Luxus produziren, z. B. Schmiede, Schlosser etc.;

b) diejenigen, welche blos Halbfabrikate produziren, dann

c) auszuscheiden als erste Steuergruppe diejenigen Unternehmungen, welche, wie z. B. die Goldarbeiter, absolute Luxusartikel bereiten, — wonach

---

[1]) Eine Ausnahme in Bezug auf die Kreditunternehmungen in Form des „Börsenluxus" wird später berührt werden.

Was die Dienstleistungen betrifft, so ist ja die Bedientensteuer hier schon vorausgesetzt, wogegen die Dienstleistungen anderer mit physischen oder geistigen Kräften ausgestatteten Arbeiter, sowie die der Kommunikationsanstalten und dergl. entweder gar keinen, oder wenigstens keinen steuerfähigen, materiell greifbaren Luxus zu Wege bringen. Höchstens nur die künstlerischen Erzeugnisse der Maler und Bildhauer wären ein steuerfähiger (wenn auch sehr edler) Luxus, der übrigens sehr leicht beim Konsumenten (direkt) zu treffen wäre. Da jedoch wirkliche Kunstwerke nur äusserst selten bei Privaten vorkommen, und auch nicht leicht schätzbar sind, wogegen die so verbreiteten Erzeugnisse der Kunstindustrie, z. B. Photographieen, Oeldruckbilder, Gyps- und Erzabdrücke und dergl., gleich anderen Industrieprodukten leicht besteuert werden können, so entfällt auch in jener Richtung die Nothwendigkeit einer Luxusbesteuerung.

d) der Rest die Produzenten der bewussten Mehrzahl von Luxussteuergegenständen, die durch ihre Qualität hiezu werden, umfassen wird.

Nach dieser Begrenzung des Aktionsterrains gelangt man zu der eigentlichen und schwierigsten Aufgabe: zu der wirklichen Besteuerung der in obiger Weise verzeichneten Luxusgegenstände. Es ist nun bekannt, dass nach den heutigen Handelsgesetzen jeder „Kaufmann", d. h. (nach §§. 4 u. 271 des mit dem allgemeinen deutschen gleichlautenden österreichischen Handelsgesetzbuches) sowohl der Handelsmann, als auch jeder Gewerbetreibende, Handlungsbücher führen muss, welche „seine Geschäfte genau erkennen liessen" (§. 28), in welchen somit auch alle Verkäufe einzeln oder doch in gewissen Parthieen ersichtlich gemacht werden müssen. Diese Evidenz wäre bei grossen Lagern von kleinen, z. B. Galanteriewaaren nicht leicht zu erhalten; allein es sollen ja eben Fabriken und Werkstätten, die in der Regel im Grossen verkaufen, somit leicht alle Verkäufe aufzeichnen können, besteuert werden. Den ausnahmsweise zu besteuernden Kaufläden aber dürften die immer mehr üblichen schriftlichen kleinen Anweisungen der Käufer behufs Zahlung an die, in den Verkaufsläden selbst befindlichen Kassen, sehr zweckdienlich sein, wenn man nur auf der Anweisung nebst dem vereinbarten Preise auch die gekaufte Waare, und ihre Quantität kurz aufzeichnen mochte. Auf keinen Fall darf man also an der Möglichkeit der Führung ordnungsmässiger Handlungsbücher zweifeln, und kann somit auf dieser Grundlage die so wichtige Steueroperation getrost stützen.

Wie hat dies nun zu geschehen? Der Staat soll — und dies ist eben der eigenste und verdienstvollste Vorschlag des Maurus [1] — jeden Gewerbsmann, der Luxusgegenstände produzirt resp. produziren kann [2], auffordern, dass er Anfangs jedes Jahres einen Bücherauszug über alle im Vorjahre effektuirten Verkäufe der Steuerbe-

---

[1] Wie oben S. 336 sq.
[2] Letzteres dort, wo es sich vorerst um die Qualität handelt.

hörde vorlege. Diesem Auszuge muss die Behörde in der Regel, um nicht gar zu oft in das Innere der Privatgeschäfte einzudringen, Glauben schenken; muss aber auch, um Defraudationen hintanzuhalten, in jedem Jahre bei einigen Gewerbsleuten, und zwar ohne jedwede Regelmässigkeit in der Wahl derselben, Bücherrevisionen vornehmen. Letzteres dürfte insoferne nicht anstössig gefunden werden, als ja z. B. nach §. 37 des österr. Handelsgesetzbuches auch der Civilrichter die Vorlage der Bücher aussprechen kann, und die Interessen der streitenden Civilpartheien doch sicher nicht wichtiger sind, als das gesetzlich geregelte Fiskalinteresse des Staates. Findet die Behörde bei der Revision keine Uebereinstimmung des vorgelegten Ausweises[1]) mit dem Originalbuche, dann muss ihr nach meiner Ansicht das Recht gegeben werden, sehr hohe und empfindliche Geldstrafen zu diktiren, ja auch aus Gründen, die anderwärts werden entwickelt werden, sogar die Hilfe des Kriminalrichters in Anspruch zu nehmen, um durch so ein exemplarisches Vorgehen anderen Gewerbsleuten die Lust zur Defraudation zu benehmen[2]). Es ist übrigens, glaube ich, so eine Defraudation nicht sehr oft zu befürchten, wie sich dies aus dem weiteren Sachverhalte ergeben wird.

Hat nun Einmal die Behörde den als wahr angenommenen oder aber rektifizirten Bücherauszug in der Hand, dann braucht sie einfach die aus den wirklichen Luxusverkäufen durch die Produzenten erzielten Quoten zu summiren, an die Summe den gesetzlichen Steuerfuss anzulegen, und die sich hiernach durch Subtraktion ergebende Steuerquote von jedem Produzenten abzufordern[3]). Hiebei muss aber der Staat vorerst die Fragen lösen:

---

[1]) der eine Art Fassion wäre.

[2]) Ueber die schlechte Art der Buchführung oder den gänzlichen Mangel der letzteren wird am anderen Orte die Rede sein. Hier wird gute und allgemeine Buchführung vorausgesetzt.

[3]) Hiebei darf zwischen Baar- und Kreditverkäufen kein Unterschied gemacht werden, wenn auch in Folge dessen der Produzent manches mal von noch nicht realisirten Verkäufen die Steuer entrichten müsste; denn

a) welche Verkäufe sind als Luxusverkäufe zu betrachten?

b) wie soll der Steuerfuss gesetzlich festgestellt werden?

Bei denjenigen Gewerben, welche absoluten Luxus produziren, kommt die erste Frage gar nicht in Betracht, weil ja dort jeder Verkauf ein Luxusverkauf ist, d. h. jeder Kauf den Beweis eines luxussteuerfähigen Einkommens abgibt. Die Mehrzahl der Gewerbsleute indessen produzirt bekanntlich und verkauft Luxuswaaren nur eventuell, d. h. insoferne dieselben höheren Qualitäten gehören: hier ist schon obige erste Frage von grosser, ja von grösster Bedeutung, und hier handelt es sich eben darum, den auf jeden Fall nur sehr schwer durchführbaren Vorschlag Maurus in Betreff der Qualitätsklassifikation durch eine andere Maassregel zu ersetzen. Dies liesse sich in nachstehender Weise ausführen.

Es kann doch keinem Zweifel unterliegen, dass mit der Qualität der Waare auch der D u r c h s c h n i t t s p r e i s derselben steigen muss; und wenn auch vielleicht hie und da in e i n z e l n e n Fällen mit der Qualität nicht konforme, d. h. unbillig hohe oder niedrige Preise vorkommen mögen, so ist nichtsdestoweniger bei zwei verschiedenen Preisen für dieselbe Waare in derselben Quantität der Schluss unerlässlich, dass die Preisunterschiede von einer Qualitätsverschiedenheit herrühren. Ob dann beide diese Grössenreihen mit einander ganz genau proportionirt sind, oder nicht, ist für die vorliegende Frage gleichgiltig. Steht es nur Einmal fest, dass caeteris paribus der Preis mit der Qualität sinkt und steigt, so wäre schon dadurch die Steuerbehörde in den Stand gesetzt, aus den bewussten Bücherauszügen ohne weitgehende Detailberechnungen die bei dem betreffenden Produzenten im

---

beim kaufmännischen, also kurzem Kredite wird dies nur in den seltensten Fällen (wo der Kredit von einem Geschäftsjahre in's andere durchläuft) geschehen, — während die zu ihrem Unglücke so viel und für so lange gegen Personalkredit verkaufenden Handwerker durch die Besteuerung vielleicht zum Theile veranlasst würden, die Kreditverkäufe einzuschränken.

Vergl. über diese letztere Plage S c h m o l l e r, „Geschichte der deutschen Kleingewerbe", Halle 1870; und auch W i r t h, „Grundzüge der Nationalökonomie"', IV. Band, Köln 1873.

gegebenen Jahre vorgekommenen Qualitätsstufen, und zwar eben aus den Durchschnittspreisstufen festzustellen. Jedoch auch dieses ist nicht nöthig, denn es reicht für die Luxusbesteuerung an sich aus, blos die niedrigste Preisstufe zu konstatiren, wonach dann die zu diesem Preise erzielten Verkaufssummen, als vom Verkaufe nicht ganz entbehrlicher Waaren herrührend, ganz zu übergehen, dagegen d i e z u d e n h ö h e r e n P r e i s e n g e l ö s t e n S u m m e n, a l s v o n L u x u s k ä u f e n h e r r ü h r e n d, z u b e s t e u e r n w ä r e n. Das wäre sicher die denkbar einfachste Methode und hätte namentlich den besonders hoch anzusetzenden Werth, dass die Produzenten sich sehr leicht orientiren könnten, und sich daher wahrscheinlich nicht zu viel, aber auch nicht zu wenig von den Käufern als Steuerzuschlag bezahlen liessen.

Allein die im letztbezeichneten Sinne vorzunehmende Vereinfachung dieser Methode, d. h. die Bildung von nur zwei Qualitätsstufen, würde eine Folge nach sich ziehen, die auch in der That, wenigstens so lange die neue Steuer sich nicht eingebürgert haben würde, rückhaltslos zuzugestehen ist: nämlich einen p r o p o r t i o n a l e n, also einheitlichen S t e u e r f u s s. Es wäre dann somit ein f e s t e s P e r z e n t v o n d e r i m J a h r e e r z i e l t e n V e r k a u f s s u m m e, und zwar beim absoluten Luxus von der ganzen Summe, beim eventuellen von der, aus den nicht niedrigsten Preisen erzielten Verkaufssumme zu erheben. So würde der S t a a t die Steuer bemessen und beeinnahmen; jeder L u x u s p r o d u z e n t hingegen würde die Steuer bei jedem einzelnen Verkaufe proportional zum Verkaufspreise berechnen, demgemäss hier die Luxussteuer jenen gesunden Gedanken verwirklichen würde, der in den leider unausführbaren, oder vielmehr nicht billig ausführbaren Zöllen ad valorem enthalten ist. Würde z. B. der Steuerfuss 5 % betragen, so wüsste jeder Produzent, der nicht gerade n u r Luxuswaaren produzirt, dass er den Preis der billigsten Sorte seiner Waaren blos nach den gewöhnlichen kaufmännischen Grundsätzen zu bestimmen, dagegen aber bei jeder höheren Sorte auf Rechnung des Staates einen 5 %tigen Preisaufschlag zu fordern habe. Der ausschliesslich

Luxus Produzirende würde dies bei allen seinen Waaren thun. Alsdann wäre auch die Berechnung der Steuern seitens des Staates leichter und einfacher, und es wären dabei keine Rechnungsdifferenzen resp. verkappte Defraudationen zu befürchten. — Bei dieser Methode müsste aber ebenfalls der entsprechende L u x u s z o l l trotz der üblichen Annahme von vier Qualitätsstufen sich ganz der Luxussteuer anpassen, d. h. die „gemeinen" Sorten ganz verschonen, dagegen die drei anderen mit einem einheitlichen, gleichen, wenn auch freilich nur dem G e w i c h t e angepassten Satze belasten.

Letztere Vereinfachung wäre indessen beim Zolle jedenfalls ein Rückschritt; und so wären dieser Umstand sowohl, als auch soziale Rücksichten mächtige Fürsprecher für einen p r o g r e s s i v e n Luxussteuerfuss im Gegensatze zur Proportion, wenn letztere nicht in den obangeführten wichtigen Argumenten praktischer Natur Unterstützung fände. Zwar muss ich mich als früheren Gegner der Progression, die mir als kommunistisches Machtmittel erschien[1]), bekennen, und auch in der jüngsten Zeit findet man selbst unter den Anhängern der realen Schule solche, welche die Progression als willkürliches, den Klassenkampf schürendes Mittel ansehen[2]). Nichtsdestoweniger glaube ich gegenwärtig, dass, da einerseits jede Finanzmaassregel in dem Sinne willkürlich ist, als sie nicht nach streng logischen oder Naturgesetzen eingerichtet werden kann, und da andererseits dennoch, namentlich in konstitutionellen Staaten, diese „Willkürlichkeiten" von der Volksvertretung und der verantwortlichen Regierung gesetzlich normirt werden[3]), — dass mit Rücksicht darauf die Progression nicht aus obigen Gründen zu perhorresziren sei. Käme Einmal, was glücklicher Weise nicht in Aussicht steht, die Internationale an's Ruder, dann hätte sie an wichtigere und radi-

---

[1]) Im 1. Bande m e i n e r „Studien über die Einkommensteuer".
[2]) S. z. B. in den „fünf Gutachten" S. 9 sq. das Gutachten von Prof. N a s s e, welcher übrigens auf S. 14 von obigen Ansichten wenigstens für die Einkommensteuer eine Ausnahme zugibt.
[3]) Vergl. H e l d, „Einkommensteuer", S. 216.

11*

kalere Mittel, als an die verhältnissmässig harmlose Progression
zu denken: es ist ja viel einfacher, das ganze Privateigenthum
direkt einzuziehen! In den heutigen Verhältnissen dagegen,
ja auch dann, wenn die heutigen Parlamente, denen man
wohl nicht ganz mit Unrecht einen etwas plutokratischen
Charakter vorwirft, sich mit volksthümlicheren Elementen
etwas gestärkt haben werden, — auch dann ist eine kommunistische Anwendung der Progression nicht zu befürchten.
Denn letztere ist nichts weiter, als der Ausdruck der Tendenz,
die Reichen verhältnissmässig stärker zu belasten, als die
Armen. Berücksichtigt man nun, dass der in dieser Tendenz
ausgesprochene Grundsatz schon heutzutage geradezu ein
sozial-politisches Postulat werden zu wollen verspricht, und
dass weiters die Luxussteuer an und für sich schon ein Mittel,
diesem Postulate gerecht zu werden, und die soziale Frage
auf dem finanziellen Gebiete zu lösen[1]), abgibt, — so ist es
nur eine logische Konsequenz, auch die Art ihrer Durchführung resp. ihren Steuerfuss im Sinne jenes Postulats, somit progressiv, einzurichten. Von diesem Grundsatze aus
wurde denn oben bei den sog. direkten Luxussteuern der
dort leicht durchführbare progressive Steuerfuss durchwegs
beantragt. Und derselbe Grundsatz wäre auf diese sog. indirekten Luxussteuern mit um so grösserem Rechte anzu-
wenden, als die anderen ihnen gegenüberstehenden Konsumtionssteuern, namentlich aber die von unentbehrlichen Gegenständen, bekanntlich eine faktische „Progression nach unten"
bilden, und dieselbe doch am besten durch eine gleichzeitige
„Progression nach oben" im Systeme der Konsumtionssteuern
selbst aufgewogen werden sollte.

Leider ist aber hier so ein progressiver Steuerfuss in den
meisten Fällen sehr schwer durchführbar, denn der Steuerfuss
müsste hier natürlich mit der Qualität, also der Höhe des

---

[1]) Dies gilt zum Theil auch von der Einkommensteuer, die jedoch bekanntlich ohne Luxussteuer gerade in den wichtigsten Punkten unwirksam
ist; doch ist auch für sie aus den nämlichen Rücksichten, wie bei der
Luxussteuer, die Progression angezeigt.

einzelnen Verkaufspreises der Waaren, nicht aber etwa
(analog der Einkommenshöhe bei den direkten Steuern) mit
der Höhe der erzielten Verkaufssumme, welche doch nur für
die Einkommenshöhe des Produzenten, nicht für die des Konsumenten von Bedeutung ist, steigen. Solche Qualitätsstufen aber,
die wieder eine Bildung von Preisstufen aus den Bücherauszügen durch den Staat erfordern, wären, wenn nicht sehr schwer
zu schaffen, so doch jedenfalls eine Veranlassung vielfacher Miss-
verständnisse, Verrechnungen und Defraudationen. Nur dort,
wo die Behörde die Qualitätsstufen nicht nach den Preisen,
sondern nach der blossen näheren Bezeichnung der verkauften
Waaren bilden kann — und solche Fälle sind nicht unselten
—, ist die Progression leicht durchführbar. So z. B. weiss
jeder Mensch, dass Erlenholz billiger und minder gut ist
als Nussbaumholz, und dieses wieder, als Ebenholz; handelt
es sich also um den in der Möbelkonsumtion sich äussernden
Luxus, so konnte man sehr leicht die erste Sorte für steuerfrei erklären, dagegen die zwei andern in Progression, z. B.
von 5—7 besteuern, so dass Nussbaumholzmöbeln 5 % und
Ebenholzmöbeln 7 % Steuer ad valorem zu tragen hätten. In
diesem Falle würde der Produzent ganz genau wissen, dass
er bei Nussbaummöbeln [einen 5 %tigen, bei den Ebenholzmöbeln einen 7 %tigen Preisaufschlag als Steuer zu fordern
hat. Will man dagegen z. B. die Luxussteuer auf Seidenstoffe
beim Produzenten progressiv erheben, so könnte man doch
nicht die Qualitätsstufen nach den so vagen Unterschieden, ob
es z. B. reine Seide, ob schwerer Stoff ist und dergl., bilden,
sondern müsste, wie gesagt, aus den Durchschnittspreisen zwei
oder drei Stufen herauskombiniren und hienach den Steuerfuss steigen lassen. Das wäre aber nicht nur für die Behörden
höchst beschwerlich, sondern auch für die Produzenten, selbst
deren optima fides vorausgesetzt, ganz unberechenbar, woraus
schliesslich doch nur eine Mehrforderung zu Ungunsten der
Konsumenten resultiren müsste.

Und da es auf keine Weise zulässig ist, eine und dieselbe
Steuer in dem einen Falle progressiv, in dem andern dagegen
proportional zu machen, so bleibt nichts Anderes übrig, als

mit der allgemeinen Proportionalität wenigstens für den Anfang vorlieb zu nehmen[1]). Diese Maassregel würde dann
auch das Gute haben, dass hiemit auch alle jene Skrupeln
konservativer Färbung, welche möglicherweise die Einführung
der Luxussteuern überhaupt aufs Spiel setzen könnten, verschwinden würden. Ob dann aber die Luxuszölle, bei denen
die Behörde doch mit den Waaren selbst, nicht mit deren
Preisen zu thun hat, nicht wenigstens den klar hervortreten-
den Qualitätsunterschieden sich progressiv anschliessen sollten,
das möge dahingestellt bleiben. Ganz genau kann ja der
Luxussteuer- und Luxuszollfuss ohnehin nicht übereinstimmen,
da das Substrat desselben beiderseits ganz verschieden ist:
hier Waare, dort Verkaufssumme!

Auf jeden Fall muss hier jedoch noch bemerkt werden,
dass aus der obigen Uniformität des Steuerfusses durchaus
nicht folge, als wären die Behörden auch in Bezug auf die
Konstatirung von Luxusverkäufen an eine Gleichförmigkeit
gebunden. Im Gegentheile, man muss mit Freude jene Fälle
benutzen, wo, wie bei den Möbeln, die Qualität der Waaren
ohne Preisdurchschnittsberechnungen erkannt werden kann;
Steuerfreiheit der schlechtesten, Besteuerung aller übrigen
wäre alsdann ohne Rücksicht auf die Preise auszu-
sprechen. Nur müssten in diesen Fällen die Produzenten eben
so die schlechtesten Sorten gesondert im Bücherauszuge auf-
führen, wie sie auch in den sonstigen Fällen die Preisunterschiede genau zu markiren verpflichtet sein sollen.

So viel von der Konstatirung der Luxusverkäufe und von
dem Steuerfusse der sog. indirekten Luxussteuern. — — —

Was nun weiters den Ort anbelangt, wo die Luxusgegenstände nach obiger Weise zur Besteuerung herangezogen werden
sollen, so sind es die Produktionsstätten der Ganz-
Fabrikate, welche man möglichst aufsuchen muss, während
die Kauflnäden nach Möglichkeit zu meiden sind[2]). Einerseits

---

[1]) Bei den sog. direkten, den Kommunen zu überweisenden Luxussteuern brauchte man aber die Progression nicht zu beseitigen.
[2]) Von den Produktionsstätten der Rohprodukte und Halbfabrikate

nämlich werden in den ersteren die Bücher in der Regel bedeutend
besser und genauer geführt als in den letzteren, anderntheils
— und dies ist mit auch der Grund der besseren Buchführung
— finden dort weniger Detail- und mehr Engrosverkäufe statt,
demzufolge die Bücherauszüge sowohl, als auch die kaufmännische Vorausberechnung resp. behördliche Nachberech-
nung der Steuer in den Produktionsstätten viel leichter und
wahrheitsgetreuer zu effektuiren sind. Obige Regel lässt sich
indessen nicht überall streng festhalten; denn einerseits gibt
es viele Produzenten, die, wie z. B. alle Handwerker, zugleich
Detailverkäufer sind, so dass hier Produktionsstätte und Kaufladen zusammenfallen, andererseits müssen in manchen Produktionszweigen gewisse Produkte, und zwar noch dazu nicht
Ganz-, sondern Halbfabrikate in den Kaufläden besteuert werden, weil diese Arten von Produkten nicht immer von anderen
Produzenten, sondern oft auch von den Konsumenten selbst
zu Hause zu Ganzfabrikaten verarbeitet werden. So werden
z. B. Seiden- und Tuchstoffe sehr oft von den Konsumenten
selber in den Läden gekauft, und dann entweder zu Hause
verarbeitet, oder aber den Schneidern zur Verarbeitung gegeben. Würde man also in solchen Fällen des Prinzips halber
blos die Produzenten von Ganzfabrikaten, d. h. in unserem
Falle die Schneider besteuern, so würden alle jene Konsumenten steuerfrei ausgehen, welche, wie z. B. viele Frauen,
sich ihre Kleider zu Hause, oder auch nur, wie viele Männer
beim Schneider aus selbstgekauftem Stoffe anfertigen lassen.
Man könnte nämlich — abgesehen von den ersteren, auf die
Frauenkleider bezüglichen Produktionsprozessen — nicht

---

erwähne ich nichts, denn es handelt sich ja um Besteuerung der persönlichen Konsumtion, der ja nur Ganzfabrikate dienen können. Nun
könnte dieselbe zwar auch durch eine in früheren Produktionsstadien aufgelegte Steuer mittelbar getroffen werden; doch räth dies die Finanzwissenschaft bekanntlich schon bei den bisherigen wenigen Konsumtionssteuern ab, um wie viel schädlicher und für die Produktion störender müsste
es bei den zahlreichen Luxussteuern sein. — S. übrigens dazu die
gleich später im Text vorkommende Besprechung der Besteuerung der
Halbfabrikate.

einmal die zweiten aus den Büchern der Schneider in Erfahrung bringen, da ja Bestellungsarbeit von fremdem Stoff k e i n V e r - k a u f, weder im wirthschaftlichen, noch auch im gesetzlichen Sinne ist, somit im Handlungsbuche nicht eingetragen zu werden brauchte. Besteuert man hingegen den Kaufmann, so trifft man jene unmittelbar einkaufenden Konsumenten, und kann daneben doch noch die Produzenten b e s o n d e r s insofern besteuern, als z. B. die Schneider ihre Halbfabrikate in der Regel direkt aus den bezüglichen, noch nicht besteuerten Fabriken, nicht aber aus den Kaufläden beziehen. In der Regel wäre demnach keine doppelte Besteuerung zu befürchten, da die Kleider aus dem im Laden gekauften Tuche von andern Personen getragen werden, als die aus dem von der Fabrik bezogenen. Würde aber ausnahmsweise ein oder der andere Schneider seine Rohstoffe aus Kaufläden beziehen, so brauchte er sich nur darüber büchermässig auszuweisen, wonach in seinem Bücherauszuge die bezüglichen Posten ohne Rücksicht auf den Verkaufspreis steuerfrei gelassen würden.

Nun könnte man noch alledem gegenüber einwenden, dass es ja viel einfacher wäre, in denjenigen Fällen, die wir als für die Besteuerung in den Kaufläden geeignet bezeichneten, die Besteuerung in den P r o d u k t i o n s s t ä t t e n d e r H a l b f a b r i k a t e von vornherein vorzunehmen; wiewohl jedoch die bekanntlich viel grössere Zentralisation dieser Stätten im Verhältnisse zu den Kaufläden (z. B. die wenigen Tuchfabriken im Verhältnisse zu den vielen Tuchläden!) für die Vornahme des Besteuerungsaktes auch wirklich sehr bequem wäre, so kann man eine derartige Vereinfachung dennoch nicht befürworten. Nicht ohne Grund nämlich wurde oben die Besteuerung der Ganzfabrikate als Regel vorgeschlagen; nicht blos das Wesen der Luxussteuer erfordert dies[1]), sondern auch

---

[1]) Bei j e d e r Konsumtionssteuer handelt es sich um die p e r s ö n l i c h e Konsumtion, doch der Ausdruck „Luxus" schliesst schon von vornherein jedwede Vermittlung seitens der S a c h k o n s u m t i o n, wie selbe im Einkaufe von Halbfabrikaten durch den Produzenten der bezüglichen Ganzfabrikate sich äussert, aus.

der Umstand, dass die eigentlichen Luxusartikel (d. i. eben
die Ganzfabrikate) oft b e d e u t e n d mehr werth sind, als das
blosse auf sie verwendete Halbfabrikat. Manches Damenkleid
ist dreimal so viel werth, als der hiefür verwendete Stoff, und
dasselbe ist bei vielen Industrieprodukten, namentlich denen
der Hausindustrie, der Fall: da nun die Luxussteuer ad valorem bemessen wird, so würde aus der Besteuerung der
Halbfabrikate ein grosser Verlust für die Staatskassa entstehen. Wenn somit ausnahmsweise Halbfabrikate dennoch
besteuert werden müssen, so soll diese Ausnahme nur genau
in den nöthigen Grenzen gehalten werden, d. h. nur diejenigen
Halbfabrikate betreffen, aus denen erzeugte Ganzfabrikate
widrigenfalls der Steuer g a n z_ entgehen würden. Das ist aber
eben nur bei den wenigen, durch die Konsumenten in den
Kaufläden gekauften Halbfabrikaten der Fall, und so muss
der Staat hier, aber auch nur hier, auf einen Theil der Steuer
verzichten, um selbe nicht ganz zu verlieren. Würde man
dagegen a l l e die betreffenden Halbfabrikate b l o s in den
Produktionsorten treffen, dann wäre die auf den Werthüber-
schuss des Ganzfabrikates über das Halbfabrikat entfallende
Steuertangente von vornherein in allen bezüglichen Fällen ver-
loren. Würde man also z. B. in den Tuchfabriken die Luxussteuer erheben, dann müsste man alle Schneider von derselben
freilassen, und hätte daraus nebst obbesagtem Verluste noch
den Nachtheil, dass zuwider der allgemeinen Regel eine ganze
grosse Gruupe der Produzenten von Luxuswaaren sich bei der
Luxusbesteuerung passiv verhalten dürfte.

Demgemäss würden sich die Grundkategorien der sog.
indirekten Luxusbesteuerung nachstehend gestalten:

a) S t e u e r s u b j e k t e sind einestheils alle Produzenten
von luxuriösen Ganzfabrikaten, anderntheils daneben die Kaufleute von solchen Halbfabrikaten, welche erfahrungs- und
naturgemäss direkt von den Konsumenten selbst oft einge-
kauft zu werden pflegen. Aufgabe des Staates wird hier also
sein, je nach den Konsumtionsgegenständen zu beurtheilen,
ob sie als Halbfabrikate in r e i n e n Kaufläden, oder aber als

Ganzfabrikate in den Werkstätten resp. den damit verbundenen Kaufläden getroffen werden sollen.

b) Steuerobjekte sind die für die Luxusgegenstände (Ganz- resp. Halbfabrikate) in jedem verflossenen Jahre durch die Produzenten resp. Kaufleute eingenommenen Verkaufssummen. Hiebei muss der Staat zunächst die absoluten Luxusgegenstände ausscheiden, hernach aber unter den relativen diejenigen, bei denen die blosse äusserliche Beschaffenheit, von denjenigen, bei welchen der Verkaufspreis über die Qualität resp. Luxuriosität entscheidet, trennen. Im ersten Falle sind die ganzen Verkaufssummen, im zweiten die aus dem Verkaufe der nicht schlechtesten Sorten, im dritten die aus dem Verkaufe der nicht billigsten Gegenstände erzielten Verkaufssummen zu besteuern [1]).

c) Was eventuelle Steuerbefreiungen anbelangt, so sind persönliche, d. h. etwa aus den Eigenschaften und Verhältnissen der Person fliessende Befreiungen absolut unzulässig: jeder Verkäufer von Luxusartikeln muss ausnahmslos die Steuer entrichten, resp. jeder Konsument muss dieselbe tragen. Eine andere Frage ist die, ob der an und für sich steuerpflichtige Verkäufer nicht in Bezug auf gewisse Luxusverkäufe, also aus sachlichen Gründen der Entrichtung enthoben sein soll. Dieses ist nun allerdings möglich. Schon oben wurde bemerkt, dass z. B. ein Schneider den Verkauf derjenigen Kleider, die er aus dem im Kaufladen angeschafften Tuche verfertigt hat, nicht zu

---

[1]) Um etwaigen Einwürfen von vornherein zu begegnen, will ich noch bemerken, dass obige Methode keine Gefahr für die nicht persönliche Konsumtion in sich birgt. Man könnte nämlich z. B. fragen, wie z. B. der Hôtelbesitzer dazu kömmt im Preise der Möbeln, die er für die Gäste bestimmt, die Luxussteuer zu bezahlen? und dergl. Nun vorerst steht es ihm frei, blos die billigsten Möbeln zu kaufen, und auf diese Weise der Steuer zu entgehen; kauft er dagegen theurere, nun dann wird wohl das Hôtel auf reiche Gäste berechnet sein, welche in der Zimmermiethe auch die vorgeschossene Möbelsteuer werden mitberichtigen müssen.

Solche Fälle, wie der obige, werden selten vorkommen, doch sind sie möglich, und da kann auch ihnen unsere Luxussteuer in der angegebenen Weise Rechnung tragen.

versteuern braucht: es ist dies keine persönliche Steuerbefreiung, denn der Schneider hat die Steuer schon im Preise des Tuches bezahlt, und so wird sie auch der Konsument im Preise des Kleides bezahlen.

Ein anderer Fall einer sachlichen Steuerfreiheit wäre möglich, wiewohl nicht wünschenswerth, und auch nicht unvermeidlich beim Luxuszolle. Es wurde bekanntlich im dritten Abschnitte dieser Arbeit eine derartige Reform des Zollwesens bei Gelegenheit der Einführung der Luxussteuer beantragt, dass seither die Finanzzölle alle von der Luxussteuer im Inlande zu treffenden Gegenstände, falls letztere ausländischen Ursprungs sind, in derselben Höhe treffen sollen. Eine vollkommen genaue Anpassung und Uebereinstimmung der beiderseitigen Last (Steuerhöhe) lässt sich, wie schon bemerkt, freilich nicht erzielen, da ja Zölle in einer ganz andern Form erhoben werden, als unsere Luxussteuer erhoben werden soll; doch kann die nach dem Gewichte und der Waarensorte zu bestimmende Zollhöhe durch Vergleichung mit dem eventuellen Ertrage der, nach dem Verkaufspreise derselben Waaren aufzulegenden Luxussteuer, mit der letzteren bis zu einem gewissen, ja ziemlich hohen Grade in Einklang gebracht werden. Man kann namentlich auf Grund von Erfahrungen den Zolltarif in dieser Richtung immer mehr verbessern. Setzt man nun das voraus, und stellt sich die hier vorgeschlagene Erhebungsart der Luxussteuer genau vor, so ist es leicht einzusehen, dass die beiden einander zu vervollständigenden Nebenstücke: Luxussteuer und Luxuszoll miteinander manches Mal auch kollidiren könnten. Es könnte dies nämlich dann geschehen, wenn ein Kaufmann die Luxussteuer von Verkäufen ausländischer Luxus-Waaren entrichten müsste. Bei der Besteuerung von Ganzfabrikaten in den Produktionsstätten kann so ein Fall nicht vorkommen, da hier ja eben feststeht, dass die betreffenden Produkte gerade inländischer Abstammung sind. Werden hingegen ausnahmsweise Halbfabrikate in den Kaufläden besteuert, so bleibt es noch dahingestellt, ob dieselben von in- oder aber von ausländischen Produzenten herrühren, und da wäre es im letzteren Falle unbillig, ein und dasselbe Waarenexemplar aus Einem und demselben Titel, sowohl an der Grenze, als auch im Inlande zu besteuern. Wie könnte man nun so einer Doppelbesteuerung vorbeugen?

Mehrere Mittel wären wohl zu diesem Zwecke dienlich. Zunächst eben die Steuerbefreiung der Verkäufe von schon verzollten ausländischen Luxuswaaren. Selbe wäre an und für sich billig, doch nur mit vielen Umständen durchzuführen, da man sie lediglich auf Grund von, den Bücherauszügen beigelegten Zollerlagsbestätigungen zugestehen könnte, und auch dann noch immer die Frage offen bliebe, ob die ausländischen Waaren gerade im bezüglichen Steuerjahre ganz ausverkauft wurden, oder aber, ob und welcher Theil der ausgewiesenen Verkaufssumme aus den inländischen Waaren herrührt? Auf jeden Fall wäre dies nichts weniger, als eine Vereinfachung der Steuererhebung, und demgemäss immerhin ein gelegenes Mittel zu Defraudationen. — Man könnte somit ferner die Steuererhebung in den Kaufläden überhaupt aufgeben, und sich in den bezüglichen Fällen mit der Besteuerung der gewissen Halbfabrikate in den Produktionsstätten begnügen, wonach dann, ebenso wie bei den Ganzfabrikaten, keine Kollision zwischen Zoll und Steuer mehr möglich wäre. Diese Maassregel hätte von diesem Standpunkte Manches für sich, müsste jedoch bekanntlich viele Geldverluste und Unregelmässigkeiten nach sich ziehen. — So steht denn noch ein dritter, und zwar der beste Weg zur Verfügung: man verbleibt bei der eben skizzirten Erhebung der inländischen Luxussteuer, macht aber von der verlangten Uebereinstimmung der Luxuszölle mit den Luxussteuern die Ausnahme, dass die mit der Luxussteuer in den Kaufläden zu treffenden Halbfabrikate von den Luxuszöllen frei sein sollen. Hiedurch entgeht man allen Kollisionen und riskirt nicht Einen Heller. Denn die betreffenden Halbfabrikate müssen entweder vom Kaufmanne, oder vom Verarbeiter (z. B. in unserem früheren Beispiele vom Schneider) aus dem Auslande bezogen werden, und unterliegen dann hier sowohl als dort der inländischen Luxussteuer, wie wenn sie inländischen Ursprungs wären. Nur in dem einzigen, bei den heutigen Verkehrverhältnissen höchst unwahrscheinlichen oder doch seltenen Falle, wenn die

Konsumenten unmittelbar vom Auslande sich die bezüglichen
Halbfabrikate verschaffen wollten, wäre ein Steuerentgang zu
befürchten. Doch dürfte man diese Eventualität, welche nur
bei den Grenzbewohnern von Bedeutung sein könnte, schon
aus dem Grunde übergehen, weil die Grenzbewohner ohnehin
am leichtesten geschwärzte Waaren sich zu verschaffen vermögen, folglich auch den hier besprochenen Zoll leicht defraudiren würden. — Auf diese Weise wären auch die s a c h l i c h e n
S t e u e r b e f r e i u n g e n auf ein Minimum reduzirt. — — —

Damit aber eine derartige Luxussteuer mit den angeführten drei Kategorien ermöglicht werde, ist eine wichtige,
wenn auch von den finanziellen Gesetzen und Einrichtungen
an und für sich ganz unabhängige Bedingung unentbehrlich:
die Gewähr für wirklich und redlich geführte
Handlungsbücher. Und streng genommen, besteht diese
Gewähr nach den heutigen Gesetzen leider nicht, wenn sie
auch nicht schwer zu schaffen ist. Zwar schreibt, wie schon
früher erwähnt, das allgemeine deutsche und das österreichische
Handelsgesetzbuch die Führung von Handlungsbüchern vor,
und so besteht also g e s e t z l i c h die Institution, deren wir
bedürfen; allein f a k t i s c h fehlt sie sehr oft, da das Gesetz
keine direkte Sanktion für obige Vorschrift bestimmt, und
für den Fall der Nichtbeachtung der letzteren blos mit der
i n d i r e k t e n Strafe vorlieb nimmt, wonach der Zuwider-
handelnde die Wohlthat der wirksamen Beweisführung[1]), welche
das Gesetz an ordentlich geführte Bücher knüpft, verwirkt.
Nun ist diese Lücke dem Gesetzgeber insoferne nicht besonders zu verargen, als das Handelsgesetz von 1862 es überhaupt
an gesetzlichen Sanktionen ermangeln lässt. Es mag dies auch
vom r e i n k a u f m ä n n i s c h e n Gesichtspunkte aus vielleicht
richtig sein, jeden Kaufmann die schädlichen Folgen seiner
Fahrlässigkeit blos zivilrechtlich tragen zu lassen. Allein die
Analogie der Kommanditaktien- und der Aktiengesellschaften,
die nach dem Handelsgesetzbuche auch sanktionslos sind,
und deren neu zu schaffende Normativbedingungen man nun-

---

[1]) halber oder ganzer Beweis nach §§. 34 und 35.

mehr überall (so auch in dem, dem oesterreichischen Reichsrathe vorliegenden diesbezüglichen Regierungsentwurfe) mit
Rücksicht auf die allgemeinen Interessen mit strengen
Sanktionen zu umgeben trachtet[1]), — erlaubt wohl den gerechtfertigten Schluss, dass man eine ähnliche Reform aus
ähnlichen öffentlichen Rücksichten auch den Handlungsbüchern zuwenden könnte und sollte. In beiden Fällen handelt es sich nämlich um betrügerische Handlungen, und zwar
bei Aktiengesellschaften um Kürzung des Publikums, bei
Handlungsbüchern — unsere Luxussteuer zugegeben — um
Kürzung des Staates, somit im Grunde aller Bürger als Steuerzahler: ich glaube, die beiden Interessengruppen können doch
so ziemlich einander die Wagschale halten. Freilich ist ein
Fiskalinteresse an und für sich nicht berechtigt, in einem
Handelsgesetzbuche Berücksichtigung zu finden; indessen wäre
da ein Ausweg durch eine Novelle möglich, welche den kaufmännischen resp. zivilgerichtlichen Folgen von schlecht geführten Büchern, wie sie im Handelsgesetzbuche bestimmt sind,
keinen Abbruch zu thun brauchte, ja dieselben noch verschärfen könnte. Andererseits aber kann man die Ueberzeugung
aussprechen, dass der Handels- und Gewerbestand, der heutzutage nur viel zu viel auf Kredit verkaufen muss[2]), lediglich
gewinnen würde, wenn man ihn zwar aus finanziellen, doch
faktisch ihn als Steuerträger nicht betreffenden Rücksichten,
zur Führung von ordentlichen Handlungsbüchern zwingen
würde.

Nun muss man hier drei Fälle unterscheiden: α) Nichtführung von Handlungsbüchern; β) unordentliche Führung;
γ) ohne Rücksicht auf die Art der Führung, Vorlage falscher
Auszüge. Der letztere Fall ist schon oben besprochen worden[3]),

---

[1]) Vgl. diesfalls auch „zur Reform des Aktiengesellschaftswesens",
Leipzig 1873 (3 Gutachten für den Verein für Sozialpolitik); und „Verhandlungen des Vereins für Sozialpolitik im J. 1873", Leipzig 1874, namentlich das Referat Wagner's.

[2]) Dies gilt namentlich von den Handwerkern, die aber eben fast
durchwegs keine Handlungsbücher führen. Vgl. oben S. 161.

[3]) S. S. 160.

der erstere ist leicht zu erforschen, der zweite ist der schwierigste. Findet man bei Vornahme der periodischen Revision gar keine Bücher, so muss man es wenigstens mit sehr hohen Geldstrafen und strengem Arreste ahnden; liesse sich dabei faktische Vorlage falscher Auszüge erweisen, so müssten die Folgen des dritten Falles eintreten. Findet man hingegen Handlungsbücher vor, und stimmen auch die vorgelegten Auszüge mit denselben überein, dann entsteht erst die schwierigste Frage, ob die Handlungsbücher auch ordentlich geführt wurden, d. h. alle Käufe resp. alle Preise, nämlich auch die höheren, den Luxus schaffenden, enthalten. Da nun dieses durch die Staatsbehörde auf keinen Fall erkannt werden kann, so könnte dies die gefährlichste Klippe für unsere ganze Luxussteuer werden. Doch ist die Gefahr nicht unüberwindbar. Man muss nur einerseits in die Novelle den zivilgerichtlichen Grundsatz aufnehmen, dass nur diejenigen kreditirten Waaren, deren Verkauf in den Büchern eingetragen ist, klagbar sind; andererseits aber — denn etwaige aus dem Verkaufe herrührende Wechsel, Notariatsurkunden sind doch nicht klaglos zu erklären — muss man berücksichtigen, dass unsere Luxussteuer durchaus nicht geeignet ist, Defraudationsgelüste zu wecken. Dieses ist eigentlich der entscheidendste Punkt in der ganzen gegenwärtigen Frage, wird jedoch erst im weiteren Verlaufe der Arbeit sich klarer ergeben.

Im Ganzen aber kann als erwiesen angenommen werden, dass durch rücksichtslose Anwendung der für allerlei Mängel in den Handlungsbüchern oder Bücherauszügen gesetzlich zu bestimmenden Geld-, Arrest- und Kriminalstrafen die erfolgreiche Durchführung von sog. indirekten Luxussteuern nicht nur ermöglicht würde, sondern sogar ausser allem Zweifel gestellt wird. — — —

Dies also die Vorschläge und der Plan zur Durchführung sog. indirekter, d. h. bei den Produzenten zu erhebender Luxussteuern mit entsprechenden Luxuszöllen.

Es frägt sich nur noch, ob und wie solche Steuern sich
bewähren dürften, ob sie namentlich einerseits den, den Luxussteuern überhaupt gemahten Vorwürfen Stand zu halten ver-
möchten, und ob sie nicht vielleicht noch andererseits selber
anderweitige Vortheile versprächen? Also um die voraus-
sichtlichen Folgen der sog. indirekten Steuern und
zwar sowohl in negativer als auch in positiver
Richtung wird es sich hier noch handeln.

Bekanntlich wendet man gegen die Luxussteuern zunächst deren Undurchführbarkeit ein, und wirft ihnen dann
— die Durchführbarkeit zugegeben — Verminderung der Konsumtion resp. Verschiebung des Luxus, sowie auf jeden Fall
geringe Einträglichkeit vor. Nachdem nun die Durchfuhrbar-
keit der Luxussteuer, und zwar in einem bedeutend grösseren
Umfange, als es deren Gegner nur ahnen, schon oben dargethan worden ist, so ist hier unsere Steuer blos in Bezug auf
die zwei weiteren Vorwürfe zu untersuchen.

Was nun den Vorwurf der Verminderung oder Verschiebung der Konsumtion anbelangt, so könnte sich
derselbe blos auf die wenigen sog. direkten Luxussteuern, falls
solche mit Ausschliessung der indirekten bestehen sollten,
und sogar auch auf jene nur zum geringen Theile beziehen.
Freilich wenn man z. B. nur Ankeruhren oder (wie neulich
in Versailles vorgeschlagen wurde) nur Cylinderhüte und dergl.
besteuern wollte, dann würde wohl die Konsumtion derartiger
Gegenstände aufhören, und sich dafür auf andere Luxusartikel,
z. B. Cylinderuhren, niedrige Hüte und dergl., werfen. Aber
schon auf Equipagen und Wohnungen passen die Vorwürfe
nicht ganz, denn eine Luxussteuer, wenn sie nicht etwa unsinnig hoch ist, wird sicher nicht einen einzigen reichen Herrn
bewegen, weniger Equipagen oder aber eine geringere Wohnung, als bisher, zu halten. — Was dann erst, wenn nicht
blos Equipagen, Wohnungen etc., sondern, wie hier vorgeschlagen, jeder bedeutendere Luxus besteuert wird! wo-
hin denn soll da der Luxus sich verschieben? Andere
inländische Gegenstände kann man nicht wählen, denn alle
sind besteuert; ausländische zu beziehen, nützt auch nichts.

denn die sind mit einem, der inländischen Luxussteuer gleichen
Zolle belegt. Das einzige Mittel wäre wohl, zu den billigsten
resp. schlechtesten Sorten seine Zuflucht zu nehmen, aber
auch das thut Niemand der Steuer halber, sondern nur entweder aus Noth, oder aus Prinzip: wer an bessere Sorten gewohnt
ist, greift nicht zu den schlechteren, die zwar billiger, aber
in der Regel auch weniger dauerhaft sind. Und thäte man
es auch, so wäre dies kein Unglück, und fände übrigens in
sich selber ein Korrektiv durch Preis-Erhöhung der nunmehr
begehrten schlechtesten Sorten.

Im Ganzen aber die Konsumtion einzuschränken,
wird wohl auch selten Jemand durch unsere Luxussteuer be-
wogen werden, denn letztere wird weder so hoch sein, um
zu obigem Entschlusse materiell, noch auch wird sie, da sie
bei den Produzenten erhoben wird, so viel böses Blut machen,
um moralisch hiezu zu zwingen. Im ersten Jahre werden
wohl alle mit den Konsumenten in unmittelbare Berührung
kommenden Gewerbs- und Kaufleute vor den Kunden über
die Steuer klagen, um die Preiserhöhung, die wohl Anfangs
hie und da etwas zu weit gehen wird, zu rechtfertigen; später
aber gewöhnen sich die Konsumenten an die höheren Preise
und werden dann die Steuer ganz vergessen. Hat man doch
eine ähnliche Erfahrung bei ärmeren Leuten z. B. in Bezug
auf die Getränkesteuern gemacht [1]: um wie viel sicherer kann
man es also auch bei den wohlhabenderen und höheren Klassen
erwarten, namentlich, wenn der Wohlstand im Lande überhaupt im Zunehmen begriffen ist! Uebrigens werden sich die
Produzenten resp. Kaufleute sehr wohl hüten, über die Steuer
so viel zu klagen, oder die angeblich von der Steuer herrührende Preiserhöhung so weit zu treiben, dass dadurch den
Konsumenten die Lust zum Einkaufe vergehen sollte [2]; denn

---

[1] Dies wird ja sogar als Vorwurf gegen die Form der Konsumtionssteuern überhaupt, und zwar mit gewissem Rechte, hervorgehoben.

[2] Ist der Luxussteuerfuss bekannt, dann kann ja der Konsument, der
die betreffende Waare oft schon vorher kaufte, die von der Steuer herzu-
rührende Preiserhöhung sogar selber ganz leicht berechnen, und sich hienach dem Kaufmanne gegenüber verhalten. Es sind ja nur die hier gar

ihr eigenstes Interesse steht ja mit der Verminderung der Konsumtion, d. h. des Absatzes, im Widerspruche. Auch dürfte sich sehr bald in der Preiserhöhung eine gewisse Konformität herausstellen, weil widrigenfalls eine Verschiebung des Luxus in der Richtung der geringeren Preiserhöhung, also zu Ungunsten derjenigen Produzenten, die den Preis zu viel erhöht haben, stattfinden müsste; und da man doch eine allgemeine Verabredung aller Produzenten resp. Kaufleute gegen sämmtliche Konsumenten nicht gut voraussetzen kann, so wird eine derartige Konformität nicht anders, als durch möglichste Anpassung der Preiserhöhung an den wirklichen Steuerbetrag, zu erzielen sein [1]).

So wird also weder eine Verschiebung resp. Verminderung des Luxus, noch auch eine ungerechtfertigte Kürzung der Konsumenten in Folge unserer Luxussteuer zu befürchten sein. Würde aber ausnahmsweise dennoch eine Verminderung der Konsumtion irgend welcher Luxusartikel eintreten, so würde dies, so lange es eben nur Ausnahmsfälle wären, nicht nur kein Nachtheil, sondern vielmehr von einem gewissen Nutzen sein. Denn die in dem betreffenden Produktionszweige in Folge verminderten Absatzes frei gewordenen Kapitalien müssten sich auf andere, und zwar — da ja alle Luxusartikel gleich besteuert sind und also überall die gleiche Gefahr der Absatzverminderung droht — auf gröbere, einfachere Produktionsgebiete werfen, wodurch dann diese einfacheren Waaren billiger und den ärmeren Klassen zugänglicher würden [2]). Eine Verschiebung des im jüngsten Dezennium, namentlich durch das überschwängliche, nunmehr freilich schon todte

---

nicht in Betracht kommenden ärmeren und weniger gebildeten Leute, welche sich diesfalls leicht betrügen liessen.

[1]) Aehnliches bewährt sich bekanntlich z. B. auch beim Biere; ja hier geschieht es sogar, dass trotz etwaiger Verabredung der Bierbrauer, „intelligente (sic!) Bierkonsumenten" eine ungebührliche Preiserhöhung herausmerken, und deren Beseitigung durch die Presse durchsetzen.

[2]) Das ist die Haupt-Lichtseite der schon auch oben in Aussicht genommenen Verschiebung der Konsumtion in der Richtung der billigsten Sorten.

Börsenspiel, so arg gesteigerten Luxus in der Richtung einer einfacheren Konsumtion resp. Produktion könnte der ganzen Volkswirthschaft sowohl, als auch den Arbeiterklassen insbebesondere nur sehr förderlich sein; und wenn auch gerade diese einfachste Konsumtion von unserer Steuer frei sein soll, so würde der Staat im Grunde doch nichts verlieren, weil der Ausfall am Luxussteuerertrage zweifellos durch die niederen Klassen gedeckt würde, welche, da sie in Folge obiger Umwandlung nunmehr weniger auf Kleidung und dergl. auszugeben brauchten, desto mehr dafür an besteuerten Verzehrungsgegenständen, z. B. Getränken, Kaffee und dergl. konsumiren könnten und würden. —

Der hier vorgeschlagenen Luxussteuer könnte man aber ferner am wenigsten den Vorwurf einer geringen Ertragsfähigkeit, der ebenfalls blos auf wenige unzureichende, direkt aufgelegte Luxussteuern passt, machen. Denn einerseits ist hier, wie schon bewiesen, eine Verschiebung des Luxus in der Richtung von etwa nicht besteuerten Luxusgegenständen nicht zu befürchten, da ja alle Luxusartikel besteuert sind[1]), so dass also alle wohlhabenderen Konsumenten die Steuer werden viel und oft zahlen müssen, — andererseits dürfte hier die Gefahr der Defraudation nicht so übermässig gross sein, wie bei allen andern Konsumtionssteuern. Es ist freilich wahr, dass im Allgemeinen diese Gefahr eine der schwächsten Seiten der Konsumtionssteuern überhaupt ist, aber dieselbe nimmt desto mehr ab:

a) je geringer der Steuerfuss ist;

b) je entbehrlicher die Steuerobjekte sind; und

c) je rationeller die Steuer aufgelegt ist.

Nun gar so hoch dürfen indirekte Luxussteuern nicht sein, und zwar nicht blos eben mit Rücksicht auf die Gefahr der Defraudation, sondern einfach auch deshalb, weil sie ja sehr viele Gegenstände treffen sollen, somit auch ein mittelmässiger Steuerfuss sehr viel, d. h. so viel Ertrag, als das Zuwenig des Ertrags der direkten, namentlich aber der Einkommen-

---

[1]) Die billigsten Sorten sind eben keine Luxusartikel

steuer beträgt, geben wird [1]). Es könnte übrigens bei zu hohem Steuerfusse die Konsumtion im Lande bedeutend abnehmen, was doch weder im Interesse der Volkswirthschaft, noch auch in dem des Staatsschatzes gelegen ist [2]).

Dass ferner die Gegenstände unserer Luxussteuern entbehrlich, oder wenigstens auf jeden Fall entbehrlicher sind, als die sog. „entbehrlichen", z. B. Getränke etc., die man doch in allen Sorten besteuert, während von der Luxussteuer die niedrigsten Sorten frei gelassen werden sollen, — das braucht nicht erst besonders nachgewiesen zu werden.

Es frägt sich also nur noch, ob der obige Durchführungsvorschlag der Luxussteuer so beschaffen ist, dass er an sich schon Defraudationen vorzubeugen vermöchte? Dies dürfte nun bejaht werden. Vor Allem kann diesfalls schon auf die oben geforderten strengen Kontrollen in Bezug auf die Handlungsbücher und Bücherauszüge verwiesen werden; doch nicht in dieser, so zu sagen, physischen Gewaltmaassregel soll das Hauptmittel gegen die Defraudation liegen, sondern eben in der Art der Durchführung der ganzen Steuer. Um sich nun zu überzeugen, dass letzteres wirklich geschehen müsste, braucht man nur unsere Luxussteuer mit irgend einer andern, allgemein üblichen Konsumtionssteuer, z. B. mit der gerade in Oesterreich durch die Defraudationen (besonders bis 1866) berüchtigten Branntweinsteuer, zu vergleichen. Beide Steuern werden beim Produzenten erhoben, und dennoch besteht ein himmelweiter Unterschied zwischen ihnen. Der Branntweinbrenner ist verpflichtet, der Finanzbehörde über jeden Produktionsakt Anzeige zu erstatten, wonach ihm die Konsumtionssteuer nach der Masse und der Qualität des Produktes bemessen wird [3]): um den künftigen Verkaufspreis des Branntweins kümmert sich der Staat nicht im geringsten, er nimmt

---

[1]) Es ist dieses Prinzip analog dem der Preisbestimmung von Industriewaaren: der Verkauf billiger aber vieler Produkte gibt einen hohen Ertrag.

[2]) Vgl. in dieser Beziehung die früheren Ausführungen.

[3]) Wir sehen hier selbstverständlich von allen möglichen Besteuerungsmodalitäten, so wie von irgend welchen gegebenen Staaten ab.

vielmehr die Steuer im Vorhinein, vor dem Verkaufe. Da ist es nun erklärlich, dass der Produzent zu defraudiren trachtet, denn entweder kann er befürchten, es werde in Folge der Steuer der niedrigste Verkaufspreis des Produktes so hoch ausfallen, dass keine Käufer zu finden wären, resp. ohne Gewinn, oder sogar mit Verlust verkauft werden müsste; oder aber er denkt sich, dass, wenn er sich der Steuer entzogen haben wird, er mit um so viel grösserem Gewinne seine Produkte verkaufen wird. Im ersten Falle braucht er (nach seiner Meinung) die Defraudation, im zweiten will er sie, und er kann sie auch insoferne wagen, als er die Chance hat, dass, wenn Einmal die Behörde einen Theil des zu versteuernden Produkts verpasst hst, der Betrug nicht mehr so leicht wird entdeckt werden können. Alles dies ist nun ganz anders bei der Luxussteuer.

Da wird die Steuer nicht nach der Produktenmasse, sondern nach deren verwirklichtem Werthe, nach dem Verkaufspreise bemessen; sie wird auch vom Produzenten nicht vorgeschossen, nicht vorausbezahlt, sondern erst nachträglich, nach effektuirtem Verkaufe, d. h. also, nachdem der eigentliche Steuerträger sie schon berichtigt hat, entrichtet. Der Produzent hat sich somit, bevor er noch die Steuer zu zahlen hat, mit derselben abgefunden, hat schon die Verkaufspreise ihr angepasst, seine Gewinne schon eingeheimst: er riskirt durch die Steuer keine Verluste, und man kann füglich zunächst sagen, dass er zu defraudiren nicht braucht. Er wird es aber ferner in der Regel auch nicht wollen. Es wurde zwar schon an anderer Stelle bemerkt, dass heutzutage sogar die ehrbarsten Leute sich leider keine Skrupeln machen, den Staat um dessen Steuer zu bringen; allein nicht jede Defraudation hat einen gleichen Charakter. Man hintergeht den Staat skrupellos, wenn man ihn gewissermaassen als seinen materiellen Gegner betrachtet, von welchem man eine Schmälerung seiner Einkünfte befürchtet: dies ist selbst dann der Fall, wenn die Steuer ihrer Natur nach, wie eben z. B. auch die Branntweinsteuer, zur Abwälzung bestimmt ist, denn kein Produzent kann den Gang des Abwälzungsprozesses voraus berechnen, also kann auch der Branntweinbrenner nicht wissen, ob er vom Konsumenten die Steuer sowohl, als auch den ganzen üblichen Gewinn herausschlagen˙ wird. Derartige Verhältnisse treten aber bei unserer Luxussteuer nicht ein. Der Produzent hat hier die blosse Pflicht, des Staates H e l f e r s h e l f e r, dessen unentgeltlicher B e a m t e, dessen S t e u e r e i n n e h m e r zu sein, und soll dann eben als solcher die im Namen des Staates s c h o n e i n g e h o b e n e Steuer demselben einfach a b l i e f e r n. Unter solchen Umständen defraudiren, hiesse v e r u n t r e u e n, hiesse auf Staatskosten sich p o s i t i v b e r e i c h e r n, hiesse direkt b e t r ü g e n; und mancher ehrliche Produzent, der mit der grössten Freude seinen durch die Gewerbesteuer zu treffenden Reinertrag falsch angiebt resp. zu verdecken sucht, würde es nicht über sich ergehen lassen, bei einer in obiger Weise eingerichteten Luxussteuer das Staatseigenthum zu veruntreuen. Dies ist auch der Grund, warum die diesfälligen Defraudationen oben als gemeiner Betrug, der dem Strafrichter verfallen soll, aufgefasst wurden [1]); und wieder die daraus resultirenden strengen Kontrollsmaassregeln und Strafsätze werden der Mehrzahl der Produzenten die Lust sowohl, als auch in der Regel die M ö g l i c h k e i t einer Defraudation benehmen, so dass jene Vorsichtsmaassregeln blos für eine gewissenlose Minderzahl bestimmt wären.

Dies ist der essentielle Unterschied zwischen der Einrichtung der heutigen Konsumtions- und der unserer Luxussteuern, und darauf, so wie namentlich auch auf die Allge-

---

[1]) Vergl. oben S. 160 und Seite 175.

Dass es nicht unmöglich ist, Defraudationen, die sich als förmlicher Betrug qualifiziren, vor's Forum der Fiskalgerichte, anstatt vor das des Kriminalgerichtes zu bringen, bewies in jüngster Zeit in Oesterreich der eklatante Prozess S k r e j s z o w s k y's in Prag. Der Fall war sogar sehr analog mit dem hier behandelten: wenn ein Redakteur die f ü r d e n S t a a t e i n g e h o b e n e Inseratensteuer dem Staate vorenthält, so handelt er ganz so, wie ein pflichtvergessener Steuerbeamte und muss criminaliter bestraft werden.

Freilich ist übrigens in dem Prozess Skrejszowsky eine eminent p o - l i t i s c h e Färbung nicht zu verkennen!

meinheit der letzteren kann man die bestimmte Hoffnung
bauen, dass dieselben einen recht ausgiebigen Ertrag liefern
werden, wodurch eben der letzte der hauptsächlichsten Einwürfe gegen die Luxussteuern im Allgemeinen entkräftet erscheint [1]).

Doch könnte man noch speziell der Luxussteuer in der
hier vorgeschlagenen Form vorwerfen, dass sie vielleicht der
Erhebung der Gewerbesteuer, welcher ja eben die luxussteuer-
pflichtigen Gewerbs- und Kaufleute unterliegen müssen, hin-
derlich im Wege stünde. Nun da braucht man nur auf ganz
analoge Verhältnisse bei allen heutigen Konsumtionssteuern
(mit Ausnahme der in Monopolsform erhohenen) hinzuweisen.
Auch der Branntweinbrenner, Bierbrauer, Zuckerfabrikant u.
s. w. muss nebst der Gewerbesteuer vom Ertrage seiner Unter-
nehmung noch besonders die Akzise entrichten, und doch
stehen sich, wie die Praxis darthut, die beiden Steuern durchaus nicht im Wege. Warum sollte denn also eine ganz analoge Kumulirung der Gewerbesteuer mit der Luxussteuer gefährlich sein?! Im Gegentheile, man könnte behaupten, dass
letztere der Erhebung der ersteren sogar förderlich sein
könnte, denn da die Gewerbesteuer gar so schwer einzurichten, und beinahe überall reformbedürftig ist [2]), so könnten
jedenfalls die bewussten Bücherauszüge, welche über den Umfang des Geschäftes und des Absatzes Zeugniss ablegen, bei
der Ertragsberechnung von nicht geringer Bedeutung sein.
Indessen würde ich eine solche fremdartige Benützung der
Bücherauszüge nicht anrathen, da hiedurch auch bei der
Luxussteuer die Defraudation, und zwar nicht mehr als Ver-
untreuung, sondern — wenigstens mittelbar mit Rücksicht
auf die Gewerbesteuer — in ihrer gewöhnlichen Form hervor-
gerufen werden würde. Dafür aber möchte ich wünschen,
dass, wenn bei einer der regelmässig hie und da vorzu-
nehmenden Revision der Handlungsbücher Mangel an Ueber-

---

[1]) Ob eine derartige n a c h t r ä g l i c h e Erhebung auch bei den bisherigen
Konsumtionssteuern nicht durchführbar wäre?

[2]) Bekanntlich auch in Oesterreich.

einstimmung mit den vorgelegten Auszügen vorgefunden würde,
die revidirende Behörde alsdann nicht nur die Luxussteuer
den Büchern gemäss rektifiziren, und den Schuldigen daneben
vorschriftsmassig bestrafen, sondern zur weiteren Strafe noch
die rektifizirten Bücherauszüge der die Gewerbesteuer be-
messenden Behörde überschicken sollte, auf dass letztere demgemäss auch die Gewerbesteuer nöthigenfalls erhöhe[1]). Dadurch würden sich einerseits die zwei Steuern theilweise
unterstützen, wiewohl im Ganzen die Gewerbesteuer ganz
selbstständig ohne Rücksicht auf die Luxussteuer bemessen
und erhoben werden soll; andererseits aber wäre auf obige
Weise der Defraudation bei der Luxussteuer noch
mehr vorgebeugt. Beides jedoch setzt ordentlich geführte
Handlungsbücher voraus.

So passen also weder die allgemein üblichen Vorwürfe,
noch auch irgend ein spezieller auf unsere Luxussteuer, demgemäss dieselbe in negativer Richtung vollkommen gerechtfertigt erscheint. — — — —

Allein es ist dies schliesslich auch in positiver Richtung
der Fall, d. h. die Luxussteuer, und zwar gerade in der hier
vorgeschlagenen Form, besitzt noch positiv gute, schätz-
bare Eigenschaften, durch welche sie sich vor allen
anderen Arten von Konsumtionssteuern auszeichnet. So ist es:

1) bekanntlich eines der Haupterfordernisse einer gut
eingerichteten Konsumtionssteuer, dass, da sie nicht anders,
denn beim Produzenten erhoben werden kann, ihre Erhebung
in möglichster Nähe des Konsumtionsaktes stattfinde, weil
widrigenfalls der Produzent dem Konsumenten für den Ver-
zug der für den letzteren vorgeschossenen Steuer nicht nur
Zinsen, sondern auch oft ganz ungerechtfertigte Prämien auf-
rechnet, wodurch der Preis des betreffenden Artikels über
die Gebühr gesteigert wird. Dieses Postulat ist nun bei
keiner der bisherigen Konsumtionssteuer in wünschenswerthem

---

[1]) Man ginge da nämlich von dem richtigen Standpunkte aus, dass die
erwiesene Defraudation in einer Richtung zum Verdachte einer gleichen in
einer anderen Richtung berechtige.

Grade erfüllt worden: am nächsten kommt ihr die sog.
„Kellersteuer" beim Weine, sonst aber ist dies zwar noch
mehr bei den in Form von Staatsmonopolen erhobenen Steuern
der Fall[1]), doch bringt dafür die Monopolsform selber um so
viel mehr volkswirthschaftliche Nachtheile mit sich[2]). Dagegen ist unsere Luxussteuer nicht nur frei von all' diesen
schwachen Seiten, sondern steht in dieser Beziehung vielmehr
auf dem denkbar idealsten Standpunkte. Von einem Vorschiessen ist weder bei den sog. direkten, noch auch, wie
schon oben bemerkt, bei den sog. indirekten Luxussteuern
die Rede: die ersten werden während, die zweiten
im Momente des Beginnens der Konsumtion, d. h.
beim Einkaufe erhoben. Beide diese Arten von Luxussteuern, besonders aber die hier viel wichtigere zweite, bilden das Ideal einer Konsumtionssteuer: ihre wirkliche Tragung durch die Konsumenten ist von den oft zweifelhaften Chancen der Abwälzung gar nicht abhängig, sie werden weder zu spät, noch zu früh erhoben, sie werden durch
keine, in ihren Interessen hiebei gefährdeten Vermittler erhoben. Ganz bestimmt bezahlt sie der Konsument im Momente des Konsumtionsbeginnes zu Händen einer Person, die,
wenn man es auf die Waage nehmen wollte, für ihn in ganz
gleichem Maasse wie für den Staat günstig oder ungünstig
gestimmt sein muss. Dem Staate braucht dieser Vermittler,
der Produzent, nicht zu grollen, denn derselbe lässt ihn nichts
vorschiessen, dem Konsumenten braucht er nicht zu gewogen
zu sein, denn er weiss, dass derselbe bei jedem anderen Produzenten einen gleichen Preisaufschlag vorfinden würde. Das
rechte Mittelmaass der Interesseneinheit zwischen

---

[1]) z. B. der Salz-, Tabak- (auch Spielkarten-) Steuer. Hier wird die
Steuer unmittelbar beim Verkaufe, jedoch auch nur dann erhoben, wenn
der Staat sich den Detailverkauf vorbehält, was wieder in der Regel aus
anderweitigen Gründen nicht empfehlenswerth ist.

[2]) Ich meine hier aber nur die sog. „Finanzmonopole", d. h. die, die
Stelle von Konsumtionssteuern vertretenden, nicht aber die sog. „Regalien"
(die ja faktisch auch Monopole sind), z. B. das Post-, Münz-, event. Eisen-
bahnregale u. dergl.

Staat, Steuerträger und Steuereinheber ist hiemit in einer Weise erreicht, wie dies bei keiner Steuer der Welt geschieht.

2) Unsere Luxussteuer akkomodirt sich ferner ganz genau dem Luxus in dessen Hauptarten. Es giebt nämlich Luxusgegenstände, die ihrer Dauerhaftigkeit sowohl, als auch ihrer verhältnissmässigen Kostspieligkeit wegen nur von Zeit zu Zeit, ja unter Umständen nur Einmal im Leben angeschafft zu werden pflegen, es giebt wieder andere, die man sehr oft ankauft. An diese beiden Luxusarten schmiegt sich unsere Steuer vollkommen naturgemäss an: da sie nämlich immer nur beim Verkaufe erhoben wird, so wird sie von einem und demselben Konsumenten je nach den obigen zwei Fällen bald selten, bald oft gezahlt. Und der Staat verliert in keinem Falle, denn da die Steuer ad valorem bemessen wird, so wird sie im ersteren Falle, d. h. bei den theueren Sachen, sehr hoch ausfallen (z. B. nur 5 %/₀ vom Verkaufspreise der Edelsteine oder theueren Möbeln etc.!), während sie im zweiten Falle zwar im geringen Betrage, aber dafür oft erhoben werden wird. Werden also erstere Auslagen z. B. nicht vom Einkommen, sondern vom Kapitalsstocke bestritten, so wird die Luxussteuer hiedurch keineswegs zu einer Kapitalssteuer, sie bleibt nichtsdestoweniger auf dem Einkommen lastend; denn sie wird zwar in diesem Falle auf Einmal in grossem Betrage, gewissermaassen zur Strafe für den Kapitalsverzehrenden, aus dem Kapitale gezahlt, bedeutet aber dabei doch nichts weiter, als die Kapitalisirung derjenigen Luxussteuer, welche oft und in geringen Beträgen zu zahlen gewesen wäre, wenn der Konsument statt des auf Einmal verzehrten Kapitals das Einkommen daraus für Luxus alljährlich verwendet hätte. Ich meine hiemit kein blosses Rechenexempel, sondern den nicht wegzuläugnenden Satz, dass, wer z. B. ein Kapital von 100,000 Gulden auf Einmal für Edelsteine verwendet, er sich hiedurch wirthschaftlich in die Lage versetzt, als wenn er jährlich etwa 6000 Gulden auf Putz oder anderen Luxus verwenden würde; — freilich hätte er sie alsdann auch nützlicher verwenden können! Entnahm er aber die 100,000 Gul-

den seinem Einkommen, nun dann unterliegt ja die Besteuerung eben dieses Einkommens keinem Anstande. Und
da direkte Steuern dieses unmittelbar erscheinende Einkommen nicht genügend, dagegen jenes in der Einmaligen
Kapitalsauslage sich mittelbar äussernde Einkommen sogar
überhaupt nicht zu treffen im Stande sind[1]), so ist die
Luxussteuer in beiden Fällen nur erwünscht, und um so erwünschter, wenn sie sich in ihrem Betrage je nach den zwei
Hauptfällen zn reguliren vermag.

3) Doch weiss unsere Luxussteuer nicht nur den Hauptarten des Luxus sich anzupassen, sondern auch alle möglichen
Luxuserscheinungen, und zwar gerade gewisse sehr leicht entschlüpfbare, ganz genau zu treffen, ohne dass es hiezu irgend
welch anderer Methode, als der hier allgemein vorgeschlagenen
bedürfte. Es ist freilich nicht die Aufgabe einer theoretischen
Abhandlung, einzeln die Gegenstände anzuführen, welche
der Luxussteuer verfallen sollen: das allgemeine Prinzip für
die Wahl der Steuerobjekte ist oben aufgestellt worden, und
da muss es dem gesunden Sinne der Gesetzgeber überlassen
werden, mit dem Gewerbesteuerkataster so wie den Zoll-
registern in der Hand, diejenigen Produktionsarten herauszu-
lesen, welche sich für die Luxusbesteuerung eignen. Indessen
einiges dürfte nicht ohne Nutzen hier hervorgehoben
werden.

Bekanntlich existirt in den meisten Staaten Europas der
sog. Zeitungs-, Kalender- und Spielkartenstempel.
Will man diese Stempel irgend wie theoretisch rechtfertigen,
so kann dies nur dadurch geschehen, dass man sie als Er-
hebungsformen von diesbezüglichen Luxussteuern hinstellt;

---

[1]) Letzteres ergiebt sich aus der Natur der „direkten" Steuern, welche
bekanntlich als solche unmittelbar das Einkommen treffen. Die
Möglichkeit der Besteuerung des Einkommens durch Vermittlung von, der
persönlichen Konsumtion dienenden Gegenständen, die oft sogar aus dem
Kapitale angeschafft werden, ist keine schlechte, sondern eine gute Eigen-
schaft der Konsumtionssteuern. Zugleich erhellt daraus von einer anderen
Seite die Richtigkeit unserer Definition der direkten und indirekten Steuern.
Vergl. oben S. 104—105.

anders kann man sie um so weniger erklären, als ja namentlich Zeitungs- und Spielkartenfabriksunternehmungen ihren Ertrag ohnehin direkt versteuern müssen. Soll also der Unternehmer nicht unbilliger Weise doppelt besteuert werden, so muss nothwendig die Eine der von ihm geforderten Steuern den Konsumenten gelten. Fasst man nun die Sache so auf, so erhält man das einfachste und zugleich schlagendste Element gegen den schon ohnehin in Theorie und Praxis hinlänglich verurtheilten Zeitungs-, aber auch gegen den Kalenderstempel. Hat der Staat die unbestrittene Pflicht, für die Volksbildung zu sorgen, und sind für die einen Volksklassen die Zeitungen, für die anderen die Kalender zweifelsohne mächtige Bildungselemente, so können dieselben von eben demselben Staate unmöglich als steuerpflichtiger Luxus vor das Volk hingestellt werden. Thut dies aber der Staat, dann könnte er ganz konsequent mit demselben Rechte auch Bücher besteuern, was zwar sonst in Europa nicht vorzukommen pflegt, was aber in Form eines Bücherzolls nicht nur in Russland (dem Zoll- und Polizeistaate par excellence!), sondern leider auch in dem liberalen Oesterreich in der Weise praktizirt wird, dass polnische, aus Russisch-Polen nach Galizien kommende Bücher mit einem Einfuhrzolle belegt werden. Und man kann diese Erscheinung nicht Einmal als eine von früherer Zeit herrührende Polizeimaassregel gegen das Polenthum betrachten, da sogar der, viele Male um Beseitigung genannter Zölle fruchtlos angegangene Finanzminister einer diesbezüglichen galizischen Buchhändlerdeputation gegenüber es nicht verhehlen konnte, dass man den österreichischen Zoll sehr leicht umgehen könne, wenn man — freilich wieder mit grösseren Transportkosten — die Bücher aus Russland zollfrei nach Preussen, und von daher wieder zollfrei nach Galizien gehen lässt[1])!

Zeitungs- und Kalenderstempel also können ebensowenig wie der Bücherzoll vom Standpunkte der Finanzwissenschaft,

---

[1]) Es ist dies somit ein wahrer Fiskalzoll, ja ein vorzügliches Exempel desselben. S. oben S. 130 den Begriff des Fiskalzolls.

in deren Augen sie nur als — allerdings unrationelle — Luxussteuern gelten könnten, gebilligt werden: der polizeiliche Standpunkt ist uns hier natürlich völlig fremd. Anders ist es mit dem S p i e l k a r t e n s t e m p e l. Die Spielkarten sind unzweifelhaft ein Luxus, und zwar eben eine der minder guten Arten desselben, und so ist die Steuer von ihrem Verbrauche an und für sich ganz gerechtfertigt. Allein der Stempel gerade nur von diesem Einen Industrieprodukte muss ebenso natürlich gehässig erscheinen, wie das manchen Staaten vorbehaltene Spielkartenmonopol. Da hilft nun unsere Luxussteuer, indem sie die Spielkartenproduktion einfach in den Kreis der von ihr zu treffenden Unternehmungen einbezieht.

Doch die Spielkarten sind noch nicht jene wichtige, so leicht entschlüpfbare Luxuserscheinung, von der oben erwähnt wurde. Ihre Besteuerung mittelst unserer Luxussteuer bildet nur vielmehr einen äusserst gelegenen Uebergang zu einer hochschätzbaren, wenn auch eben bisher noch unerreichten und überhaupt sonst sehr schwer erreichbaren Steuerquelle. Ich meine d a s B ö r s e n s p i e l. Die Erfahrung der letzten Zeiten hat es nämlich dargethan, dass die moderne europäische Gesellschaft nicht so sehr beim grünen Tische, als vielmehr auf der Börse zu spielen pflegt, und die Erfahrung der allerletzten Jahre erwies es weiter, dass das Börsenspiel, im Vergleiche zum Kartenspiele, nicht nur viel mehr Demoralisation und nachträgliche wirthschaftliche Verluste, ja sogar soziale Kataklismen, sondern daneben auch einen viel unsinnigeren Luxus nach sich zieht. Besteuert man nun seit jeher in Europa die minder gefährlichen Spielkarten, ja verbietet man förmlich die Hazardspiele, so ist das Wenigste, was man dafür analog von den Börsenspielern zu fordern berechtigt wäre, eine Steuer von dem Spielgewinn. Diese Berechtigung müsste selbst dann aufrecht erhalten werden, wenn man annehmen wollte, dass — was unwahrscheinlich ist — der Spielgewinn von der Einkommen- resp. unserer bisher besprochenen Luxussteuer hinreichend getroffen wird. Es ist freilich wahr, dass wir diese letztere Auflage hauptsächlich auf die von der Einkommensteuer am schwersten zu erreichenden Kapitalisten berechnet haben, und so ist denn auch nicht zu läugnen, dass, wenn der Börsenspielgewinn zum Ankaufe luxuriöser Produkte verwendet wird, er im Preise der letzteren die Luxussteuer wird mittragen müssen. Wenn wir aber trotzdem eine besondere Besteuerung des Spielgewinnes fordern, so geschieht dies aus dem sicher nicht unwichtigen Grunde, dass ja der Börsianer bei Versteuerung des im Luxusankaufe erscheinenden Genusses blos auf gleicher Stufe mit allen anderen Leuten steht, welche diese Ankäufe aus redlich erworbenem Einkommen machen: dagegen bleibt ihm doch immer noch ein besonderer, ihm blos eigenthümlicher, unversteuerter Genuss, der Genuss der Gewinnerzielung. Denselben zu besteuern, wäre eben die Aufgabe einer *Börsensteuer,* welche auch faktisch zu den neuesten finanzwissenschaftlichen, ja mit Recht sogar zu den sozialen Problemen gezählt wird. Während es jedoch bei den heutigen Steuersystemen nicht anders ginge, als etwa eine besondere, isolirt dastehende, und deshalb mehr einem polizeilichen Sühnemittel ähnliche Börsensteuer zu schaffen, während dieselbe weiters heutzutage schwerlich in anderer Form, als in der einer Einkommensteuer vom „Spieleinkommen" (sic!), die jedenfalls misslingen müsste, eingeführt werden könnte, — bietet unsere Luxussteuer ein vorzügliches Mittel, um den Börsenspielgewinn als Luxus auf ganz gleiche Weise, wie jeden anderen Luxus, zu treffen. Man braucht nur zu dem Ende die Börse gleich den Fabriken und Werkstätten als den Ort der „Produktion" (?!), und die Börsenkammer als den Inhaber der Produktionsstätte zu fingiren, welchen man alsdann beauftragt, bei jedem Geschäftsabschlusse, bei jedem „Schlusse" das für die übrige Luxussteuer gesetzlich geltende Steuerfussperzent von der als Differenz ausgezahlten resp. verrechneten Summe unter dem Titel einer Luxussteuer demjenigen Kontrahenten, welchem diese Differenz zu Gute kommt, abzufordern, und die eingehobenen Summen unter Beilegung von Auszügen aus den Büchern der Börsenagenten[1]), dem

---

[1]) Vergl. im Handelsgesetzbuche die Analogie zwischen den Handlungsbüchern der Kaufleute und den Büchern der Börsensensale.

Staate etwa monatlich oder alle 14 Tage zuzuwenden. Man wird hier somit nicht jeden Papierverkauf, sondern nur die fingirten, gegen Differenz oder Prämie, resp. auch gegen Report[1]) geschlossenen Verkäufe, als Luxusverkäufe betrachten, und daher auch nur die letzteren in obiger Weise besteuern[2]). Dabei hat man den Vortheil, dass Angesichts des öffentlichen Charakters der Börsenkammer eine etwaige böswillige Defraudation bei ihr nicht zu befürchten ist; nur muss man einerseits das Börsenspiel durch beeidete Börsensensale kontrolliren, andererseits aber das Differenzspiel ausserhalb der Börsenlokalitäten und ohne Intervention von beeideten Sensalen resp. Arrangeuren verpönen. Letzteres wäre nicht so sehr schwer zu erreichen. Da es nämlich nicht zu läugnen ist, dass das so wie so unvermeidliche Börsenspiel nicht erfolgreich verboten werden kann, dessen Rechtloserklärung dagegen es noch mehr ausarten liesse, so ergiebt sich der goldene Mittelweg in der Richtung, dass man blos denjenigen Differenzansprüchen, welche aus den, innerhalb der Börsenlokalitäten und unter Intervention von beeideten Agenten abgeschlossenen Geschäften herrühren, die Klagbarkeit zugestehen soll: die gleichzeitige Verweigerung dieses Rechtes für die „wilden" Differenzforderungen würde dann ein vorzügliches Förderungsmittel für die Börsenluxussteuer abgeben.

In der Weise könnte man eine Börsensteuer, oder vielmehr „Börsenluxussteuer" wohl zu Stande bringen, und würde diesen Zweck eben mit Hilfe unserer Luxussteuer viel vollständiger erreichen, als diesfalls sonst bisher gethan oder vorgeschlagen worden ist. Der Umstand namentlich, dass dann die Börsianer nicht etwa vom Staate speziell verfolgt,

---

[1]) Der Report ist zwar faktisch ein Anlehen, nimmt aber die rechtlichen Formen eines Verkaufs auf Prämie an, dessen Steuerbefreiung einer gänzlichen Beseitigung der Börsenluxussteuer gleichkäme, da der Report ja in jüngster Zeit bekanntlich das Gros des Börsenspiels bildete.

[2]) Die französische Steuer trifft jeden Papierverkauf überhaupt, ist somit mehr eine Einkommen- oder Verkehr-, denn eine Luxussteuer. Vergl. oben Seite 22.

sondern mit Leuten, die unvergleichlich noblere Passionen haben, gleichgestellt erscheinen, ist für die Sicherheit des bezüglichen Steuerertrags nicht hoch genug anzusetzen; und dennoch wäre hiemit gleichzeitig eine sehr erhebliche Seite der sozialen Frage im Wege der verhältnissmässigen Mehrbesteuerung der Reichen, hier der reichen Börsianer, auf finanzwissenschaftlichem Wege beigelegt. Unsere Luxussteuer vermöchte also den, aus dem Börsenspiele herrührenden sozialen Krankheitsstoff zu beseitigen oder doch weniger schädlich zu machen.

4) Schliesslich wäre noch eine Eigenschaft dieser Steuer, und zwar eine von höherer wirthschaftlicher Bedeutung hervorzuheben. Es ist klar, dass, wenn ein Staat mehrere Provinzen besitzt, welche, wie z. B. die Kronländer Oesterreichs, auf einer sehr verschiedenen Stufe der ökonomischen Entwickelung stehen, dass bei solchen Verhältnissen der jährliche Ertrag der Luxussteuer bedeutend grösser wäre in den reichen, entwickelten, als in den armen Staatsgebieten. Es ist das weder ungerecht, noch bedauernswerth, sondern eben nur ganz naturgemäss. Abgesehen nämlich davon, dass reiche Völker mehr Mittel für den Ankauf von Luxuswaaren welch' immer Ursprungs besitzen[1]), bestehen in den reichen, d. h. industriellen Ländern viel mehr Produktionsstätten und zum Theile auch Kaufläden; und da unsere Luxussteuer eben von den Produzenten resp. Kaufleuten erhoben werden soll, so wird sie natürlich in den letztgenannten Ländern mehr Ertrag abgeben, als in den armen, d. h. Ackerbauländern, wo namentlich wenig Produktionsstätten, also wenig Steuererhebungsorte existiren. Freilich folgt daraus nicht, dass jene höheren Steuererträge wirklich nur aus den Taschen der Bürger derselben reichen Länder herrühren, denn ein bedeutender Theil der bezüglichen Waaren wird nach den ärmeren Ländern ausgeführt und faktisch von den dortigen

---

[1]) was übrigens hier um so weniger in Betracht kommen kann, als die Armuth des Landes überhaupt weder sporadischen Reichthum, noch auch demzufolge Luxus ausschliesst.

Konsumenten versteuert [1]). Aber Thatsache ist es, dass unter obgenannten Umständen bedeutende Unterschiede in der Luxussteuerzahlung zwischen den Provinzen eines und desselben Staates bestehen müssten, und das ist es eben, was im Gebiete der Volkswirthschaftspolitik so eines Staates eine sehr nahmhafte Rolle spielen kann.

Es ist doch bekannt, dass zur Hebung der Industrie in kapitalsarmen Ländern unter Anderem hauptsächlich der Schutzzoll auf die Einfuhr der gefährlich konkurrirenden Fabrikate des Auslandes gefordert wird [2]); es wurde auch schon am anderen Orte bei Gelegenheit hervorgehoben [3]), dass, wie auch immer jene Maassregel vom theoretischen Standpunkte beurtheilt werden mag, die Geschichte f ü r sie spricht, wie denn auch noch heutzutage die Vereinigten Staaten von Amerika und Russland sich mit grossem Erfolge der Schutzzölle in der richtigen Ueberzeugung bedienen, dass nur industrielle Länder wahrhaft reich sein können. Nun giebt es aber Staaten, welche, wie z. B. das gerade hier typische Oesterreich, sowohl sehr industriereiche, als auch sehr industriearme Länder umfassen: wie ist nun in solchen Staaten zu verfahren? Schutzzölle gegen die ausländische Konkurrenz sind da einestheils nicht nöthig, da ja die Industrie dort nicht ganz fehlt, anderntheils nicht ausreichend, da ja dort die armen Provinzen eben von der Konkurrenz der reichen Provinzen

---

[1]) Die Bürger der reichen Länder haben also um so weniger Recht, sich mit ihren höheren Steuern zu brüsten, und für diese grösseren „Opfer" etwa politische Bevorzugungen zu verlangen, wie es z. B. in manchen Gegenden Oesterreichs geschieht. Es ist eben blos der Reichthum, also kein Opfer, mit dem sie sich wirklich brüsten können, wiewohl auch dabei immer zu bedenken ist, dass die ärmeren Völkerschaften sehr gerne mehr Steuer zahlen möchten, wenn sie nur den Reichthum besässen. Und nicht immer haben sie selber den Mangel des letzteren verschuldet, wie gleich oben angedeutet werden wird.

[2]) Die sehr originelle und geistreiche Zurückführung der Nothwendigkeit des Schutzzolles auf die Arbeiterverhältnisse im Gegensatze zu den bisher ausschliesslich betonten Kapitals - überhaupt Produktionsverhältnissen, s. bei Wagner, „Rede über die soziale Frage", Berlin 1872.

[3]) S. 126.

desselben, nicht eines fremden Staates zu leiden
haben. Freilich könnte man da die Vorfrage aufwerfen,
warum z. B. in Oesterreich trotz der früher bestandenen und
auch jetzt noch theilweise bestehenden Schutzzölle einzelne
Provinzen industriearm geblieben sind? doch dies müsste uns
auf ein Gebiet politisch-ökonomischer Rekriminationen führen,
die hier lieber vermieden werden sollen. Thatsache ist es,
dass Oesterreich noch industriearme Provinzen besitzt, welche
die besten Säfte ihres Bodens durch Ausfuhr von Rohpro-
dukten unwiederbringlich vergeuden müssen, um dafür aus
den anderen Provinzen Fabrikate, und zwar noch dazu, wie
die Erfahrung lehrt, die schlechtesten Ueberreste derselben
zu erhalten. So eine legale, „natürliche" Enteignung der
einen Provinzen durch die anderen kann doch ein Staatsmann,
welchem das Wohl und die Steuerfähigkeit aller Staatsbürger am Herzen liegt, nicht ruhig gehen lassen: wie sollen
nun die Schwachen geschützt werden? Schutzzölle zwischen
den einzelnen Provinzen eines Einheitsstaates wären ein Unsinn, den schon Turgot bekämpfte; selbst in Oesterreich,
wo zu Zeiten der Personalunion zwischen Oesterreich und
Ungarn bis 1848 eine Zolllinie bestand, ist letztere seit der
Realunion des Jahres 1867 beseitigt worden. Sollen da also
wirklich ausgedehnte und von der Natur freigebigst ausge-
stattete Länder, wie z. B. in Oesterreich Ungarn und Galizien,
der Konkurrenz der reichen Provinzen, wie Niederösterreich,
Böhmen, Mähren, Schlesien, für alle Zeiten preisgegeben werden? soll man jenen zur Industrie, die bei so einer Konkurrenz
unmöglich entstehen kann, niemals verhelfen? Unsere Luxussteuer giebt hiefür eine befriedigende Antwort.

Denken wir uns z. B. in Oesterreich Galizien als das zu
beschützende Land: wird unsere Luxussteuer in Oesterreich
eingeführt, so bezieht sich selbe natürlich auf alle Kronländer,
wird aber, wie wir gesehen haben, faktisch hauptsächlich nur
die industriereichen Länder, also Niederösterreich etc. treffen.
So lange Galizien keine Industrie besitzt, werden dort verhältnissmässig wenige Produktionsstätten, also hauptsächlich wohl nur die der Handwerker von der Steuer erreicht,

wenn es auch galizischen Bürgern unbenommen bleibt, sich aus anderen Ländern versteuerte Waaren kommen zu lassen. Beginnt sich nun in Galizien die Industrie zu regen, so wird sie natürlich anfänglich nur die geringeren, billigeren Sorten von Waaren produziren: ein Produzent, der sich gleich zu Anfang an sehr elegante Sachen macht, verzichtet eben auf den Schutz, da das allmälige Fortschreiten von den einfacheren zu den höheren Produktionsarten jedenfalls die gesündeste Entwickelung darstellt[1]). Zu Anfang wird also die Mehrzahl der Produzenten und zum Theil auch der Kaufleute nur ganz einfache Waaren, resp. nur zu Einem, dem billigsten Durchschnittspreise produziren resp. verkaufen, wobei sie nach unserem Vorschlage von der Luxussteuer frei sein werden. Und das ist eben diesfalls die hohe Bedeutung unserer Luxussteuer, dass eine unter solchen Umständen faktisch entstehende Steuerfreiheit gegenüber den versteuerten Waaren anderer Länder vollkommen den Charakter eines Schutzzolls hätte. Denn wer in jener Periode in Galizien mit der Konsumtion einfacher, aber eigenländiger Waaren vorlieb wird nehmen wollen, der wird luxussteuerfrei sein, d. h. verhältnissmässig billigere Preise zahlen, als wenn die Luxussteuer bestünde[2]); wer hingegen theurere Sorten wird haben wollen, der wird sie aus anderen Ländern beziehen und hiebei einen Preis zahlen müssen, welcher nebst der Tangente der höheren Qualität und der Transportkosten auch noch die Luxussteuertangente enthalten wird. Das wird auf jeden Fall einen Theil der Konsumenten den inländischen Waaren zuwenden, und somit den Produzenten der letzteren durch so eine halb künst-

---

[1]) Daher denn auch eine übermässige Luxusproduktion erst durch einen Rückschlag in umgekehrter Richtung erfrischt wird. Vergl. darüber oben S. 179.

[2]) Wenn ich „billiger" sage, so ist der Ausdruck nur relativ, d. h. mit Rücksicht auf die einfachen Produkte des eigenen Landes, nicht absolut zu nehmen; denn es ist ja bekannt, dass ein höher entwickeltes Land relativ billiger produzirt, als ein niedrigstehendes, das ja eben deshalb eines Schutzzolles bedarf.

liche, halb natürliche Absatzvermehrung die Konkurrenz wenigstens so lange erleichtern, bis sie sich stark genug fühlen,
ihre Produkte feiner auszuarbeiten, wonach sie schon, als
nicht mehr schutzbedürftig, gleich den Produzenten anderer
Provinzen der Luxussteuer unterliegen werden [1]). Dann wäre
auch letzteres nur billig, da ja auch bei den Schutzzöllen die
Nothwendigkeit von deren allmäliger Abnahme selbst durch
deren wärmste Anhänger anerkannt wird. — Man kann somit unserer Luxussteuer noch zuletzt nachrühmen, dass sie
innerhalb eines und desselben Staates für dessen
ärmere Provinzen gegen die Konkurrenz der
reicheren Provinzen einen Schutzzoll abgiebt,
der noch dazu, im Gegensatze zu allen förmlichen Schutzzöllen, die Korrektive seiner allmäligen Abnahme
in sich selbst trägt.

So sind wir denn am Schlusse unserer Arbeit angelangt,
und können nunmehr die Stellung der Luxussteuer gegenüber
einer Steuerreform leicht fassen. Freilich begreift man in der
heutigen Praxis viel zu wenig unter dem Ausdrucke „Steuerreform": bestehende Steuern gerechter aufzulegen, wie es die
österreichischen Regierungsentwürfe von 1874 beabsichtigen,
ist jedenfalls ein Verdienst; ebenso muss man in Verhältnissen, wie die Frankreich's seit dem letzten Kriege, manche
neue Nothsteuern einführen. Allein das Alles ist keine Steuer-

[1]) Ob es nicht unter Umständen sogar geboten wäre, die Luxussteuern
für einige Zeit in den ärmeren Provinzen gesetzlich zu sistiren resp.
nicht einzuführen, mag hier dahingestellt sein. Der österr. Reichsrath in
seiner gegenwärtigen Zusammensetzung thäte es bestimmt nicht; dagegen
brauchte Ungarn eine in Oesterreich eingeführte Luxussteuer bei sich blos
nicht einzuführen, um eo ipso den Schutzzoll zu erhalten. Indessen ist
nach dem Ausgleichsgesetze von 21./12. 1867 für Konsumtionssteuern, die
den allgemeinen Verkehr betreffen, eine Gleichmässigkeit in den beiden
Reichshälften vorgeschrieben.

r e f o r m, unter welcher ich die Abschaffung ungerechtfertigter und die Einführung neuer, rationeller Auflagen begreife. So eine Reform aber wäre gerade durch Vermittlung unserer Luxussteuer möglich. Man brauchte nur bei Gelegenheit der Einführung derselben, resp. im Verhältnisse ihrer Ertragszunahme folgende Lasten aufzuheben:

a) die Konsumtionssteuern von allen unentbehrlichen Artikeln, die wir schon einzeln kennen;

b) diejenigen sog. „Gebühren", welche dem Prinzipe der Gebühren zuwider so hoch sind, dass sie eine schwere, ungerechtfertigte Steuer bilden, wie z. B. die sog. Uebertragungsgebühren in Oesterreich;

c) den Zeitungs- und Inseratenstempel;

d) die sog. Fiskalzölle, sowie alle unnöthigen Schutzzölle;

e) das Zahlenlotto;

f) wo jetzt, wie in den romanischen Ländern[1]), unrationelle Luxussteuern bestehen, müsste man auch sie aufheben.

Dagegen sollte man dann einführen:

a) die Luxussteuern nach den Vorschlägen der gegenwärtigen Arbeit, mit Ausnahme der den Kommunen zu überweisenden sog. direkten[2]);

b) der Luxussteuer nach Möglichkeit konforme Luxus-Finanzzölle;

c) eventuell, d. h. bei einem sich etwa noch ergebenden Einnahmeausfalle, müsste man den Steuerfuss bei denjenigen direkten oder indirekten Steuern, welche im dritten Abschnitte gegenwärtiger Arbeit gebilligt wurden, verhältnissmässig erhöhen. Letztere Erhöhung wäre jedenfalls viel weniger

---

[1]) mit sammt dem germanischen Holland.

[2]) Vergl. über die Bedeutung der Luxussteuer für Steuerreformen die übrigens diesfalls, doch nur diesfalls sehr dürftigen Vorschläge bei E d u a r d H o r n, „Ungarns Finanzlage und die Mittel zu ihrer Hebung", Wien 1874. S. 112—119.

fühlbar, als die gegenwärtig bestehenden lästigen Konsumtionssteuern und Uebertragungsgebühren.

Damit aber so eine grossartige Reform je zu Stande komme, müsste sich vorerst die Ueberzeugung Bahn gebrochen haben, dass es wirklich sehr gut möglich sei, eine ausgedehnte, bei den Produzenten zu erhebende Luxussteuer durchzuführen, welche in ihrem Charakter als Korrektiv der Einkommensteuer nicht blos eine finanzielle, sondern auch eine hohe sozialpolitische Bedeutung haben müsste[1]). Den ersten, bescheidenen Anstoss zu dieser Ueberzeugung, und hiemit mittelbar zu einer einstigen finanziellen Reform, so wie einer gleichzeitigen finanzwissenschaftlichen Lösung der sozialen Frage zu geben, ist die Aufgabe gegenwärtiger Arbeit gewesen.

---

[1]) Hier muss ich nur zum Schlusse gestehen, dass ein gewisser Theil der Kapitalisten, nämlich geizige, bedürfnissfreie Wucherer, deren es in gewissen Ländern nur zu viele giebt, die einzigen sind, welche nicht Einmal durch unsere Luxussteuer getroffen zu werden vermögen. Solche Parasiten sind leider überhaupt dem Fiskalarme unzugänglich, und Staat sammt Gesellschaft haben daher um so mehr die Pflicht und das Interesse, durch alle legalen wirthschaftlichen Maassregeln diese verderbliche Kaste auszurotten.

Pierer'sche Hofbuchdruckerei. Stephan Geibel & Comp. in Altenburg.

Reprint Publishing

Für Menschen, Die Auf Originale Stehen.

Bei diesem Buch handelt es sich um einen Faksimile-Nachdruck der Originalausgabe. Unter einem Faksimile versteht man die mit einem Original in Größe und Ausführung genau übereinstimmende Nachbildung als fotografische oder gescannte Reproduktion.

Faksimile-Ausgaben eröffnen uns die Möglichkeit, in die Bibliothek der geschichtlichen, kulturellen und wissenschaftlichen Vergangenheit der Menschheit einzutreten und neu zu entdecken.

Die Bücher der Faksimile-Edition können Gebrauchsspuren, Anmerkungen, Marginalien und andere Randbemerkungen aufweisen sowie fehlerhafte Seiten, die im Originalband enthalten sind. Diese Spuren der Vergangenheit verweisen auf die historische Reise, die das Buch zurückgelegt hat.

ISBN 978-3-95940-127-2

Faksimile-Nachdruck der Originalausgabe
Copyright © 2015 Reprint Publishing
Alle Rechte vorbehalten.

Made in Germany

www.reprintpublishing.com